Klausuren erstellen – Examen gestalten

Fallbasierte Leistungsmessung in der Pflegeausbildung

Maja Schendel

36 Abbildungen
 3 Tabellen

Georg Thieme Verlag
Stuttgart New York

Maja Schendel
SCHLEI-Klinikum Schleswig
Am Damm 1
24837 Schleswig

Die Deutsche Bibliothek –
CIP-Einheitsaufnahme

Die Deutsche Bibliothek verzeichnet diese Publikation in der Deutschen Nationalbibliografie; detaillierte bibliografische Daten sind im Internet über http://dnb.ddb.de abrufbar

Wichtiger Hinweis: Wie jede Wissenschaft ist die Medizin ständigen Entwicklungen unterworfen. Forschung und klinische Erfahrung erweitern unsere Erkenntnisse, insbesondere was Behandlung und medikamentöse Therapie anbelangt. Soweit in diesem Werk eine Dosierung oder eine Applikation erwähnt wird, darf der Leser zwar darauf vertrauen, dass Autoren, Herausgeber und Verlag große Sorgfalt darauf verwandt haben, dass diese Angabe **dem Wissensstand bei Fertigstellung des Werkes** entspricht.

Für Angaben über Dosierungsanweisungen und Applikationsformen kann vom Verlag jedoch keine Gewähr übernommen werden. **Jeder Benutzer ist angehalten,** durch sorgfältige Prüfung der Beipackzettel der verwendeten Präparate und gegebenenfalls nach Konsultation eines Spezialisten festzustellen, ob die dort gegebene Empfehlung für Dosierungen oder die Beachtung von Kontraindikationen gegenüber der Angabe in diesem Buch abweicht. Eine solche Prüfung ist besonders wichtig bei selten verwendeten Präparaten oder solchen, die neu auf den Markt gebracht worden sind. **Jede Dosierung oder Applikation erfolgt auf eigene Gefahr des Benutzers.** Autoren und Verlag appellieren an jeden Benutzer, ihm etwa auffallende Ungenauigkeiten dem Verlag mitzuteilen.

© 2007 Georg Thieme Verlag KG
Rüdigerstraße 14
D-70469 Stuttgart
Unsere Homepage: www.thieme.de

Printed in Germany

Grafiken entnommen aus: Kellnhauser u.a. (Hrsg.):
THIEMEs Pflege, 10. Aufl. Thieme, Stuttgart 2004
Grafische Bearbeitung: Rose Baumann, 69198 Schriesheim
Umschlaggestaltung: Thieme Verlagsgruppe
Satz: Mitterweger & Partner GmbH, Plankstadt
Druck: Westermann Druck Zwickau

ISBN 3-13-143641-7
ISBN 978-3-13-143641-2

Geschützte Warennamen (Warenzeichen) werden **nicht** besonders kenntlich gemacht. Aus dem Fehlen eines solchen Hinweises kann also nicht geschlossen werden, dass es sich um einen freien Warennamen handelt.

Das Werk, einschließlich aller seiner Teile, ist urheberrechtlich geschützt. Jede Verwertung außerhalb der engen Grenzen des Urheberrechtsgesetzes ist ohne Zustimmung des Verlages unzulässig und strafbar. Das gilt insbesondere für Vervielfältigungen, Übersetzungen, Mikroverfilmungen und die Einspeicherung und Verarbeitung in elektronischen Systemen.

Vorwort

Die neue Ausbildungs- und Prüfungsverordnung aus dem Jahr 2004 hat einen Weg geebnet, der nun gegangen werden muss. Nur wie? Viele Krankenpflegeschulen haben an Curricula gefeilt oder neue ausgewählt, die der Verordnung gerecht werden, und es wurde hart an der Umsetzung gearbeitet. Eine der Schwierigkeiten war und ist die Gestaltung der Examensklausuren. In der KrPflAPrV ist festgelegt worden, dass die schriftlichen Prüfungen anhand von drei Themenbereichen, die die berufliche Handlungskompetenz beschreiben, jeweils in drei Aufsichtsarbeiten von je 120 Minuten durchgeführt werden sollen. Diese komplexen Themenbereiche machen es undenkbar, die schriftliche Prüfung wie bisher durchzuführen, da mit klassischen Fragestellungen zu unzusammenhängenden Sachverhalten die Handlungskompetenz des einzelnen Schülers nicht überprüft werden kann. Das Norddeutsche Zentrum zur Weiterentwicklung der Pflege (NDZ) in Kiel hat in einer Handreichung eine neue Form der schriftlichen Prüfung erarbeitet: Klausuren, die sich an einem konkreten Fallbeispiel orientieren. Die Schüler sind also gefordert, Verknüpfungen zwischen Theorie und Praxis herzustellen und individuell auf das Fallbeispiel zu reagieren – sprich: berufliche Handlungskompetenz zu beweisen. Zu dem Fallbeispiel werden konkrete Fragen gestellt, die Kenntnisse aus der Gesundheits- und Krankenpflege (bzw. Kinderkrankenpflege) voraussetzen, aus den Naturwissenschaften und der Medizin, aus Geistes- und Sozialwissenschaften, Recht, Politik und Wirtschaft. Mit dem Erstellen der Examensklausuren kommt eine äußerst anspruchsvolle Arbeit auf die Krankenpflegeschulen zu – und eine große Chance, aktiv die schriftliche Prüfung mitzugestalten und dadurch die Prüfung perfekt auf die Inhalte des jeweiligen Lehrplanes abzustimmen.

Dieses Buch enthält zum einen viele Fallbeispiele, die mit Klausurfragen ausgestattet wurden und als Orientierung dienen können, und zum anderen enthält es Anregungen, wie man selbst leichter Fallbeispiele und Klausuren erstellen kann. Es ist gleichermaßen für Lehrende wie für Lernende geeignet, da es beide Gruppen auf die schriftliche Prüfung vorbereiten kann. Es ist eine Sammlung individueller Fallbeispiele zu bestimmten Themenbereichen mit zugehöriger Klausur und Lösungsvorschlägen – zu verwenden als Übungsmaterial für die Schüler oder als Vorlage und Anregung für die schriftliche Abschlussprüfung in der Gesundheits- und Krankenpflege.

An dieser Stelle möchte ich allen Menschen danken, die mich unterstützt haben, vor allem: Frau Christine Grützner für die ausgezeichnete Zusammenarbeit und Betreuung, meinem Lebensgefährten Benjamin Lehmann für die Überprüfung der Fallbeispiele auf die Bedeutung der Namen, meiner Freundin und Arbeitskollegin Katrin Haake für die einzigartige Zusammenarbeit und tolle Freundschaft und meinen Freunden Daniela Wilke und Sascha Elsner für die Unterstützung beim Kontrollieren der Klausurfragen.

Zur Erhaltung des guten Leseflusses ist hier die männliche Form gewählt worden, die weibliche Form wird selbstverständlich gleichermaßen angesprochen. Die Fallbeispiele in diesem Buch sind rein fiktiv, Ähnlichkeiten mit lebenden oder verstorbenen Personen sind Zufall und wurden nicht beabsichtigt.

Ich wünsche nun allen Lesern viel Erfolg bei der Vorbereitung und Durchführung der neuen schriftlichen Prüfungen!

Schleswig, im Herbst 2006

Maja Schendel

Maja Schendel

Inhalt

1	**Die schriftliche Prüfung**				1
1.1	Die neue KrPflAPrV und ihre Bedeutung für die schriftliche Prüfung	1	1.2.2	Verschiedene Denkformen – „Deduktion vs. Induktion"	7
1.1.1	Themenbereiche	1	1.2.3	Problemorientiertes Lernen	8
1.1.2	Differenzierungsphase	2	1.2.4	Literarisches Schreiben	8
1.1.3	Chancengleichheit	3	1.2.5	Welche fachlichen Inhalte braucht ein Fallbeispiel?	9
1.1.4	Ausbildungsziel: berufliche Handlungskompetenz	6	1.2.6	Wenn Ihnen der Anfang schwer fällt …	13
1.2	**Erstellen von schriftlichen Prüfungen anhand von Fallbeispielen**	7	**1.3**	**Bewertung von Prüfungsfragen**	16
1.2.1	Warum Fallbeispiele?	7	**1.4**	**Gesamtbewertung der fertigen Klausur**	18

2	**Übungsklausuren und Musterprüfung**				19
2.1	**Übungsklausuren**	19	2.1.16	Fallbeispiel 16 „Karl-Heinz Buschke"	41
2.1.1	Fallbeispiel 1 „Erna Hinz"	20	2.1.17	Fallbeispiel 17 „Klara Gudburg"	43
2.1.2	Fallbeispiel 2 „Katja Feller"	21	2.1.18	Fallbeispiel 18 „Carolin Rechters"	45
2.1.3	Fallbeispiel 3 „Frank Hauptmann"	22	2.1.19	Fallbeispiel 19 „James MacDermain"	46
2.1.4	Fallbeispiel 4 „Rita Pollbrack"	23	2.1.20	Fallbeispiel 20 „Karla Unzen"	48
2.1.5	Fallbeispiel 5 „Esther Rulter"	25	2.1.21	Fallbeispiel 21 „Torin Karan"	50
2.1.6	Fallbeispiel 6 „Axel Thiessen"	26	2.1.22	Fallbeispiel 22 „Edith Dersow"	52
2.1.7	Fallbeispiel 7 „Georg Grunert"	27	**2.2**	**Muster einer schriftlichen Prüfung nach gesetzlichen Vorgaben**	54
2.1.8	Fallbeispiel 8 „Bernd Gruber"	29	2.2.1	Klausur 1: „Harald Walder" – Schwerpunkt Themenbereich 1	54
2.1.9	Fallbeispiel 9 „Anne Hilberg"	30			
2.1.10	Fallbeispiel 10 „Tim Erichsen"	32	2.2.2	Klausur 2: „Eva Hoffmann" – Schwerpunkt Themenbereich 2	56
2.1.11	Fallbeispiel 11 „Vera Hartmann"	33			
2.1.12	Fallbeispiel 12 „Patrick Brehmer"	35	2.2.3	Klausur 3: „Heidi Elsbach" – Schwerpunkt Themenbereich 3 (6 und 7)	58
2.1.13	Fallbeispiel 13 „Anton Mitkowski"	37			
2.1.14	Fallbeispiel 14 „Torsten Hermeister"	38			
2.1.15	Fallbeispiel 15 „Michael Lenhaupt"	39			

3	**Klausurlösungen**				62
3.1	Fallbeispiel 1 „Erna Hinz"	62	3.8	Fallbeispiel 8 „Bernd Gruber"	70
3.2	Fallbeispiel 2 „Katja Feller"	63	3.9	Fallbeispiel 9 „Anne Hilberg"	72
3.3	Fallbeispiel 3 „Frank Hauptmann"	64	3.10	Fallbeispiel 10 „Tim Erichsen"	73
3.4	Fallbeispiel 4 „Rita Pollbrack"	65	3.11	Fallbeispiel 11 „Vera Hartmann"	75
3.5	Fallbeispiel 5 „Esther Rulter"	67	3.12	Fallbeispiel 12 „Patrick Brehmer"	77
3.6	Fallbeispiel 6 „Axel Thiessen"	68	3.13	Fallbeispiel 13 „Anton Mitkowski"	78
3.7	Fallbeispiel 7 „Georg Grunert"	69	3.14	Fallbeispiel 14 „Torsten Hermeister"	79

3.15	Fallbeispiel 15 „Michael Lenhaupt" 80	3.22	Fallbeispiel 22 „Edith Dersow" 92
3.16	Fallbeispiel 16 „Karl-Heinz Buschke" ... 82	3.23	Klausur 1: „Harald Walder", Schwerpunkt Themenbereich 1 94
3.17	Fallbeispiel 17 „Klara Gudburg" 84		
3.18	Fallbeispiel 18 „Carolin Rechters" 85	3.24	Klausur 2: „Eva Hoffmann", Schwerpunkt Themenbereich 2 96
3.19	Fallbeispiel 19 „James MacDermain" ... 87		
3.20	Fallbeispiel 20 „Karla Unzen" 89	3.25	Klausur 3: „Heidi Elsbach", Schwerpunkt Themenbereich 3 98
3.21	Fallbeispiel 21 „Torin Karan" 90		

Sachverzeichnis 102

1 Die schriftliche Prüfung

1.1	Die neue KrPflAPrV und ihre Bedeutung für die schriftliche Prüfung • 1	1.2.2	Verschiedene Denkformen – „Deduktion vs. Induktion" • 7
1.1.1	Themenbereiche • 1	1.2.3	Problemorientiertes Lernen • 8
1.1.2	Differenzierungsphase • 2	1.2.4	Literarisches Schreiben • 8
1.1.3	Chancengleichheit • 3	1.2.5	Welche fachlichen Inhalte braucht ein Fallbeispiel? • 9
1.1.4	Ausbildungsziel: berufliche Handlungskompetenz • 6	1.2.6	Wenn Ihnen der Anfang schwer fällt... • 13
1.2	Erstellen von schriftlichen Prüfungen anhand von Fallbeispielen • 7	1.3	Bewertung von Prüfungsfragen • 16
1.2.1	Warum Fallbeispiele? • 7	1.4	Gesamtbewertung der fertigen Klausur • 18

1.1 Die neue KrPflAPrV und ihre Bedeutung für die schriftliche Prüfung

In der neuen KrPflAPrV findet sich im Abschnitt 2 „Prüfungsbestimmungen für die Ausbildung in der Gesundheits- und Krankenpflege" der Paragraph 13: „Schriftlicher Teil der Prüfung".

> (1) Der schriftliche Teil der Prüfung erstreckt sich auf die folgenden Themenbereiche der Anlage 1 Buchstabe A:
> 1. Pflegesituationen bei Menschen aller Altersgruppen erkennen, erfassen und bewerten,
> 2. Pflegemaßnahmen auswählen, durchführen und auswerten,
> 3. Pflegehandeln an pflegewissenschaftlichen Erkenntnissen, Qualitätskriterien, rechtlichen Rahmenbestimmungen sowie wirtschaftlichen und ökologischen Prinzipien ausrichten.
> Der Prüfling hat zu diesen Themenbereichen in jeweils einer Aufsichtsarbeit schriftlich gestellte Aufgaben zu bearbeiten. Die Aufsichtsarbeiten dauern jeweils 120 Minuten. Der schriftliche Teil der Prüfung ist an drei Tagen durchzuführen. Die Aufsichtsführenden werden von der Schulleitung bestellt.
> (2) Die Aufgaben für die Aufsichtsarbeiten werden von der oder dem Vorsitzenden des Prüfungsausschusses auf Vorschlag der Schulen ausgewählt. Bei der Auswahl der Aufgaben ist die Differenzierungsphase in der Gesundheits- und Krankenpflege angemessen zu berücksichtigen. Jede Aufsichtsarbeit ist von mindestens zwei Fachprüferinnen oder Fachprüfern zu benoten. Aus den Noten der Fachprüferinnen oder Fachprüfer bildet die oder der Vorsitzende des Prüfungsausschusses im Benehmen mit den Fachprüferinnen oder Fachprüfern die Note für die einzelne Aufsichtsarbeit. Aus den Noten der drei Aufsichtsarbeiten bildet die oder der Vorsitzende des Prüfungsausschusses die Prüfungsnote für den schriftlichen Teil der Prüfung. Der schriftliche Teil der Prüfung ist bestanden, wenn jede der drei Aufsichtsarbeiten mindestens mit „ausreichend" benotet wird (in: Dielmann, 2004).

1.1.1 Themenbereiche

Die oben genannten Themenbereiche 1, 2 und 3 entsprechen in der Anlage 1 Buchstabe A den Themenbereichen 1, 2, 6 und 7 (in der obigen Aufzählung zu Punkt 3 zusammengefasst).

Wenn man sich inhaltlich mit den beiden ersten Themenbereichen beschäftigt, wird schnell ersichtlich, dass diese gemeinsam den Pflegeprozess darstellen. Hier ergibt sich die erste Schwierigkeit der praktischen Umsetzung der drei Aufsichtsarbeiten zu je *einem* Themenbereich: Die Pflegeschwerpunkte inhaltlich zu trennen und in mehrere Klausuren aufzuteilen, erscheint nicht sinnvoll – auf eine Fächerzuordnung wie im alten Krankenpflegegesetz sollte doch verzichtet werden! Ein Vorgehen nach dem Problemlösungsprozess wird ebenfalls unmöglich gemacht durch die Trennung der Themenbereiche 1 und 2. Die neue KrPflAPrV sieht für den theoretischen und praktischen Unterricht insgesamt 12 Themenbereiche vor, von denen vier in der schriftlichen Prüfung abgeprüft werden sollen und vier weitere in der mündlichen Prüfung. Die beiden Prüfungen unterscheiden sich u. a. durch die Vorgabe für die mündliche Prüfung, die Wissensgrundlagen der Themenbereiche mit einzubeziehen. Diese Vorgabe fehlt bei den schriftlichen Prüfungen.

Eine Möglichkeit, den Vorgaben gerecht zu werden, könnte es sein, den einzelnen Klausuren je einen Themenbereich als Schwerpunkt zuzuordnen. Außerdem sollte es möglich sein, auch andere Themenbereiche in die Klausuren mit einzubeziehen, was sich teilweise ohnehin nur schwer vermeiden lässt.

Der nächste Aspekt, dem Beachtung geschenkt werden sollte, ist, dass die Klausuren – auf Vorschlag der Schulen – vom Prüfungsvorsitzenden ausgewählt werden sollen. Dieser Aspekt ist kontrovers diskutiert worden: eine zentrale Prüfung wäre sinnvoll, um die Vergleichbarkeit der Prüfungen zu sichern, eine dezentrale Prüfung würde den Schulen mehr Arbeit abverlangen, aber auch die Vorbereitung der Schüler auf veränderte Prüfungsbedingungen verbessern. Doch auch bei einer zentralen Prüfung ist es notwendig, sich mit der Erstellung von Fallbeispielen und Klausurfragen zu beschäftigen, da die Schüler diese zur Prüfungsvorbereitung brauchen. Um die Kompetenzen zu fördern, sollte auch in der Ausbildung diese Form der Lernkontrolle gewählt werden – es ist kaum sinnvoll, während der Ausbildung die herkömmliche Klausurform zu benutzen und dann zur Abschlussprüfung die fallbeispielorientierte Form.

1.1.2 Differenzierungsphase

„Die Differenzierungsphase in der Gesundheits- und Krankenpflege soll angemessen berücksichtigt werden" – um diesen Punkt zu klären, muss man sich fragen, was überhaupt „angemessen" bedeutet. Im Synonymwörterbuch des Duden findet man folgende Aufzählung: „... am Platz, angebracht, entsprechend, gebührend, ... geeignet, gehörig,... richtig,...verhältnismäßig...". (vgl. Duden 2004, S. 78)

Man sollte also verhältnismäßig die Differenzierung zwischen der allgemeinen Pflege und der speziellen Gesundheits- und Krankenpflege berücksichtigen. Hier stellt sich die Frage, ob es eigentlich sinnvoll ist, diese Trennung vorzunehmen. Während der Ausbildung lernen die Schüler Grundprinzipien sowie spezielle Maßnahmen und Aufgaben der Pflege kennen – diese sind allerdings auch nie klar voneinander getrennt, sondern vor allem in der Praxis vereint und geben ein gemeinsames komplexes Bild ab. Für die integrierte Pflegeausbildung macht diese Differenzierung natürlich Sinn. In der KrPflAPrV heißt es unter Abschnitt 1, „Ausbildung und allgemeine Prüfungsbestimmungen", § 1, „Gliederung der Ausbildung" „... die Ausbildung beinhaltet eine 1200 Stunden umfassende Differenzierungsphase im Unterricht und in der praktischen Ausbildung, die sich auf die für die Gesundheits- und Krankenpflege oder Gesundheits- und Kinderkrankenpflege zu vermittelnden Kompetenzen erstreckt." Demnach sollen die 1200 Stunden genutzt werden, um die erforderlichen Kompetenzen der Schüler auszubilden – ein schwieriges Unterfangen, das sich meiner Ansicht nach nicht nur in diesen Stunden, sondern in der gesamten Ausbildung erreichen lassen sollte.

Zurück zu der Bezeichnung „angemessen": In der Handreichung des NDZ wurde die Differenzierungsphase mit 30% berücksichtigt, der allgemeine Teil mit 70%.

In Abhängigkeit vom Krankheitsbild, das im Fallbeispiel verarbeitet wird, kann dieser Vorschlag mehr oder weniger gut umgesetzt werden. Handelt es sich z.B. um neurologische Krankheitsbilder, so ist der Anteil an spezieller Gesundheits- und Krankenpflege hoch, da dieser Inhalt in der Gesundheits- und Kinderkrankenpflege nicht in dem Maße berücksichtigt wird. Bei Erkrankungen des Bewegungsapparates sieht es anders aus: hier werden beide Ausbildungsrichtungen gleichermaßen berücksichtigt.

1.1.3 Chancengleichheit

Jeder Schüler muss die Chance haben, in jeder der drei Aufsichtsarbeiten ein „ausreichend" zu erlangen. Das würde für die praktische Umsetzung bedeuten, dass der Schwierigkeitsgrad der Arbeiten annähernd gleich sein sollte (NDZ, 2005). Aber wie kann man das erreichen? In der Literatur finden sich unterschiedliche Hilfsmittel: etwa die Taxonomie der Lernziele nach Bloom, die fünf Stufen der Berufsentwicklung nach Benner und die Lernebenen nach Olbrich. Ich möchte an dieser Stelle alle drei kurz erläutern und ihren Nutzen hinsichtlich der Schwierigkeitsgradvorgabe überprüfen.

Taxonomie der Lernziele nach Bloom

Lernziele lassen sich nach Bloom et al. in drei Bereiche einordnen: kognitive Lernziele, affektive Lernziele und psychomotorische Lernziele. Diese Bereiche sind jeweils hierarchisch gestuft, so dass Taxonomien entstehen. Im Folgenden werden die Bereiche kurz beschrieben und die Taxonomien mit dazugehörigen typischen Verben versehen.

Kognitive Lernziele
Zu diesem Bereich gehören die Leistungen, die auf Wissen, intellektuellen Fähigkeiten, dem Gedächtnis und der Wahrnehmung beruhen (Schewior-Popp, 1998).

Die Taxonomie der kognitiven Lernziele gliedert sich folgendermaßen:

Stufe 1 Wissen (reproduktive Kenntnisse).
aufsagen, nennen, aufzählen, angeben, bezeichnen

Stufe 2 Verstehen (Erfassen und Verwerten von Informationen).
definieren, erläutern, erklären, begründen, ableiten

Stufe 3 Anwendung (Anwendung von Informationen und Kenntnissen).
ermitteln, berechnen, erarbeiten, anwenden, verwenden

Stufe 4 Analyse (z. B. Strukturen analysieren).
vergleichen, herausstellen, unterscheiden, einordnen, analysieren

Stufe 5 Synthese (z. B. Erstellen eines Planes).
entwerfen, entwickeln, konzipieren, zuordnen, koordinieren

Stufe 6 Bewertung (z. B. begründetes Beurteilen von Situationen).
bestimmen, überprüfen, entscheiden, Stellung nehmen

Affektive Lernziele
Dieser Bereich beschäftigt sich mit den Einstellungen, Interessen und Wertungen eines Menschen.

Die Taxonomie der affektiven Lernziele nach Krathwohl et al. gliedert sich folgendermaßen:

Stufe 1: Aufmerksam werden/Beachten

Stufe 2: Reagieren

Stufe 3: Werten

Stufe 4: Organisation/Ordnen von Werten

Stufe 5: Charakterisierung durch einen Wert oder eine Wertstruktur

In diesem Bereich ist die Zuordnung von bestimmten Verben zu den Taxonomien schwierig, da sich innerliche Prozesse nicht konkret beobachten und beschreiben lassen und nicht einheitlich ablaufen. Schewior-Popp erwähnt, dass eine Fixierung auf festgelegte Begriffe in diesem Bereich die angestrebte Entwicklung eines Schülers eher formal reduzieren würde (Schewior-Popp, 1998).

Psychomotorische Lernziele
In diesem Bereich finden sich alle manuellen Fähigkeiten wieder.

Die Taxonomie der psychomotorischen Lernziele nach Dave gliedert sich folgendermaßen:

Stufe 1: Imitation (nach vorhergehender Demonstration). In dieser Stufe ahmt der Schüler ein zuvor demonstriertes Handeln nach, welches reproduktiv ist und entsprechend der Komplexität der Handlung auch nicht unbedingt fehlerfrei durchgeführt wird.

Stufe 2: Manipulation. Diese Stufe heißt so, weil der Anleiter durch verbale, taktile und visuelle Hinweise direkten Einfluss auf den Schüler nimmt. Dennoch ist der Schüler selbständiger als in der ersten Stufe und übt eine gewisse Technik.

Stufe 3: Präzision. Der Schüler benötigt in dieser Stufe keine Hilfe mehr von außen, um eine bestimmte Technik zu beherrschen, allerdings ist er noch nicht fähig zu Variationen oder zum Transfer dieser Technik.

Stufe 4: Handlungsgliederung. Jetzt beherrscht der Schüler die Technik korrekt und ist in der Lage, sie situations- und patientenbezogen zu variieren.

Stufe 5: Naturalisierung. Die Technik wird mühelos, flexibel und sicher angewendet, Handlungsentscheidungen werden rasch und kompetent getroffen.

Auch in diesem Bereich ist eine Zuordnung bestimmter Verben schwierig, da als Voraussetzung psychomotorischer Fertigkeiten z. B. auch kognitive Fähigkeiten vorhanden sein müssen (Schewior-Popp, 1998).

Fünf Stufen der Berufsentwicklung nach Benner

Benner (1997) beschreibt die fünf Stufen der Berufsentwicklung, die von der Grundausbildung bis zum Experten führen. Dabei muss berücksichtigt werden, dass in der Grundausbildung höchstens die Stufe drei erreicht werden kann.

Novice (Anfänger/innen):
Zeichnet sich durch keine bzw. geringe Erfahrungen aus, stützt sich auf Regeln und Vorschriften, kann die Komplexität von Situationen noch nicht erkennen und hat keine Handlungsvariabilität.

Advanced Beginner (fortgeschrittene Anfänger/innen):
Zeichnet sich aus durch einige gesammelte Erfahrungen, kann zunehmend einige Aspekte einer Situation erkennen, hält sich an Richtlinien und kann nur schwer Prioritäten setzen.

Competent (kompetente Pflegende):
Zeichnet sich durch problemorientiertes Vorgehen aus, eine erhöhte Prioritätensetzung ist möglich, signifikante Situationen können unterschieden werden und die Handlungsvariabilität erhöht sich.

Proficient (erfahrene Pflegende):
Zeichnet sich durch eine erhöhte Handlungsvariabilität aus, kann in komplexen Situationen angemessen reagieren und ein ganzheitliches, rasches Erfassen von Problemen wird möglich.

Expert (Experte/Expertin):
Zeichnet sich durch maximale Handlungsvariabilität aus, besitzt ein komplexes Verständnis für Situationen und kann ganzheitlich, intuitiv und rasch Situationen und Probleme erfassen (Benner in: Mühlherr 2003).

Lernebenen nach Olbrich

Deklaratives Lernen (Was man lernt). Dieses Wissen kann am leichtesten überprüft werden: Es handelt sich um Daten, Fakten und Inhalte eines Themas und beschreibt z. B. das „Was" eines Berufes.

Prozedurales Lernen (Wie man lernt/handelt). Beim prozeduralen Lernen geht es darum, sich gewisse Handlungsstrategien anzueignen, die durch Demonstrationen in den Vordergrund gestellt werden. Hierzu zählt auch das Üben von Fertigkeiten, auf die in der Ausbildung besonders Wert gelegt wird.

Konditionales Lernen (Wo und wann das Gelernte angewandt wird). Hier wird abgewogen, wo und wann das deklarative und das prozedurale Wissen am sinnvollsten eingesetzt werden kann.

Reflektierendes Lernen (das Warum des Lernens/Handelns). Die Lernenden sollen ihr eigenes Handeln hinterfragen können, ihre Lernstrategien und ihre Lernziele überprüfen und beurteilen.

Identitätsförderndes Lernen (stellt die Frage nach der eigenen Person). Kompetenz umfasst immer die gesamte Person: diese sollte sich mit ihrer beruflichen Identität auseinander setzen im Hinblick auf die Reflexion von Werten und den eigenen Grenzen (vgl. Olbrich 2004, S. 672).

Schwierigkeitsgrade Wissen – Transfer – Reflexion

Zur Taxonomie nach Bloom lässt sich sagen, dass am besten die kognitiven Lernzielbereiche für die Einschätzung der Komplexität von Prüfungsfragen geeignet sind. In einer schriftlichen Prüfung liegt das Hauptaugenmerk auf der Überprüfung der Fachkompetenz. Affektive Fähigkeiten lassen sich auf diese Art schwer kontrollieren, ähnlich sieht es bei den psychomotorischen Fähigkeiten aus. In einer schriftlichen Prüfung kann man natürlich nach gewissen Handlungsabläufen fragen, es handelt sich aber dennoch um eine kognitive Leistung des Schülers. Im Ansatz könnte man die Methodenkompetenz mit speziell gestellten Fragen prüfen, z. B. mit der Frage aus dem Fallbeispiel 1 (s. Seite 20): „Wählen Sie eine der Prophylaxen aus und erstellen Sie einen Pflegeplan mit für Frau Hinz passenden und ausreichenden Pflegemaßnahmen!" Der Schüler muss bei dieser Form der Fragestellung unter Beweis stellen, dass er in der Lage ist, den Pflegeprozess sinnvoll anzuwenden.

Bei Benner sind die Stufen eher auf die berufliche Handlungssituation ausgerichtet – trotzdem kann man auf gewisse kognitive Leistungen schließen: Eine Novizin z. B. hat noch nicht viel gelernt, ihr Wissen beschränkt sich im Wesentlichen auf theoretisch erworbene Kenntnisse. Die erfahrene

Pflegekraft, so kann man vermuten, wird nur dann angemessen reagieren können, wenn sie sich selbst und ihr Handeln auch reflektieren kann.

Um das Bild abzurunden, betrachten wir die Lernebenen von Olbrich: im Ansatz ähneln sie der Taxonomie nach Bloom – die kognitiven Stufen beginnen ebenfalls mit Wissen: mit dem Aufzählen und Reproduzieren theoretischer Kenntnisse. Das prozedurale Lernen lässt sich sinngemäß mit der Stufe „Anwendung" vergleichen: hier ist das Einüben von Techniken und Handlungsabläufen gefragt.

Die Stufe der Synthese und Analyse könnte ansatzweise mit dem reflektierenden Lernen verglichen werden. Allerdings stellen die Ebenen nach Olbrich konkretere Aspekte dar und die Stufen lassen eher vermuten, dass es sich z. B. bei der Leistung „Analyse" auch um reflektierendes Arbeiten handelt.

Alle drei Klassifikationen behandeln wichtige Aspekte, die aus unterschiedlichen Perspektiven beschrieben werden. Um eine Einschätzung der Klausurfragen nach dem Schwierigkeitsgrad zu erstellen, sollte die Anwendung einer Klassifikation einfach, leicht verständlich und unkompliziert handhabbar sein.

Es geht in der schriftlichen Prüfung in erster Linie um das Abprüfen der kognitiven Fähigkeiten, also der Fachkompetenz. Die entsprechenden Fragen haben einen einfachen Charakter, z. B. „Definieren Sie Lungenembolie!" Um diese Frage zu beantworten, ist bloßes Wissen notwendig. Die Taxonomie nach Bloom mit ihren ersten beiden Stufen „Wissen" und „Verstehen" und die Lernebene nach Olbrich „Deklaratives Lernen" liefern die Grundlage für den ersten hier vorgeschlagenen Schwierigkeitsgrad: **Wissen**.

Über diesen Schwierigkeitsgrad hinaus gehen Aufgaben, die nach der Umsetzung dieses Wissens in die Praxis fragen. Sie beschreiben den Zustand eines Patienten und erfragen die Handlungsabsichten des Schülers, der mit dieser Situation konfrontiert wird (natürlich nicht im realen Sinne). Ein Beispiel: „Was wird erforderlich, wenn sich die Situation von Frau Hinz nicht bessert?" Um diese Frage beantworten zu können, muss der Schüler sein Wissen auf die konkrete Situation anwenden, d. h. er muss einen Transfer von der Theorie zur praktischen Situation vollziehen – der zweite Schwierigkeitsgrad **Transfer** wurde auf der Grundlage von Blooms Stufe „Anwendung" und im weitesten Sinne Olbrichs Lernebene „Konditionales Lernen", die das „Wo" des Lernen beschreibt, entwickelt.

Zu den komplexeren Klausurfragen gehören die des Schwierigkeitsgrads **Reflexion**. Darunter fällt das Überprüfen, Kontrollieren und Bewerten von Situationen oder Handlungsstrategien. Zu diesem Begriff hat die Stufe „Bewertung" – nach Bloom – beigetragen, die die begründete Beurteilung von Situationen beschreibt. Das reflektierende Lernen nach Olbrich kann meines Erachtens nicht in einer schriftlichen Klausur überprüft werden, da es unmoralisch ist, die Haltung und Wertvorstellung der Schüler zu beurteilen und dafür eine Punktzahl zu vergeben. Der Name des Schwierigkeitsgrades soll auf die „Beleuchtung" gewisser Situationen, Handlungsstrategien aus verschiedenen Perspektiven hinweisen. Ein Beispiel: „Kontrollieren Sie den erstellten Pflegeplan für Frau Hinz zur ATL „für Sicherheit sorgen". Korrigieren Sie mögliche Fehler und begründen Sie Ihre Veränderungen!" Diese Fragestellung verlangt vom Schüler eine bereits erstellte Planungsstruktur kritisch zu hinterfragen (zu bewerten) und begründet zu verbessern.

Die drei Schwierigkeitsgrade, nach denen die Klausurfragen hier eingeschätzt werden, sind also:
A Wissen
B Transfer
C Reflexion

Ich möchte an dieser Stelle darauf hinweisen, dass dieses Einschätzungsschema nicht mit dem Vorschlag des NDZ übereinstimmt. In der Handreichung wird eine andere Einschätzung eingesetzt, abgewandelt nach Rauner und in Anlehnung an Dreyfus und Dreyfus (NDZ, 2005).

A Wissen. Der Schwierigkeitsgrad „Wissen" bezieht sich auf die Kenntnisse zu bestimmten Krankheitsbildern, Symptomen, Ursachen, Risikofaktoren, bestimmten Grundsätzen, Phänomenen usw., die in der Ausbildung gelehrt werden. Die Schüler können: verstehen, nennen, aufzählen, beschreiben usw.

B Transfer. Der Schwierigkeitsgrad „Transfer" bezieht sich auf die Anwendung des Wissens auf bestimmte Praxissituationen. Die Schüler können: anwenden, verwenden, berechnen usw.

C Reflexion. Der Schwierigkeitsgrad „Reflexion" bezieht sich auf die Bewertung von Phänomenen, Prozessen, Situationen, Verhaltensweisen usw. Die Schüler können: bewerten, beurteilen, auswerten, entscheiden, überprüfen usw.

Damit alle Schüler die Möglichkeit haben, mit der Note „ausreichend" zu bestehen, schlägt das NDZ eine prozentuale Verteilung auf die Schwierigkeitsgrade vor, wobei dem Schwierigkeitsgrad 1 ein Anteil von 50 % zugeordnet wird. Schüler, die diesen Anteil der Fragen beantworten können, bestehen die Prüfung, auch wenn sie die restlichen 50 % nicht beantworten können. Damit ist der Chancengleichheit Genüge getan (NDZ, 2005).

Für die drei Schwierigkeitsgrade dieser Arbeit sind folgende prozentuale Verteilungen vorgenommen worden:
A Wissen ca. 60 %
B Transfer ca. 30 %
C Reflexion ca. 10 %

Die Werte können nicht in jeder Klausur exakt eingehalten werden – es handelt sich eher um eine Richtlinie, die man im Auge behalten sollte, um einen möglichst ähnlichen Schwierigkeitsgrad in den einzelnen Klausuren zu erreichen.

1.1.4 Ausbildungsziel: berufliche Handlungskompetenz

Weitere Aufmerksamkeit gilt dem Ziel der Ausbildung in der Gesundheits- und Krankenpflege, das im Krankenpflegegesetz unter § 3 genannt wird: „Die Ausbildung ... soll entsprechend dem allgemein anerkannten Stand pflegewissenschaftlicher, medizinischer und weiterer bezugswissenschaftlicher Erkenntnisse fachliche, personale, soziale und methodische Kompetenzen zur verantwortlichen Mitwirkung insbesondere bei Heilung, Erkennung und Verhütung von Krankheiten vermitteln" (KrPflG in: Dielmann, 2004). Im Folgenden sollen die verschiedenen Kompetenzen genauer beleuchtet werden.

Fachkompetenz ist die Fähigkeit, fachliche Kenntnisse und Fertigkeiten in einem Handlungs- und Erkenntnisprozess zu praktischem Handeln zu führen und das Ergebnis zu beurteilen.

Ein Schüler beweist Fachkompetenz, wenn er
- fachliche Kenntnisse zeigt bezüglich unterschiedlicher Krankheitsbilder und der Pflege von Patienten mit unterschiedlichen Krankheitsbildern,
- fachliche Fertigkeiten besitzt wie z. B. s. c. Injektionen verabreichen, Vitalzeichenkontrolle durchführen, Kompressionsverband anlegen,
- nach dem Handlungsschema „Vorbereitung, Durchführung und Nachbereitung" arbeiten kann,
- die Ergebnisse seines Handelns reflektieren und beurteilen kann.

Sozialkompetenz ist die Fähigkeit, den Umgang mit anderen Menschen produktiv zu gestalten, sich verantwortungsbewusst mit ihnen auseinander zu setzen und zu verständigen und die Bereitschaft, mit anderen zusammenzuarbeiten. Zur Sozialkompetenz lassen sich Fähigkeiten zählen wie z. B. zuhören können, Interesse an anderen zeigen und sich mitteilen können (Muster-Wäbs/Schneider, 1999).

Ein Schüler beweist Sozialkompetenz, wenn er
- sich in Gruppenarbeiten einbringen kann, ohne seine Mitarbeiter zurückzudrängen,
- zwischenmenschliche Beziehungen wahrnimmt und Konflikte erkennt,
- versucht, mit Konfliktsituationen konstruktiv umzugehen,
- seine Bedürfnisse und Erwartungen wahrnimmt und in einem angebrachten Rahmen mitteilen kann,
- bereit ist, für sein Handeln Verantwortung zu übernehmen.

Methodenkompetenz ist die Fähigkeit, selbständig Lösungswege für komplexe Aufgabenstellungen finden, anwenden und reflektieren zu können, wobei erlernte Denkmethoden oder Lösungsstrategien zielgerichtet und planmäßig angewandt und weiterentwickelt werden (Muster-Wäbs/Schneider, 1999). Zur Methodenkompetenz lassen sich Aspekte zählen wie z. B. Informationen sammeln, visualisieren, moderieren und mit Kreativitätstechniken umgehen (Muster-Wäbs/Schneider, 1999).

Ein Schüler beweist Methodenkompetenz, wenn er
- kreativ denken und handeln kann,
- eingefahrene Methoden und Vorgehensweisen hinterfragt,
- neue Lösungswege für bestehende Probleme findet,
- mit modernen und klassischen Medien umgehen kann,
- bereit ist, neue Medien auszuprobieren und auf ihre Vor- und Nachteile zu prüfen.

Personalkompetenz ist die persönlichkeitsbezogene Disposition, die auf ein Selbstkonzept zielt, zu dessen Entfaltung Selbstlernen und Metakognition gehören. Die Basis für das Selbstkonzept sind z. B. Werthaltungen, Selbstbilder und Motive (Schneider et al., 2004).

Ein Schüler beweist Personalkompetenz, wenn er
- sein eigenes Verhalten reflektieren kann,
- produktiv mit Kritik umgehen kann,
- sich selbst und seine Motive kritisch hinterfragen kann,
- bereit ist, sich selbst Wissen anzueignen.

Aus den aufgeführten Teilkompetenzen ergibt sich letztendlich die berufliche Handlungskompetenz:

Berufliche Handlungskompetenz lässt sich umschreiben als die Fähigkeit und Bereitschaft, in beruflichen Situationen sach- und fachgerecht, persönlich durchdacht und in gesellschaftlicher Verantwortung zu handeln (Bader: in Muster-Wäbs/Schneider, 1999).

In den Ergebnissen der schriftlichen Prüfungen soll also auch ein Stück weit die berufliche Handlungskompetenz als Ausbildungsergebnis zu erkennen sein. Personal- und Sozialkompetenz können hierbei nicht berücksichtigt werden – diese Kompetenzen kann man nicht in einer schriftlichen Prüfung abfragen; dazu ist die praktische Prüfung besser geeignet. Zur Überprüfung der Fachkompetenz eignen sich die schriftlichen Klausuren ausgezeichnet. Auch die methodische Kompetenz lässt sich zum Teil kontrollieren, z. B. in der Aufstellung von bestimmten Handlungsschritten, dem Planen von Gesprächssituationen usw.

1.2 Erstellen von schriftlichen Prüfungen anhand von Fallbeispielen

1.2.1 Warum Fallbeispiele?

Warum sollen die Prüfungen mit Fallbeispielen gestaltet werden? Um diese Frage beantworten zu können, benötigen wir noch einmal das Ausbildungsziel (wie in Kapitel 1.2.4 bereits genannt): Im Abschnitt 2 „Ausbildung" heißt es unter § 3, „Ausbildungsziel": „...soll entsprechend dem allgemein anerkannten Stand pflegewissenschaftlicher Erkenntnisse fachliche, personale, soziale und methodische Kompetenzen zur verantwortlichen Mitwirkung insbesondere bei der Heilung, Erkennung und Verhütung von Krankheiten vermitteln. ... unter Einbeziehung präventiver, rehabilitativer und palliativer Maßnahmen auf die Wiedererlangung, Verbesserung, Erhaltung, und Förderung der physischen und psychischen Gesundheit der zu pflegenden Menschen auszurichten" (Dielmann 2004, S. 88).

Im Gegensatz zum alten Krankenpflegegesetz, das sich eher an den Aufgaben und Tätigkeiten der Pflege orientiert hat, steht jetzt die Ausbildung der verschiedenen Kompetenzen und die Orientierung an wissenschaftlichen Erkenntnissen im Vordergrund (Dielmann, 2004).

Die Prüfungen in der Gesundheits- und Krankenpflege dienen dazu, das Erreichen des Ausbildungsziels zu überprüfen. Um der Komplexität des Ausbildungsziels und der geforderten Entfernung von der Fächerorientierung hin zur Lernfeldorientierung Rechnung zu tragen, ist eine Veränderung der schriftlichen Prüfung unumgänglich. Fallbeispiele können genutzt werden, um die fachliche und unter Umständen auch die methodische Kompetenz des Schülers zu überprüfen. Die Komplexität und Ganzheitlichkeit, die ein Fallbeispiel bieten kann, eignet sich hervorragend, um einzelne Fachbereiche und Bezugswissenschaften mit der Pflege zu kombinieren. Um den Patienten aus dem Fallbeispiel zu „behandeln" und zu „pflegen", ist es für den Prüfling erforderlich, alle Aspekte der Pflege zu betrachten, d. h. auch die pflegerelevanten Inhalte der Bezugswissenschaften mit einzubeziehen.

Fallbeispiele ermöglichen einen praxisbezogenen Blickwinkel, der den Schülern dabei helfen kann, einen besseren Bezug zum Thema zu finden und diesen zur Beantwortung der Prüfungsfragen zu nutzen. Der direkte Praxisbezug gewährleistet eine sinnvolle Auseinandersetzung mit den theoretischen Inhalten – es wird klar, warum diese Inhalte wichtig sind. In den bisherigen Klausuren wurde unzusammenhängendes Fachwissen abgefragt und oftmals wussten die Auszubildenden nicht, wofür sie manche Inhalte überhaupt brauchten. Mit den Fallbeispielen ergibt sich eine sinnvolle Verknüpfung der theoretischen Inhalte der Ausbildung mit den praktischen Erfahrungen der Schüler. Deshalb empfiehlt es sich dringend, die Fallbeispiele bereits in die theoretische Ausbildung zu integrieren und einen problemorientierten Unterricht anzubieten, damit die Schüler mit dieser Verknüpfung zurechtkommen.

1.2.2 Verschiedene Denkformen – „Deduktion vs. Induktion"

Nach der alten Ausbildungs- und Prüfungsverordnung wurde fächerorientiert unterrichtet. Das hatte für die Schüler den Vorteil, dass sie immer wussten, welchen Ordner sie aufschlagen mussten und welches Buch für den Unterricht benötigt wurde. Der Nachteil dieser Unterrichtsform ist der, dass die

Schüler ihr Wissen mit der Praxis nicht verknüpfen können und Schwierigkeiten damit haben, zu verstehen, wozu bestimmte Inhalte des Unterrichts überhaupt gut sind.

Der Unterschied zwischen diesen beiden Vorgehensweisen lässt sich vergleichen mit den Denkformen Deduktion und Induktion:

Bei der Deduktion wird vom Allgemeinen auf einen Einzelfall geschlossen. Das bedeutet, dass ausreichendes Grundlagenwissen bei den Schülern vorhanden sein muss: Inhalte wie Anatomie/Physiologie, Arzneimittellehre, Krankheitslehre usw. werden den Schülern angeboten. Nach unterschiedlich langen Blockzeiten werden die Schüler in die Praxis entlassen und sollen nun von ihrem Allgemeinwissen auf die konkreten Pflegesituationen schließen. Sie sollen genau das Wissen herausfiltern, das sie für die aktuelle Situation brauchen. Aus Erfahrung wissen wir, dass dies in den wenigsten Fällen klappt – die Schüler können auf die vielen verschiedenen Informationen, die ihnen im Theorieblock vermittelt wurden, nicht zurückgreifen.

Bei der Induktion wird vom Einzelfall auf das Allgemeine geschlossen. Was im normalen Alltag zu Vorurteilen und Verallgemeinerungen führen kann, hat für den Lernprozess einen großen Vorteil: die Schüler setzen sich mit konkreten Situationen/Problemen auseinander und begeben sich auf die Suche nach dem Wissen, das sie brauchen, um mit der Situation umzugehen bzw. das Problem zu lösen. Hier können die Fallbeispiele ihren Einsatz finden: Die Schüler müssen ein Fallbeispiel bearbeiten, eigene Fragestellungen entwickeln und Antworten suchen. Die Fragehaltung, die bei den Schülern durch diese Denkform entsteht, ist eine hervorragende Motivation, sich mit dem fachbezogenen Wissen auseinander zu setzen – denn die Schüler verstehen unmittelbar, wofür sie das Wissen benötigen. Die Praxisnähe ist ein weiterer Vorteil des Einsatzes dieser Denkform im Unterricht (Kriesten/Wolf, 1997).

1.2.3 Problemorientiertes Lernen

Zu einer guten Vorbereitung der Schüler auf die neuen Prüfungen gehört auch die Anpassung des Unterrichts, die ja nach dem neuen Krankenpflegegesetz gefordert wird und in vielen Krankenpflegeschulen schon Veränderungen mit sich gebracht hat. Eine Lehrmethode, die mit dem Ausbilden beruflicher Handlungskompetenz und mit der induktiven Denkform in Einklang steht, ist das problemorientierte Lernen, das im Folgendem kurz beschrieben werden soll.

Die Besonderheit dieser Lehrmethode ist, dass am Anfang des Lernprozesses und der Vermittlung von Unterrichtsinhalten ein Problem steht. Das hat den Vorteil, dass es dem Geschehen in der beruflichen Praxis entspricht.

Den Ausschlag zur Entwicklung dieser Methode gab die Kluft zwischen theoretisch vermittelten Lerninhalten und den Anforderungen im Praxisgeschehen. Dieses Problem kennen wir in der Gesundheits- und Krankenpflege nur zu gut – Dr. Bob Price, Programmleiter des Fernstudiengangs „Master of Science in Nursing" veranschaulicht diesen Sachverhalt mit folgender Analogie: die Praktiker setzen ein Puzzle ohne Bildvorlage zusammen, während die Theoretiker mehrere Bildvorlagen haben, die sie nicht unbedingt für die Zusammensetzung des Puzzles brauchen.

Das problemorientierte Lernen soll dem entgegenwirken: Zu Beginn werden den Lernenden fallspezifische Informationen in unterschiedlicher Form präsentiert, z. B. als Gesprächssituation, Video, Krankenbericht usw. Die Lernenden arbeiten mit der Unterstützung eines geschulten Tutors zusammen in kleinen Gruppen und es beginnt ein Problemlösungsprozess. Im Laufe des Prozesses wird das Problem definiert und immer weiter analysiert, bis über Lösungsstrategien nachgedacht werden kann. Auf diese Weise können sich die Lernenden eine Methode aneignen, mit der die Verbindung zur Praxis hergestellt wird und mit der sich die berufliche Handlungskompetenz stetig weiterentwickeln kann (Price, 2003).

Die Fallbeispiele in diesem Buch sind gut geeignet, um einen problemorientierten Unterricht zu gestalten – es sei jedoch an dieser Stelle erwähnt, dass es wichtig ist, sich gezielt auf diese Form des Unterrichtens vorzubereiten. Schulungen dieser Methode sind unumgänglich, um qualitativ hochwertige Arbeit leisten zu können.

1.2.4 Literarisches Schreiben

Nein, keine Angst – Sie müssen jetzt nicht zum Künstler werden, um ein lebendiges Fallbeispiel zu erstellen. Mit dem folgenden Ausflug möchte ich Sie lediglich motivieren und anregen, Elemente des literarischen Schreibens zu verwenden und sich von ihnen inspirieren zu lassen.

Emotionen. Emotionen bringen den Leser dazu, sich mit einer Figur in einer Geschichte zu identifizieren. Vielleicht erinnert ihn die Situation an etwas, das ihm selbst oder Personen in seinem Umfeld geschehen ist, und hat deshalb ein großes Interesse daran, mehr zu erfahren. Jeder Mensch hat schon einmal bestimmte Emotionen durchlebt: Wut, Trauer, Hass, Ekel, Abscheu, Freude, Liebe (Egri, 2002).

Emotionen können gut in ein Fallbeispiel integriert werden – die Hauptperson, also der Patient, erlebt eine Veränderung in seinem Leben, eventuell sogar einen gravierenden Einschnitt. Dies ruft bestimmte Emotionen hervor, mit denen der Patient versuchen muss umzugehen. Auch Konflikte mit Angehörigen oder Zimmernachbarn, emotionale Ausbrüche oder stille Enttäuschung können ein Fallbeispiel lebendig machen.

Charaktere. Jeder Mensch hat einen einmaligen Charakter, der von bestimmten Merkmalen geprägt ist. Sein Charakter bringt ihn dazu, bestimmte Dinge zu tun oder zu unterlassen und sich auf eine spezielle Weise zu verhalten. Der Charakter eines Menschen macht ihn interessant, geheimnisvoll, spannend und unergründlich. Ein und dieselbe Pflegesituation kann sich durch den einzigartigen Charakter des Patienten grundlegend verändern und möglicherweise ganz andere Schwerpunkte erforderlich machen. Ein lebendiger Charakter kann einem Fallbeispiel die nötige Einzigartigkeit geben und dem Schüler eine individuelle Vorgehensweise abverlangen.

Hier ein paar Beispiele von möglichen Charakterzügen:

    eifersüchtig
    nachtragend
    feinfühlig
    überempfindlich
    sensibel
    perfektionistisch
    cholerisch
    unvernünftig
    uneinsichtig
    stur
    eigensinnig
    liebevoll
    umsorgend
    materialistisch
    ängstlich
    misstrauisch
    gefühlskalt
    zärtlich
    stoisch
    optimistisch
    pessimistisch
    harmonisch usw.

Konflikte. Konflikte entstehen, wenn zwei Charaktere mit unterschiedlichen, entgegengesetzten Motivationen aufeinander treffen. Oft sind das Personen, die emotional voneinander abhängig sind oder zueinander gehören, wie z. B. Mutter und Tochter, Ehefrau und Ehemann usw. Ein Konflikt nährt sich von Charakterunterschieden und dem Verhalten, das daraus entsteht (Egri, 2002).

Anhand eines Konfliktes können in einem Fallbeispiel Aufgaben aus dem sozialwissenschaftlichen Bereich gestellt werden: man kann nach Problemlösungsstrategien und nach dem Umgang mit der Konfliktsituation an sich fragen. Wichtig für einen Konflikt ist die Kombination von Gegensätzlichkeiten:

    sparsam – großzügig
    vertrauenswürdig – verlogen
    ehrlich – unehrlich
    gesund – hypochondrisch usw. (Egri, 2002)

Motivation. Mit der Motivation ist die Frage nach dem Warum gemeint. Jeder Mensch hat seine eigenen Motive, die ihn dazu bringen, sich so zu verhalten, wie er es tut. Die Motivation eines Menschen beruht auf seinen Erfahrungen, seinem Charakter und dem sozialen Umfeld, durch das er geprägt wird. Motivationen sind nicht unbedingt offensichtlich und meistens kann man sie nur vermuten. Eine Geschichte gewinnt an Spannung, wenn der Leser sich immer wieder fragt, warum sich die Hauptfigur so verhält (Egri, 2002).

Dieses Element des literarischen Schreibens lässt sich schwer in die Erstellung von Fallbeispielen integrieren, da es mehr Zeit und eine stetige Entwicklung der Geschichte verlangt. Fallbeispiele sollten jedoch eine bestimmte Seitenzahl nicht überschreiten.

1.2.5 Welche fachlichen Inhalte braucht ein Fallbeispiel?

Sie haben die Aufgabe bekommen, für die nächste Klausur ein Fallbeispiel zu konstruieren, das möglichst folgende Lerninhalte miteinander verbindet: die Schüler sind jetzt seit vier Wochen im Block und haben Wundversorgung, Pflege von Patienten mit Herzinfarkt und Thromboseprophylaxe durchgenommen. Außerdem haben sie einige rechtliche, soziologische und psychologische Themenbereiche bearbeitet. Diese Inhalte sollen gemeinsam in einer Klausur abgefragt werden. Jetzt kommen Sie ins Grübeln... Der Patient des Fallbeispiels sollte also möglichst eine Wunde haben und einen Herzinfarkt, es sollte Thrombosegefahr bestehen, dazu sollte es ein rechtliches Problem geben und am besten noch einen Rollenkonflikt. Eine echte Herausforderung!

An dieser Stelle wollen wir das Erstellen von Fallbeispielen aus der fachlichen Perspektive betrachten. Was braucht ein Fallbeispiel, um praxisorientiert und aussagekräftig zu sein?

Beispiele aus der Praxis

Am einfachsten zu beschreiben sind Beispiele aus der Praxis, die Sie tatsächlich erlebt haben. Vielleicht erinnern Sie sich noch an Ihren eigenen Prüfungspatienten? Haben Sie vor kurzem eine praktische Prüfung abgenommen oder einen Schüler begleitet? Wenn nicht, gibt es immer die Möglichkeit, den Kontakt zur Praxis aufzunehmen. Mentoren und Praxisanleiter erleben jeden Tag reale Pflegesituationen und können über verschiedene Fälle in der Praxis berichten. Tauschen Sie sich aus und lassen Sie sich inspirieren: die Nähe zur Praxis macht ein Fallbeispiel lebendig! Außerdem kann man mit diesem Austausch auch den Kontakt pflegen und eine Verbindung zwischen Theorie und Praxis aufbauen.

Natürlich müssen Sie beim Erstellen von Fallbeispielen die Schweigepflicht wahren und dürfen keine persönlichen Angaben zu den Patienten machen – hier dürfen Sie kreativ werden.

Situationsbeschreibung mit der Weiterentwicklung zu einem komplexen Fall

Es gibt mehrere Möglichkeiten, wie ein Fallbeispiel aufgebaut und gestaltet werden kann. Eine Möglichkeit ist es, mit einer kleinen Sequenz anzufangen und dann mit den Fragen zu dieser Sequenz immer mehr Informationen einfließen zu lassen, um am Ende einen komplexen Fall zu haben.

Dies könnte folgendermaßen aussehen:
„Zur Mittagszeit kommt der Spätdienst und eine Übergabe im Stationszimmer steht an. Während der Übergabe klingelt es in Zimmer 12. Als Sie das Zimmer betreten, finden Sie eine Patientin am Boden liegend vor – sie weint und hat sichtlich Schmerzen. Sofort lösen Sie den Alarm aus und knien sich neben die Patientin, um sie zu unterstützen."

1. Ihre Kollegin betritt das Zimmer und gemeinsam überlegen Sie, mit welcher Methode sie der Patientin helfen können. Beschreiben Sie die Methode!
2. Welche Maßnahmen ergreifen Sie, wenn die Patientin wieder sicher im Bett liegt? Nennen Sie fünf!
3. Nachdem die Notfallsituation behoben ist, gehen Sie zurück ins Stationszimmer und erfahren in der Übergabe, dass die Patientin 87 Jahre alt ist und Martha Jensen heißt. Sie wurde heute mit einem apoplektischen Insult eingeliefert. Welche fünf Symptome sind für diese Erkrankung typisch?
4. Frau Jensen hat eine Hemiplegie im rechten Arm und Bein und eine leichte Aphasie. Außerdem versucht sie öfter aufzustehen und ist sehr unruhig. Nennen Sie vier Pflegeprobleme, die bei Ihrer Patientin zu erwarten sind!
5. ...

Mit jeder Frage fließen neue Informationen ein und aus einer Alltagssituation der Pflege wird ein komplexer Fall. Diese Gestaltung hat den Vorteil, dass sich konkrete Vorstellungen und Bilder im Kopf des Lesers – also des Schülers – abspielen und die Verknüpfung zur Praxis gut gelingt. Diese Verknüpfung kann dem Schüler helfen, die Klausurfragen besser verstehen und beantworten zu können.

Komplexes Fallbeispiel mit Fragen aus vielen Themenbereichen

Eine andere Möglichkeit besteht darin, ein komplexes Fallbeispiel zu beschreiben, in dem alle wichtigen Informationen bereits enthalten sind. Dazu werden dann Klausurfragen gestellt, die verschiedene Themenbereiche abdecken.

Die Fallbeispiele in diesem Buch sind eine Mischung aus beiden Möglichkeiten: sie sind unterschiedlich ausführlich und komplex und in einigen Fragen kommen noch Informationen hinzu.

Fachliche Inhalte – Informationssammlung

In Abhängigkeit vom gewählten Aufbau des Fallbeispiels können folgende Informationen wichtig sein:
- Persönliche Daten: Name, Alter, Geschlecht
- Einweisungsdiagnose/Krankheitsverlauf
- Begleiterkrankungen
- Kostform
- Sonden, Drainagen, Katheter, Verweilkanülen
- Medikamente
- Hilfsmittel: Brille, Zahnprothesen, Rollator usw.
- Physischer und psychischer Zustand

- Sozialanamnese: häusliche Umgebung, Familienverhältnisse, Angehörige
- Pflegedefizite und Pflegestufe
- Probleme in den verschiedenen ATLs
- Ressourcen: körperliche, geistige, soziale, spirituelle, ökonomische, räumliche: worauf aus pflegerischer Sicht besonders geachtet werden muss

Es sind nicht immer vollständige Inhalte erforderlich, man kann auch absichtlich Inhalte auslassen, wie z. B. Krankheitssymptome, um in einer Klausurfrage darauf zurückzukommen.

Welche Inhalte decken die Themenbereiche ab?

In Kapitel 1.1.1 wurden bereits die drei bzw. vier Themenbereiche genannt, um die es in der Abschlussklausur gehen sollte. Für jeden Themenbereich ist eine 120-minütige Klausur zu erstellen. Wie anfangs erwähnt, ist es sinnvoll, alle Themenbereiche mit einfließen zu lassen und durch einen Anteil von über 50 % einen Themenschwerpunkt pro Klausur festzulegen. Damit dies gelingt, sollte man einmal die genauen Inhalte der Themenbereiche betrachten.

In der Ausbildungs- und Prüfungsverordnung des neuen Krankenpflegegesetzes heißt es in Anlage 1 (zu § 1 Abs. 1):

Der theoretische und praktische Unterricht umfasst folgende Themenbereiche:

1. Pflegesituationen bei Menschen aller Altersgruppen erkennen, erfassen und bewerten

Die Schülerinnen und Schüler sind zu befähigen,
- auf der Grundlage pflegewissenschaftlicher Erkenntnisse und pflegerelevanter Kenntnisse der Bezugswissenschaften, wie Naturwissenschaften, Anatomie, Physiologie, Gerontologie, allgemeine und spezielle Krankheitslehre, Arzneimittellehre, Hygiene und medizinische Mikrobiologie, Ernährungslehre, Sozialmedizin sowie der Geistes- und Sozialwissenschaften, Pflegesituationen wahrzunehmen und zu reflektieren sowie Veränderungen der Pflegesituationen zu erkennen und adäquat zu reagieren,
- unter Berücksichtigung der Entstehungsursachen aus Krankheit, Unfall, Behinderung oder im Zusammenhang mit Lebens- und Entwicklungsphasen den daraus resultierenden Pflegebedarf, den Bedarf an Gesundheitsvorsorge und Beratung festzustellen,
- den Pflegebedarf unter Berücksichtigung sachlicher, personenbezogener und situativer Erfordernisse zu ermitteln und zu begründen,
- ihr Pflegehandeln nach dem Pflegeprozess zu gestalten.

2. Pflegemaßnahmen auswählen, durchführen und auswerten

Die Schülerinnen und Schüler sind zu befähigen,
- pflegerische Interventionen in ihrer Zielsetzung, Art und Dauer am Pflegebedarf auszurichten,
- die unmittelbare vitale Gefährdung, den akuten oder chronischen Zustand bei einzelnen oder mehreren Erkrankungen, bei Behinderungen, Schädigungen sowie physischen und psychischen Einschränkungen und in der Endphase des Lebens bei pflegerischen Interventionen entsprechend zu berücksichtigen,
- die Pflegemaßnahmen im Rahmen der pflegerischen Beziehung mit einer entsprechenden Interaktion und Kommunikation alters- und entwicklungsgerecht durchzuführen,
- bei der Planung, Auswahl und Durchführung der pflegerischen Maßnahmen den jeweiligen Hintergrund des stationären, teilstationären, ambulanten oder weiteren Versorgungsbereichs mit einzubeziehen,
- den Erfolg pflegerischer Interventionen zu evaluieren und zielgerichtetes Handeln kontinuierlich an den sich verändernden Pflegebedarf anzupassen.

6. Pflegehandeln an pflegewissenschaftlichen Erkenntnissen ausrichten

Die Schülerinnen und Schüler sind zu befähigen,
- sich einen Zugang zu den pflegewissenschaftlichen Verfahren, Methoden und Forschungsergebnissen zu verschaffen,
- Pflegehandeln mit Hilfe von pflegetheoretischen Konzepten zu erklären, kritisch zu reflektieren und die Themenbereiche auf den Kenntnisstand der Pflegewissenschaft zu beziehen,
- Forschungsergebnisse in Qualitätsstandards zu integrieren.

> **7. Pflegehandeln an Qualitätskriterien, rechtlichen Rahmenbestimmungen sowie wirtschaftlichen und ökologischen Prinzipien ausrichten**
> Die Schülerinnen und Schüler sind zu befähigen,
> - an der Entwicklung und Umsetzung von Qualitätskonzepten mitzuwirken,
> - rechtliche Rahmenbestimmungen zu reflektieren und diese bei ihrem Pflegehandeln zu berücksichtigen,
> - Verantwortung für Entwicklungen im Gesundheitssystem im Sinne von Effektivität und Effizienz mitzutragen,
> - mit materiellen und personalen Ressourcen ökonomisch und ökologisch umzugehen
> (KrPflAPrV in: Dielmann, 2004).

Die Themenbereiche 6 und 7 sind in den Prüfungsbestimmungen zu einem Themenbereich zusammengefasst worden.

Wenn man die Themenbereiche genauer betrachtet, zeigt sich, wie anspruchsvoll es ist, zu diesen Aspekten Klausurfragen zu erstellen. Ein Beispiel zu Themenbereich 7: Wie soll man eine Klausurfrage formulieren, die herausfinden kann, ob ein Schüler dazu fähig ist, an der Entwicklung und Umsetzung von Qualitätskonzepten mitzuwirken?

Um die Klausurfragen eindeutig einem oder mehreren Themenbereichen zuordnen zu können, ist eine weitere Differenzierung erforderlich. Diese Aufgliederung sollte möglichst knapp und klar verständlich sein, damit es leichter wird, die Klausurfragen zuzuordnen.

Themenbereich 1

In den Themenbereich 1 gehören Klausurfragen, die auf folgende Inhalte abzielen:
- Pflegerelevante Kenntnisse der Wissensgrundlagen:
- Fragen nach Symptomen, Krankheitsbildern, anatomischen Grundkenntnissen usw.
- Beratungsbedarf erkennen
- Bedarf an Gesundheitsvorsorge erkennen
- Adäquate Reaktion auf veränderte Pflegesituation
- Zusammenhang zwischen Lebens- und Entwicklungsphasen und dem daraus resultierenden Pflegebedarf
- Begründung des Pflegebedarfs
- Gestaltung von Pflegehandlungen nach dem Pflegeprozess

Themenbereich 2

In den Themenbereich 2 gehören Klausurfragen, die sich auf folgende Inhalte beziehen:
- Pflegemaßnahmen am Pflegeziel ausrichten,
- Art und Dauer der Pflegemaßnahmen am Patienten bestimmen
- Den individuellen Zustand des Patienten bei pflegerischen Interventionen berücksichtigen
- Pflegerische Beziehung führen
- Den jeweiligen Versorgungsbereich bei pflegerischen Interventionen berücksichtigen
- Durchführung von alters- und entwicklungsgerechter Interaktion und Kommunikation
- Evaluieren von pflegerischen Interventionen

Themenbereich 6

In diesen Themenbereich gehören Klausurfragen, die sich auf folgende Inhalte beziehen:
- Erklären von pflegetheoretischen Konzepten, Pflegehandeln mit Konzepten erklären
- Zugang zu pflegewissenschaftlichen Verfahren, Methoden und Forschungsergebnissen
- Kritische Reflexion pflegetheoretischer Konzepte
- Kenntnisstand der Pflegewissenschaft berücksichtigen
- Integration von Forschungsergebnissen in Qualitätsstandards

Themenbereich 7

In diesen Themenbereich gehören Klausurfragen, die sich auf folgende Inhalte beziehen:
- Mitwirkung an Entwicklung/Umsetzung von Qualitätskonzepten
- Rechtliche Probleme im Pflegehandeln erkennen und berücksichtigen
- Wirtschaftlichkeit in Bezug auf Material
- Ökologisch und ökonomisch handeln
- Verantwortung für Entwicklung im Gesundheitssystem mittragen

Die Themenbereiche klar voneinander abzugrenzen ist nicht immer möglich: Im Themenbereich 1 heißt es „... Pflegehandeln nach dem Pflegeprozess zu gestalten", obwohl der gesamte Pflegeprozess zwischen den ersten beiden Themenbereichen aufgeteilt wurde: im ersten Themenbereich soll erkannt, erfasst und bewertet werden und im zweiten Themenbereich ausgewählt, durchgeführt und ausgewertet werden. Insgesamt sind die Themenbereiche zur Erstellung von Klausurfragen ungenau beschrieben und auch eine Aufgliederung, wie sie hier vorgenommen wurde, kann nicht die absolute Klarheit bringen.

Um noch einmal auf die Aufgabe vom Anfang des Kapitels zurückzukommen: In diesem Fall ist es möglich, ein zusammenhängendes Fallbeispiel mit den gewünschten Inhalten zu konstruieren: Ein Patient nach einem Herzinfarkt hat durchaus eine Wunde, die versorgt werden muss: die Einstichstelle des zentralen Venenkatheters. Thrombosegefahr besteht außerdem, da Patienten mit Herzinfarkt in der Anfangszeit strenge Bettruhe einhalten müssen. Ein Problem aus den Geistes- und Sozialwissenschaften kann auch mit einbezogen werden: ein Herzinfarkt ist ein großer Einschnitt ins Leben eines Menschen und meistens stehen berufliche Veränderungen und Veränderungen der Lebensführung an, die mit massiven Stresssituationen und Ängsten einhergehen können. Vielleicht ist der Patient uneinsichtig und bringt sich selbst dadurch in Gefahr – möglicherweise ist er stark verwirrt und versucht aufzustehen: Da wäre dann das Thema Recht gefragt. Sie sehen: oft kann man viele Themen miteinander verbinden. Wichtig ist, dass die Themen zum Patienten passen und nicht aus der Luft gegriffen sind – Fallbeispiele, die der Realität nahe kommen, sind immer am glaubwürdigsten.

1.2.6 Wenn Ihnen der Anfang schwer fällt ...

Es ist nicht einfach, auf Anhieb kreativ zu sein und nicht jeder hat sofort Geistesblitze, wenn er Klausuren erstellen soll. Und die Klausurfragen sind ja nur die Spitze des Eisberges: ein Fallbeispiel zu konstruieren, das lebendig, realitätsnah, praxisorientiert ist, einen hohen Wiedererkennungswert hat und gleichzeitig für alle pflegerelevanten Bereiche genutzt werden kann ... Das ist keine einfache Aufgabe. Deshalb möchte ich Ihnen eine kleine Starthilfe anbieten, die sich gut einsetzen lässt: Sie brauchen lediglich zwei normale Würfel und etwas Gefallen an spielerischer Arbeit.

In den beiden folgenden Tabellen finden Sie eine Auflistung verschiedener Aspekte, die bei einem Fallbeispiel von Bedeutung sind: Name, Alter, Erkrankung und Sozialanamnese, psychische und physische Verfassung. Für jede Kategorie gibt es zwölf Beispiele, so dass es Ihnen möglich ist, sich den Anfang eines Fallbeispiels zu erwürfeln!

Damit die Angaben, die Sie sich zusammenwürfeln, auch eine reelle Grundlage haben, sind Erkrankungen und Alter natürlich aufeinander abgestimmt, und auch das Geschlecht muss von vornherein festgelegt werden – sonst könnte man eine 26-jährige Frau mit einem Prostataproblem erwürfeln ...

Um dies zu verhindern, finden Sie im Folgenden zwei getrennte Tabellen für Männer und Frauen. Und nun wünsche ich Ihnen viel Erfolg und ein kreatives Händchen beim Erstellen von Fallbeispielen!

Und so wird es gemacht:

Sie wählen eine Tabelle aus und würfeln einmal (mit zwei Würfeln) für jede Spalte (Name, Alter, Erkrankung, Sozialanamnese, psychischer Zustand, physischer Zustand). Anschließend notieren Sie das Ergebnis. Die Tabellen beginnen mit der Nummer 2, da man mit zwei Würfeln natürlich keine 1 würfeln kann, es sei denn man schummelt.

Am Ende haben Sie die ersten Informationen, auf die Sie dann aufbauen können.

1 ■ Die schriftliche Prüfung

Tabelle zum Auswürfeln von Fallbeispielen – Männer

	Name	Alter	Erkrankung	Sozialanamnese	Psychische Verfassung	Physische Verfassung
2	Günther Hansen	55	Apoplektischer Insult, Hemiplegie rechts	Verwitwet	Zurückgezogen	Leichte Hüftprobleme, oft Schmerzen in beiden Hüftgelenken
3	Frank Wuder	43	Hodenkrebs	Verheiratet mit jüngerer Frau	Hat Schwierigkeiten, sich mit der neuen Situation auseinander zu setzen	Körperlich fit, vor Krankenhausaufenthalt regelmäßig Sport getrieben
4	Thomas Jensen	52	Intracerebrale Blutung	Geschieden, zwei Kinder	Offener, spontaner Mensch	Unauffällig
5	Ernst Maier	42	Akutes Abdomen, Ursache noch unbekannt	Ledig	Depressiv, spricht nicht viel	Leidet unter mehreren Allergien gegen bestimmte Medikamente (hauptsächlich Antibiotika)
6	Karl Clausen	54	Schenkelhalsfraktur rechts	Verwitwet	Zurückhaltend, aber freundlich	Reduzierter Allgemeinzustand
7	Sven Jensen	47	Colitis ulcerosa, akuter Schub	Verheiratet, keine Kinder	Leicht gereizt	Raucher, trinkt gelegentlich ein Glas Wein
8	Paul Marxen	41	Verdacht auf Bronchialkarzinom	Allein lebend	Cholerisch	Adipös, kann sich dadurch schwer bewegen
9	Frank Thomsen	45	Chronische Pankreatitis	Verheiratet, ein Sohn	Angepasst, geht Konflikten aus dem Weg	Schlank, leichte Rückenprobleme
10	Max Thiessen	57	Pneumonie	Geschieden, keine Kinder	Freundlich, unauffällig	Keine Besonderheiten
11	Helmut Reder	48	Gallensteine	Verheiratet	Unsicher, schüchtern	Hat Schwierigkeiten mit dem linken Knöchel nach mehreren Bänderrissen
12	Andreas Fichter	39	Epilepsie	Ledig, eine Tochter	Humorvoll	Hat oft Schmerzen in der rechten Hüfte nach starker Belastung

Tabelle zum Auswürfeln von Fallbeispielen – Frauen

	Name	Alter	Erkrankung	Sozialanamnese	Psychische Verfassung	Physische Verfassung
2	Claudia Richter	32	Placenta praevia	verheiratet	Verschlossen, ruhig	Leidet oft unter Rückenschmerzen
3	Helene Marquardt	38	V. a. Multiple Sklerose	Geschieden, zwei Töchter	Hat Schwierigkeiten, sich mit der neuen Situation auseinander zu setzen	Körperlich fit, vor Krankenhausaufenthalt regelmäßig Sport getrieben
4	Tanja Meyer	41	Meningitis	Getrennt lebend, zwei Kinder	Offener, spontaner Mensch	Allergien gegen Jod, Pflaster
5	Hilde Neumann	31	Adnexitis	Ledig	Depressiv, spricht nicht viel	Unauffällig
6	Bettina Brock	35	Zustand nach Autounfall: Commotio cerebri, Lendenwirbelfraktur	Verheiratet	Leicht cholerisch, reagiert oftmals aggressiv	Reduzierter Allgemeinzustand
7	Eileen Franzen	29	Myokarditis	Verheiratet, keine Kinder	Leicht gereizt	Raucherin, sonst unauffällig
8	Paula Sörensen	34	Cholelithiasis	Allein lebend	Misstrauisch	Adipös, kann sich dadurch schwer bewegen
9	Emma Winter	38	Morbus Hodgekin	Verheiratet, ein Sohn	Angepasst, geht Konflikten aus dem Weg	Schlank, leichte Rückenprobleme
10	Janet Grau	36	Thrombose rechtes Bein	Geschieden, keine Kinder	Freundlich, unauffällig	Keine Besonderheiten
11	Sarah Gärtner	33	AIDS Vollbild	Verheiratet	Unsicher, schüchtern	Rechtes Knie kann nur wenig belastet werden
12	Andrea Thomsen	39	Sprunggelenkfraktur links	Ledig, eine Tochter	Bestimmend, selbstsicher	Schlechter Ernährungszustand

1.3 Bewertung von Prüfungsfragen

Damit die gesetzlichen Vorgaben beim Erstellen von schriftlichen Prüfungen eingehalten werden können, muss jede Prüfungsfrage und im Anschluss die gesamte Klausur überprüft werden.
Einschätzung der Themenbereiche. Zuerst wird eine Klausurfrage auf ihre Zugehörigkeit zum Themenbereich überprüft – es besteht die Möglichkeit, eine Frage auch mehreren Themenbereichen zuzuordnen. Die Differenzierung der Themenbereiche in Kapitel 1.3.5 kann Ihnen bei der Einschätzung helfen.
Einschätzung des Schwierigkeitsgrades. Die Schwierigkeitsgrade sind in drei Stufen unterteilt:
A Wissen
B Transfer
C Reflexion (auch unter Punkt 1.1.3 beschrieben)
Zu A gehören Klausurfragen, die sich mit dem Aufzählen, Nennen, Beschreiben von Symptomen, Krankheitsbildern usw. beschäftigen – Aufgaben, die sich mit reinem Wissen beantworten lassen. Zu B gehören Klausurfragen, die sich mit der konkreten Situation des Fallbeispiels auseinandersetzen – der Schüler muss sein Wissen auf die beschriebene Situation transferieren. Zu C gehören Klausurfragen, die sich mit der Überprüfung und Verbesserung von dargestellten Situationen, Pflegeplänen usw. beschäftigen.
Einschätzung der Differenzierungsbereiche. Um den Differenzierungsbereich einer Frage einzuschätzen, kann man sich eines Curriculums für die integrierte bzw. generalistische Pflegeausbildung bedienen. Der allgemeine Differenzierungsbereich umfasst Themen, die in allen drei Ausbildungen die Grundlage bilden. Der spezielle Differenzierungsbereich ist nur für die jeweilige Fachrichtung von Bedeutung. In diesem Buch geht es ausschließlich um die Ausbildung in der Gesundheits- und Krankenpflege.

Als kleine Hilfestellung ordne ich hier die Themen dem allgemeinen und speziellen Bereich zu, ohne Anspruch auf Vollständigkeit. Ordnen Sie Ihre Klausurfragen jeweils gemäß Ihrem eigenen Curriculum den Differenzierungsbereichen zu.

Allgemeiner Differenzierungsbereich Gesundheits- und Krankenpflege

- Grundlagen der Pflege: Pflegekonzepte, -theorien, -modelle, der Pflegeprozess, Prinzipien pflegerischen Handelns, Autoprävention
- Grundlagen der Bezugswissenschaften: Psychologie, Soziologie, Pädagogik, Medizin usw.
- Organisation im Gesundheitswesen, Träger und Institutionen, Pflege als Beruf
- Beziehungen eingehen und gestalten
- Fühlen und empfinden
- Krisen durchleben
- Pflege bei Erkrankungen des Herz-Kreislauf-Systems
- Pflege bei Erkrankungen im HNO-Bereich
- Pflege im Zusammenhang mit Schmerz, Bewusstsein, Schlaf
- Pflege im Zusammenhang mit Nahrungs- und Flüssigkeitsaufnahme, Ausscheidung
- Pflege im Zusammenhang mit Bewegung, Prophylaxen
- Körperpflege
- Rechtliche und betriebswirtschaftliche Aspekte

Spezieller Differenzierungsbereich Gesundheits- und Krankenpflege

- Pflegerelevante Kenntnisse aus den Naturwissenschaften zum Thema Neurologie
- Pflege bei neurologischen Erkrankungen
- Gerontopsychiatrie und Pflege in der Gerontopsychiatrie
- Pflegerelevante Kenntnisse zu psychiatrischen Erkrankungen im Erwachsenenalter und pflegerische Schwerpunkte
- Rehabilitative Pflege
- Pflege von Patienten mit dementiellen Erkrankungen
- Pflege von Patienten mit chronischen Erkrankungen
- Pflege von Patienten mit Nierenerkrankungen

Festlegen von Zeit und Bewertung. Beim Festlegen der Zeit für die Aufgaben ist zu berücksichtigen, dass die Schüler sich in das Fallbeispiel einlesen müssen und sich eventuell Notizen machen. Je nach Länge des Fallbeispiels entfallen auf diesen Teil der Klausur ca. 10 – 20 Minuten. Klausurfragen, die auf einzelne Wörter oder Definitionen abzielen, erfordern einen kleineren Zeitaufwand (ca. 1–2 Minuten) als Klausurfragen, die das Erstellen oder Überprüfen eines Pflegeplans verlangen (ca. 10 Minuten).

Bewertung von Prüfungsfragen ■ 1.3 ■

Die Bewertung sollte abhängig vom gewünschten Ergebnis sein – wenn möglich sollte in der Frage die Anzahl der erwarteten Begriffe genannt werden. Bei umfangreicheren Fragen kann man eine Pauschalpunktzahl festlegen, die zu erreichen ist, wenn die Aufgabe vollständig richtig erarbeitet wurde.

Ausrechnen der Prozentzahlen. Nachdem alle Klausurfragen eingeschätzt und die Merkmale in der Checkliste eingetragen wurden, ist das Errechnen der Prozentzahlen Ihre nächste Aufgabe. Bei einfachen Übungsklausuren ist dies nicht unbedingt notwendig, beim schriftlichen Examen sollten Sie aber aufgrund der gesetzlichen Vorgaben die Prozentzahlen überprüfen.

Alle Kreuze in einer Spalte werden zusammengezählt und am Ende der Tabelle eingetragen. So haben Sie z. B. für den

Themenbereich 1 = 8 Kreuze
Themenbereich 2 = 4 Kreuze
Themenbereich 6 = 3 Kreuze
Themenbereich 7 = 2 Kreuze.

Dies ergibt eine Gesamtsumme von 17, die 100 % der Spalte Themenbereich darstellen. Es ergibt sich folgende Rechnung:
17 = 100 %
100 / 17 = 5,88

1 Kreuz entspricht also 5,88 %.

Mit dieser Rechnung lassen sich folgende Ergebnisse erzielen:

Themenbereich 1 = 47,04 %
Themenbereich 2 = 23,52 %
Themenbereich 6 = 17,64 %
Themenbereich 7 = 11,76 %

Themenbereich 6 und 7 werden noch addiert (29,4 %), da sie in der gesetzlichen Vorlage zum Themenbereich 3 zusammengefasst wurden.

Auf diese Weise verfahren Sie mit den Spalten Themenbereich, Differenzierungsbereich und Schwierigkeitsgrad. Zeit und Bewertung werden selbstverständlich lediglich addiert.

In der Abbildung 3 finden Sie eine Checkliste für einzelne Klausurfragen und in der Abbildung 4 die Checkliste der Gesamtklausur als Kopiervorlage.

Checkliste zur Überprüfung einzelner Klausurfragen

Fallbeispiel:	
Prüfungsfrage:	
Themenbereich: (nach Anlage 1, Buchstabe A)	1. Pflegesituationen bei Menschen aller Altersgruppen erkennen, erfassen und bewerten
	2. Pflegemaßnahmen auswählen, durchführen und auswerten
	6. Pflegehandeln an pflegewissenschaftlichen Erkenntnissen ausrichten
	7. Pflegehandeln an Qualitätskriterien, rechtlichen Rahmenbestimmungen sowie wirtschaftlichen und ökologischen Prinzipien ausrichten
Differenzierungsbereich:	
Schwierigkeitsgrad:	
Bewertung:	
Zeit:	

1.4 Gesamtbewertung der fertigen Klausur

Kreuzen Sie in der Tabelle zur Gesamtbewertung einer Klausur die Themenbereiche der einzelnen Klausurfragen an und rechnen Sie am Ende die Prozentzahlen aus (siehe Kapitel 1.3). In den Fallbeispielen des Kapitels 2 finden Sie nach jeder Frage eine Bewertung und am Ende der Klausur eine Gesamtbewertung. Nach dem Fallbeispiel 1 finden Sie als Beispiel eine ausgefüllte Checkliste.

Checkliste der Gesamtklausur

Bereich / Frage	Themenbereich				Differenzierungsbereich		Schwierigkeitsgrad			Bewertung	Zeit
	1.☐	2.☐	6.☐	7.☐	1.☐	2.☐	A.☐	B.☐	C.☐		
	1.☐	2.☐	6.☐	7.☐	1.☐	2.☐	A.☐	B.☐	C.☐		
	1.☐	2.☐	6.☐	7.☐	1.☐	2.☐	A.☐	B.☐	C.☐		
	1.☐	2.☐	6.☐	7.☐	1.☐	2.☐	A.☐	B.☐	C.☐		
	1.☐	2.☐	6.☐	7.☐	1.☐	2.☐	A.☐	B.☐	C.☐		
	1.☐	2.☐	6.☐	7.☐	1.☐	2.☐	A.☐	B.☐	C.☐		
	1.☐	2.☐	6.☐	7.☐	1.☐	2.☐	A.☐	B.☐	C.☐		
	1.☐	2.☐	6.☐	7.☐	1.☐	2.☐	A.☐	B.☐	C.☐		
	1.☐	2.☐	6.☐	7.☐	1.☐	2.☐	A.☐	B.☐	C.☐		
	1.☐	2.☐	6.☐	7.☐	1.☐	2.☐	A.☐	B.☐	C.☐		
	1.☐	2.☐	6.☐	7.☐	1.☐	2.☐	A.☐	B.☐	C.☐		
	1.☐	2.☐	6.☐	7.☐	1.☐	2.☐	A.☐	B.☐	C.☐		
	1.☐	2.☐	6.☐	7.☐	1.☐	2.☐	A.☐	B.☐	C.☐		
	1.☐	2.☐	6.☐	7.☐	1.☐	2.☐	A.☐	B.☐	C.☐		
	1.☐	2.☐	6.☐	7.☐	1.☐	2.☐	A.☐	B.☐	C.☐		
	1.☐	2.☐	6.☐	7.☐	1.☐	2.☐	A.☐	B.☐	C.☐		
	1.☐	2.☐	6.☐	7.☐	1.☐	2.☐	A.☐	B.☐	C.☐		
	1.☐	2.☐	6.☐	7.☐	1.☐	2.☐	A.☐	B.☐	C.☐		
	1.☐	2.☐	6.☐	7.☐	1.☐	2.☐	A.☐	B.☐	C.☐		
	1.☐	2.☐	6.☐	7.☐	1.☐	2.☐	A.☐	B.☐	C.☐		
	1.☐	2.☐	6.☐	7.☐	1.☐	2.☐	A.☐	B.☐	C.☐		
	1.☐	2.☐	6.☐	7.☐	1.☐	2.☐	A.☐	B.☐	C.☐		
	1.☐	2.☐	6.☐	7.☐	1.☐	2.☐	A.☐	B.☐	C.☐		
	1.☐	2.☐	6.☐	7.☐	1.☐	2.☐	A.☐	B.☐	C.☐		
	1.☐	2.☐	6.☐	7.☐	1.☐	2.☐	A.☐	B.☐	C.☐		
	1.☐	2.☐	6.☐	7.☐	1.☐	2.☐	A.☐	B.☐	C.☐		
	1.☐	2.☐	6.☐	7.☐	1.☐	2.☐	A.☐	B.☐	C.☐		
	1.☐	2.☐	6.☐	7.☐	1.☐	2.☐	A.☐	B.☐	C.☐		
Gesamt:											

Abb. 1.1 • Checkliste der Gesamtklausur

2 Übungsklausuren und Musterprüfung

2.1	**Übungsklausuren ▪ 19**		2.1.16	Fallbeispiel 16 „Karl-Heinz Buschke" ▪ 41
2.1.1	Fallbeispiel 1 „Erna Hinz" ▪ 20		2.1.17	Fallbeispiel 17 „Klara Gudburg" ▪ 43
2.1.2	Fallbeispiel 2 „Katja Feller" ▪ 21		2.1.18	Fallbeispiel 18 „Carolin Rechters" ▪ 45
2.1.3	Fallbeispiel 3 „Frank Hauptmann" ▪ 22		2.1.19	Fallbeispiel 19 „James MacDermain" ▪ 46
2.1.4	Fallbeispiel 4 „Rita Pollbrack" ▪ 23		2.1.20	Fallbeispiel 20 „Karla Unzen" ▪ 48
2.1.5	Fallbeispiel 5 „Esther Rulter" ▪ 25		2.1.21	Fallbeispiel 21 „Torin Karan" ▪ 50
2.1.6	Fallbeispiel 6 „Axel Thiessen" ▪ 26		2.1.22	Fallbeispiel 22 „Edith Dersow" ▪ 52
2.1.7	Fallbeispiel 7 „Georg Grunert" ▪ 27			
2.1.8	Fallbeispiel 8 „Bernd Gruber" ▪ 29		**2.2**	**Muster einer schriftlichen Prüfung nach gesetzlichen Vorgaben ▪ 54**
2.1.9	Fallbeispiel 9 „Anne Hilberg" ▪ 30		2.2.1	Klausur 1: „Harald Walder" – Schwerpunkt Themenbereich 1 ▪ 54
2.1.10	Fallbeispiel 10 „Tim Erichsen" ▪ 32			
2.1.11	Fallbeispiel 11 „Vera Hartmann" ▪ 33		2.2.2	Klausur 2: „Eva Hoffmann" – Schwerpunkt Themenbereich 2 ▪ 56
2.1.12	Fallbeispiel 12 „Patrick Brehmer" ▪ 35			
2.1.13	Fallbeispiel 13 „Anton Mitkowski" ▪ 37		2.2.3	Klausur 3: „Heidi Elsbach" – Schwerpunkt Themenbereich 3 (6 und 7) ▪ 58
2.1.14	Fallbeispiel 14 „Torsten Hermeister" ▪ 38			
2.1.15	Fallbeispiel 15 „Michael Lenhaupt" ▪ 39			

2.1 Übungsklausuren

In diesem Kapitel finden Sie 22 Fallbeispiele mit Übungsklausuren. So können Sie sich inspirieren lassen, eigene Ideen zur Fallbeispielerstellung entwickeln, Ihre eigenen Einschätzungen überprüfen und natürlich auch die Klausuren von ihren Schülern durchführen lassen. Zu diesem Zweck haben die Klausuren unterschiedliche Bearbeitungszeiten (45 Minuten, 60 Minuten, 90 Minuten) und eine Empfehlung zum jeweiligem Ausbildungsjahr (bitte mit dem eigenen Curriculum vergleichen).

Nach jeder Einzelfrage folgt deren Einschätzung hinsichtlich Themenbereich, Differenzierungsbereich, Schwierigkeitsgrad, Bewertung (Punktzahl) und Bearbeitungszeit. Diese Einschätzungen können Sie in eine Checkliste, wie Sie sie auf Seite 17 finden, eintragen, um daraus eine Gesamteinschätzung der ganzen Klausur abzuleiten: ist sie zu schwer, zu leicht? Entspricht sie den gesetzlichen Anforderungen? Kopieren Sie sich am besten die Blanko-Checkliste in ausreichender Anzahl als Formular zum Eintragen der Einschätzungen.

Musterlösungen finden Sie gesammelt im dritten Kapitel.

2.1.1 Fallbeispiel 1 „Erna Hinz"

- Empfohlenes Ausbildungsjahr: 1
- Art der Erkrankung: Herzinsuffizienz
- Pflegeschwerpunkte: Umgang mit Notfällen, Prophylaxen, Pflegeprozess
- Zugehörige ATLs: „für Sicherheit sorgen", „atmen"
- Schwerpunkte der Bezugswissenschaften: Beratung und Anleitung, Emotionen
- Zeitaufwand: 45 min

Frau Erna Hinz wurde heute Nacht ins Krankenhaus eingewiesen. Sie ist 63 Jahre alt und wohnt zusammen mit ihrer Tochter in deren Haus. Seit 6 Jahren leidet sie unter einer chronisch arteriellen Hypertonie, die mit Medikamenten behandelt wird. Allerdings vergisst Frau Hinz des Öfteren ihre Tabletten einzunehmen. Ihre Tochter versucht, sie regelmäßig daran zu erinnern; da sie jedoch berufstätig und alleinerziehend ist, funktioniert das nicht immer. Die Tochter berichtet, dass Frau Hinz sich schon seit Tagen sehr schwach gefühlt hat und dauernd müde gewesen ist. Sie hatte vermutet, es läge daran, dass ihre Mutter nachts kaum durchschlafen konnte, da sie oft Wasser lassen musste. Der Zustand von Frau Hinz hat sich dann verschlechtert, es fiel ihr schwer Luft zu bekommen, zuerst nur bei körperlicher Anstrengung, doch in dieser Nacht dann auch, obwohl sie sich gar nicht angestrengt hatte. Sie litt auch seit einigen Tagen schon an einem hartnäckigen, trockenen Husten. Als die Tochter nachts noch einmal zu ihrer Mutter ging, um zu sehen, ob alles in Ordnung ist, fiel ihr auf, dass ihre Mutter blau verfärbte Lippen hatte und auch das Gesicht schien bläulich verfärbt. Die Mutter war verwirrt und konnte sich nicht erinnern, wo sie gerade war und warum. Schließlich hatte die Tochter sofort gehandelt und ihre Mutter ins Krankenhaus gebracht.

1. Um sich anatomische Grundkenntnisse ins Gedächtnis zu rufen, beschriften Sie bitte die folgende Abbildung! (Themenbereich: 1; Differenzierungsbereich: 1; Schwierigkeitsgrad: A; Punktzahl: 5; Zeit: 5)
2. Frau Hinz hat eine Herzinsuffizienz erlitten. Welche Form der Herzinsuffizienz leiten Sie von den beschriebenen Symptomen ab? (Tb: 1; Db: 1; Sg: B; Pz: 1; Z: 1)
3. Nennen Sie die übrigen Formen der Herzinsuffizienz! (Tb: 1; Db: 1; Sg: A; Pz: 2; Z: 1)
4. Überprüfen Sie den Text und nennen Sie vier Informationen, die Sie zum Erstellen eines Pflegeplans von Frau Hinz noch zusätzlich benötigen! (Tb: 2; Db: 1; Sg: B; Pz: 4; Z: 3)

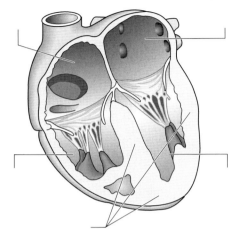

Abb. 2.1 • Das Herz ist ein starker Hohlmuskel, der als Saug- und Druckpumpe den gesamten Organismus mit Blut versorgt.

5. Welche Prophylaxen sind bei Frau Hinz angebracht? Nennen Sie zwei und begründen Sie diese! (Tb: 2; Db: 1; Sg: B; Pz: 2; Z: 1)
6. Wählen Sie eine der Prophylaxen aus und erstellen Sie einen Pflegeplan mit für Frau Hinz passenden und ausreichenden Pflegemaßnahmen! (Tb: 2; Db: 1; Sg: B; Pz: 2; Z: 2)
7. Wie wird das nächtliche Wasserlassen genannt und wodurch entsteht es? (Tb: 1; Db: 1; Sg: A; Pz: 3; Z: 3)
8. Welche Pflegeschwerpunkte stehen bei Frau Hinz im Vordergrund? Nennen Sie zwei! (Tb: 2; Db: 1; Sg: B; Pz: 2; Z: 2)
9. Als Frau Hinz in der Ambulanz des Krankenhauses eingeliefert wurde, fand die Diagnostik statt. Welche drei Untersuchungen könnten angeordnet worden sein? (Tb: 1; Db: 1; Sg: A; Pz: 3; Z: 2)
10. Frau Hinz hat nun den ersten Tag auf der Inneren Abteilung verbracht. Abends verschlimmern sich ihre Atembeschwerden: ein brodelndes Rasselgeräusch ist zu hören (auch ohne Stethoskop), sie hat starken Husten mit schaumigem, blutig-tingiertem Auswurf und akute Atemnot. Sie erkennen, dass Frau Hinz große Angst hat.
    - Auf welchen pathologischen Vorgang lassen die neuen Symptome von Frau Hinz schließen? (Tb: 1; Db: 1; Sg: A; Pz: 1; Z: 1)
    - Welche Erstmaßnahmen leiten Sie ein? Nennen Sie fünf! (Tb: 2; Db: 1; Sg: A; Pz: 5; Z: 3)

- Was wird erforderlich, wenn sich die Situation von Frau Hinz nicht bessert? (Tb: 2; Db: 1; Sg: A; Pz: 1; Z: 1)
11. Frau Hinz äußert Ihnen gegenüber, dass sie sich von ihrer Tochter allein gelassen fühlt. Dann schaut Frau Hinz verlegen weg und Sie haben den Eindruck, dass sie ein schlechtes Gewissen hat. Wie reagieren Sie? (Tb: 2; Db: 1; Sg: B; Pz: 6; Z: 5)
12. Kontrollieren Sie den erstellten Pflegeplan für Frau Hinz zu einem Pflegeproblem der ATL „für Sicherheit sorgen". Korrigieren Sie mögliche Fehler und begründen Sie Ihre Veränderungen! (Tb: 1, 2, 6; Db: 1; Sg: C; Pz: 10; Z: 10)

Pflegeproblem: Patientin kann die Medikamente nicht regelmäßig einnehmen
Ressource:
Pflegeziel: Eingabe der Medikamente
Pflegemaßnahmen: 2 × tgl. Medikamente stellen

13. Frau Hinz geht es nun besser und sie soll entlassen werden. Gibt es einen Grund, weshalb Frau Hinz Hilfe von der ambulanten Pflegestation in Anspruch nehmen sollte? Begründen Sie! (Tb: 1, 2, 6; Db: 1; Sg: B; Pz: 5; Z: 2)
14. Ihr Dienst geht zu Ende. Nennen Sie fünf Qualitätsmerkmale, die eine gute Dienstübergabe ausmachen! (Tb: 6, 7; Db: 1; Sg: B; Pz: 5; Z: 3)

Tab. 1.1 : Gesamtauswertung Fallbeispiel 1

Tb 1	Tb 2	Tb 6	Tb 7	Db 1	Db 2	Sg A	Sg B	Sg C	Pz	Z
8	9	3	1	16	0	7	8	1	57	45
38,1 %	42,8 %	14,3 %	4,7 %	100 %	0 %	43,7 %	50 %	6,25 %		

2.1.2 Fallbeispiel 2 „Katja Feller"

- Empfohlenes Ausbildungsjahr: 2
- Art der Erkrankung: Glomerulonephritis
- Pflegeschwerpunkte: Pflege von Patienten mit Glomerulonephritis, Thromboseprophylaxe, Beobachtung der Nierenfunktion, Pflegeprozess
- Zugehörige ATLs: „ausscheiden"
- Schwerpunkte der Bezugswissenschaften: Beratung, Umgang mit Zukunftsängsten
- Zeitaufwand: 45 min

Die urologische Abteilung Ihres Krankenhauses ist in der Umgebung sehr angesehen – es wird nach neuesten Erkenntnissen gearbeitet und kreative, innovative Pflegemaßnahmen finden Anklang bei der Krankenhausleitung.

Katja Feller ist 26 Jahre alt und wird mit einer akuten Glomerulonephritis auf Ihre Station überwiesen. Sie begleiten die Patientin in ihr künftiges Zimmer und helfen Ihr beim Auspacken, da sie ziemlich schwach ist. Es zeigen sich Symptome wie Fieber, Nierenschmerzen und eine Hämaturie. Aus den Unterlagen der Patientin erfahren Sie, dass sie in der letzten Zeit immer wieder an verschiedenen Streptokokkeninfektionen litt; hauptsächlich an Otitis media und Tonsillitis. Die Vitalzeichen Ihrer Patientin bei der Aufnahme: 110/60 mmHg Blutdruck, 88 Puls, 38,5 °C Körpertemperatur.

1. Um sich anatomische Grundkenntnisse ins Gedächtnis zu rufen, beschriften Sie bitte die folgende Abbildung! (Themenbereich: 1; Differenzierungsbereich: 1; Schwierigkeitsgrad: A; Punktzahl: 5; Zeit: 2)

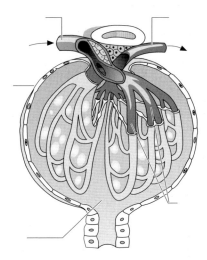

Abb. 2.2 • Jedes Nierenkörperchen besteht aus einer Kapsel (Bowman-Kapsel) und einem Netz aus Kapillarschlingen (Glomerulum).

2. Definieren Sie Glomerulonephritis! (Tb: 1; Db: 1; Sg: A; Pz: 1; Z: 1)
3. Nennen Sie die zwei Komplikationen der Glomerulonephritis! (Tb: 1; Db: 1; Sg: A; Pz: 2; Z: 2)
4. Frau Feller muss sich nach der Ankunft auf Ihrer Station erst einmal ausruhen. Nach 90 Minuten gehen Sie zu Ihr, um ein Aufnahmegespräch zu führen. Formulieren Sie bitte zehn Fragen, die Sie ihr stellen wollen! (Tb: 1, 2; Db: 1; Sg: B; Pz: 10; Z: 4)
5. Was müssen Sie beachten, um eine hohe Qualität des Aufnahmegesprächs zu ermöglichen? Nennen Sie bitte drei Kriterien! (Tb: 1, 7; Db: 1; Sg: A; Pz: 3; Z: 2)
6. Erklären Sie die Begriffe Otitis media und Tonsillitis! (Tb: 1; Db: 1; Sg: A; Pz: 2; Z: 2)
7. Erstellen Sie bitte einen Pflegeplan, der das generelle Problem bei Patienten mit Glomerulonephritis der ATL „ausscheiden" beinhaltet! (Tb: 1, 2, 6; Db: 1; Sg: B; Pz: 10; Z: 8)
8. Frau Feller leidet unter der akuten Form der Glomerulonephritis. Welche Symptome sind außer denen, die Frau Feller aufweist, noch möglich? Nennen Sie drei! (Tb: 1; Db: 1; Sg: B; Pz: 3; Z: 3)
9. Ein Großteil der Patienten mit einer Glomerulonephritis wird eines Tages dialysepflichtig. Frau Feller hat dies in der Visite erfahren und hat sehr viel Angst davor. Wie können Sie der Patientin helfen? Machen Sie sechs Vorschläge! (Tb: 1, 2, 6; Db: 1; Sg: B; Pz: 6; Z: 6)
10. Welche potentiellen Folgen hat eine Dialysepflicht für den Patienten? Nennen Sie vier! (Tb: 1; Db: 1; Sg: A; Pz: 4; Z: 3)
11. Um das Krankheitsverständnis von Frau Feller zu verbessern, haben Sie den Auftrag, sie über die wichtigen Aspekte aufzuklären, die bei ihrer Erkrankung eine Rolle spielen. Erklären Sie bitte zu jedem Begriff, wie es zu den Problemen kommen kann! Wasserhaushalt; Blutdruckveränderungen; Thrombosegefahr; Infektionsgefahr. (Tb: 1; Db: 1; Sg: A; Pz: 8; Z: 8)
12. Die Beobachtungsschwerpunkte der pflegerischen Tätigkeit sind bei Frau Feller die Nierenfunktion und der Flüssigkeitshaushalt. Nennen Sie vier Maßnahmen zur Beobachtung der Nierenfunktion und des Flüssigkeitshaushalts! (Tb: 1, 2; Db: 1; Sg: B; Pz: 4; Z: 4)

Tab. 1.2 Gesamtauswertung Fallbeispiel 2

Tb 1	Tb 2	Tb 6	Tb 7	Db 1	Db 2	Sg A	Sg B	Sg C	Pz	Z
12	4	2	1	12	0	7	5	0	58	45
63,1 %	21 %	10,5 %	5,2 %	100 %	0 %	58,3 %	41,5 %	0 %		

2.1.3 Fallbeispiel 3 „Frank Hauptmann"

- Empfohlenes Ausbildungsjahr: 3
- Art der Erkrankung: Schizophrenie
- Pflegeschwerpunkte: Psychiatrische Pflege, Umgang mit Medikamenten, Wundversorgung
- Zugehörige ATLs: „für Sicherheit sorgen"
- Schwerpunkte der Bezugswissenschaften: psychologische Betreuung und Therapieformen, soziale Rolle
- Zeitaufwand: 45 min

Frank Hauptmann wird in der geschlossenen Abteilung der Psychiatrie aufgenommen. Der 42-Jährige hatte in der Stadt für Aufruhr gesorgt – er stand mitten auf einer vielbefahrenen Straßenkreuzung, hat Fahrzeuge angehalten und die Fahrer „kontrolliert". Als schließlich die von Passanten verständigte Polizei eingreift, merken die Polizisten sofort, dass Herr Hauptmann wirr ist – er redet von einer weltpolitischen Verschwörung, die Handlanger sollen einen dunklen PKW fahren und man will ihn aus dem Weg räumen, da er die Verschwörung durchschaut hat. Während seiner Ausführungen greift er sich immer wieder an die Stirn und redet mit einer dunkleren Stimme in befehlendem Ton: „Du musst ihn erwischen, bevor er dich kriegt! Nun mach endlich!" Da sich Herr Hauptmann von den Beamten nicht beruhigen lässt und anfängt, handgreiflich zu werden, müssen die Polizisten zu drastischeren Maßnahmen greifen. Bei dem Handgemenge erleidet Herr Hauptmann eine Kopfplatzwunde und einige Hämatome. Schließlich führt die Polizei ihn ab und bringt ihn in die Psychiatrie. Mit Hilfe seiner Papiere, die er glücklicherweise dabei hat, kann seine Ehefrau informiert werden, die sofort auf die Station kommt. Sie berichtet, dass es Herrn Hauptmann seit längerem nicht gut geht und er teilweise verwirrt und aggressiv ist. Nach einem Streit mit seiner Frau, die ihm nicht glauben wollte, dass er Zeuge einer Verschwörung ist, hat er die gemeinsame Wohnung verlassen. Frau Hauptmann ist beruhigt, dass man ihrem Mann jetzt helfen wird. „Er wollte nie zum Arzt gehen, wenn ich ihn gebeten habe. Er sagte dann immer, dass ihm ein Arzt nicht helfen könnte, höchstens der Präsident!" In der Aufnahme wird die Kopfplatzwunde versorgt und Herr Hauptmann erhält Diazepam Desitin® i. v. und eine Tetanusimpfung.

1. Bei Herrn Hauptmann wird eine Schizophrenie diagnostiziert. Mit welchen drei diagnostischen Maßnahmen wurde dies festgestellt? (Themenbereich: 1; Differenzierungsbereich: 2; Schwierigkeitsgrad: A; Punktzahl: 3; Zeit: 2)
2. Erklären Sie die folgenden Begriffe: Denkstörung, Ich-Störung, Depersonalisation, Depressive Verstimmung. (Tb: 1; Db: 2; Sg: A; Pz: 4; Z: 5)
3. Zu welcher Medikamentengruppe gehört das Diazepam, wie wirkt es und welche zwei Nebenwirkungen kennen Sie? (Tb: 1; Db: 1; Sg: A; Pz: 3; Z: 2)
4. Diazepam Desitin® gehört als Tablette zu den festen Arzneimitteln (Tropfen gehören zu den flüssigen Arzneimitteln). Nennen Sie vier weitere feste Arzneimittelformen! (Tb: 1; Db: 1; Sg: A; Pz: 4; Z: 4)
5. Im weiteren Krankheitsverlauf wird Herr Hauptmann auf das Medikament Neurocil® eingestellt. Zu welcher Gruppe gehört dieses Medikament? (Tb: 1; Db: 1; Sg: A; Pz: 1; Z: 1)
6. Was müssen Sie anhand der 5 R-Regel überprüfen, bevor Sie Herrn Hauptmann das Medikament verabreichen? (Tb: 1; Db: 1; Sg: A; Pz: 5; Z: 4)
7. Welche drei Therapieformen kommen zu der medikamentösen Therapie zum Einsatz? (Tb: 1; Db: 1; Sg: A; Pz: 3; Z: 2)
8. In welcher ATL hat Herr Hauptmann die meisten Defizite? (Tb: 2; Db: 1; Sg: B; Pz: 1; Z: 2)
9. Herr Hauptmann muss anfangs fixiert werden. Was muss dabei beachtet werden? Nennen Sie drei Kriterien! (Tb: 2; Db: 2; Sg: A; Pz: 3; Z: 4)
10. Welche Pflegeschwerpunkte stehen bei schizophrenen Patienten wie Herrn Hauptmann im Vordergrund? Nennen Sie drei! (Tb: 2, 6; Db: 1; Sg: A; Pz: 3; Z: 3)
11. Welche vier Grundsätze müssen Sie im Umgang mit Herrn Hauptmann beachten (in Bezug auf seine Wahnvorstellungen)? (Tb: 2, 6; Db: 2; Sg: B; Pz: 4; Z: 4)
12. Herr Hauptmann wurde gegen seinen Willen in eine psychiatrische Klinik gebracht. Wurde mit dieser Handlung ein Gesetz gebrochen? Erklären Sie bitte ausführlich! (Tb: 1, 7; Db: 1; Sg: B; Pz: 3; Z: 4)
13. Was können Sie zu der sozialen Rolle sagen, die psychisch kranke Menschen in unserer Gesellschaft einnehmen? (Tb: 1, 7; Db: 2; Sg: B; Pz: 3; Z: 5)
14. Nennen Sie vier hygienische Prinzipien für einen aseptischen Verbandswechsel! (Tb: 1, 2; Db: 1; Sg: A; Pz: 4; Z: 3)

Tab. 1.3 : Gesamtauswertung Fallbeispiel 3

Tb 1	Tb 2	Tb 6	Tb 7	Db 1	Db 2	Sg A	Sg B	Sg C	Pz	Z
10	5	2	2	8	6	10	4	0	44	45
52,6 %	26,3 %	10,5 %	10,5 %	57,1 %	42,8 %	71,4 %	28,5 %	0 %		

2.1.4 Fallbeispiel 4 „Rita Pollbrack"

- Empfohlenes Ausbildungsjahr: 2
- Art der Erkrankung: Mammakarzinom
- Pflegeschwerpunkte: OP-Vorbereitung, Pflege bei Brustkrebs, Wundheilung, Pflegeprozess, Chemotherapie
- Zugehörige ATLs: „Sinn finden", „sich als Mann, Frau, Kind fühlen"
- Schwerpunkte der Bezugswissenschaften: Beratungsgespräche, Haushaltshilfe

In der Übergabe zu Beginn Ihrer Nachmittagsschicht wird Ihnen von einer neuen Patientin berichtet: Rita Pollbrack, eine 36-jährige alleinerziehende Mutter von zwei Mädchen (6 und 12 Jahre alt) ist mit Verdacht auf Brustkrebs eingeliefert worden. Letzte Woche ist ihr beim Eincremen nach dem Duschen ein Knoten in ihrer linken Brust aufgefallen. Da ihr das aber schon öfters passiert ist und die meisten Knoten ja gutartig sind, wie ihr Arzt ihr erklärt hatte, hat sie sich zunächst keine Sorgen gemacht. Nach der Mammographie aber war ihr Gynäkologe merkwürdig still geworden und nun hat sie große Angst vor der geplanten Schnellschnittoperation. Sie erfahren, dass diese am morgigen Tag stattfinden soll.

1. Um sich anatomische Grundkenntnisse ins Gedächtnis zu rufen, beschriften Sie bitte die folgende Zeichnung! (Themenbereich: 1; Differenzierungsbereich: 1; Schwierigkeitsgrad: a; Punktzahl: 9; Zeit: 2)

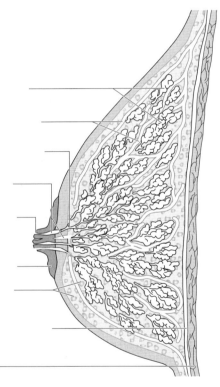

Abb. 2.3 ▪ Die äußere Form der weiblichen Brust entsteht hauptsächlich durch die starke Entwicklung des Unterhautfettgewebes, in geringem Umfang auch durch die Brustdrüse.

2. Frau Pollbrack klingelt. Als Sie das Zimmer betreten, ist die Patientin sehr unsicher und möchte mehr über die sogenannte Schnellschnittoperation erfahren und den Unterschied zu einer anderen, ebenfalls üblichen Methode kennen lernen. Was sagen Sie ihr? (Tb: 1, 2; Db: 1; Sg: B; Pz: 8; Z: 3)
3. In welchem Bereich entwickelt sich das Mammakarzinom am häufigsten? (Tb: 1; Db: 1; Sg: A; Pz: 1; Z: 1)
4. Welche drei speziellen Vorbereitungen treffen Sie für die morgige Operation? (Tb: 1, 2; Db: 1; Sg: B; Pz: 3; Z: 2)
5. Nennen Sie eines der generellen Pflegeprobleme der Patientinnen mit Mammakarzinom! (Tb: 1; Db: 1; Sg: A; Pz: 1; Z: 2)
6. Frau Pollbrack hat sich für die Schnellschnittoperation entschieden. Leider muss die Brust amputiert werden – der Tumor ist bösartig. Welche zwei Maßnahmen ziehen Sie bereits in Betracht, bevor die Patientin aus der Narkose erwacht? (Tb: 2; Db: 1; Sg: B; Pz: 2; Z: 2)
7. Sie holen Frau Pollbrack aus dem Aufwachraum ab. Welche drei Informationen benötigen Sie bei der Übergabe der Pflegekraft? (Tb: 1; Db: 1; Sg: B; Pz: 3; Z: 2)
8. Die Patientin bekommt eine Infusion: 500 ml NaCl 0,9%. Welche Art der Infusionslösung ist das? (Tb: 1; Db: 1; Sg: A; Pz: 1; Z: 1)
9. Welche zwei Prophylaxen sind bei Frau Pollbrack nach ihrer Operation angebracht? (Tb: 1, 2; Db: 1; Sg: B; Pz: 2; Z: 2)
10. Nennen Sie zu den in Frage 9 genannten Prophylaxen jeweils zwei Pflegemaßnahmen! (Tb: 2; Db: 1; Sg: B; Pz: 2; Z: 2)
11. Frau Pollbrack soll nach einer Erholungsphase zur ambulanten Chemotherapie erneut auf Ihre Station kommen. Die Patientin äußert folgende Fragen:
    - Welche Nebenwirkungen habe ich zu erwarten? (Tb: 1; Db: 1; Sg: A; Pz: 3; Z: 3)
    - Wie lange dauert die Behandlung? (Tb: 1; Db: 1; Sg: A; Pz: 2; Z: 2)
    - Was genau passiert eigentlich mit mir bei einer Chemotherapie? (Tb: 1; Db: 1; Sg: A; Pz: 2; Z: 2)
12. Frau Pollbrack ist alleinerziehend. Zurzeit betreut ihre Mutter die beiden Töchter – sie ist aber damit überfordert. Unter welchen Voraussetzungen hätte Frau Pollbrack Anspruch auf eine Haushaltshilfe? (Tb: 1, 7; Db: 1; Sg: B; Pz: 4; Z: 4)
13. Frau Pollbrack hat schwer mit dem Verlust ihrer Weiblichkeit zu kämpfen. Besteht die Möglichkeit, mit einer Brustamputation einen Behindertenausweis zu beantragen? Erklären Sie! (Tb: 1, 7; Db: 1; Sg: B; Pz: 4; Z: 4)
14. Die Wunde von Frau Pollbrack scheint gut zu verheilen und weist keine Besonderheiten auf. Sie wechseln den Verband. Wie gehen Sie vor? Nennen Sie fünf Handlungsschritte! (Tb: 1, 2; Db: 1; Sg: B; Pz: 5; Z: 6)
15. Kontrollieren Sie den erstellten Pflegeplan zu einem Pflegeproblem der ATL „sich waschen

und kleiden" auf mögliche Fehler und korrigieren Sie! (Tb: 1, 2, 6; Db: 1; Sg: C; Pz: 10; Z: 5)

Pflegeproblem: Patientin ist in der Körperpflege eingeschränkt durch die Operation

Ressource: Patientin kann das Gesicht selbst waschen
Pflegeziel: Patientin wird versorgt
Pflegemaßnahmen: Übernahme der Körperpflege

Tab. 1.4 • Gesamtauswertung Fallbeispiel 4

Tb 1	Tb 2	Tb 6	Tb 7	Db 1	Db 2	Sg A	Sg B	Sg C	Pz	Z
15	7	1	2	17	0	7	9	1	62	45
60%	28%	4%	8%	100%	0%	41,1%	52,9%	5,8%		

2.1.5 Fallbeispiel 5 „Esther Rulter"

- Empfohlenes Ausbildungsjahr: 2
- Art der Erkrankung: akute Appendizitis, Schocksymptomatik
- Pflegeschwerpunkte: Kinderkrankenpflege, Umgang mit Angehörigen, Wundversorgung, Umgang mit Drainagen
- Zugehörige ATLs: „für Sicherheit sorgen"
- Schwerpunkte der Bezugswissenschaften: psychologische Betreuung
- Zeitaufwand: 45 min

Esther Rulter, ein 15-jähriges hübsches Mädchen, kommt notfallmäßig ins Krankenhaus. Sie leidet seit einigen Stunden unter heftigsten Schmerzen im rechten Unterbauch, sie hat auch Fieber entwickelt. Im Krankenhaus verschlechtert sich ihre Situation dramatisch – Zeichen eines Schocks kommen hinzu. Das Mädchen wird schließlich sofort für eine OP vorbereitet. Die Mutter, die Esther begleitet hat, macht sich große Sorgen und ist nervlich völlig außer sich. Sie nehmen Frau Rulter beiseite und bieten ihr im Stationszimmer der Kinderchirurgie einen Kaffee an. Frau Rulter nimmt dankend an und erzählt Ihnen von ihrem Urlaubsaufenthalt: Familie Rulter ist hier zum Sommerurlaub, aber in ein paar Tagen soll es wieder nach Hause gehen. „Und jetzt so etwas!" seufzt die 38-Jährige. „Aber Hauptsache, mein kleines Mädchen wird wieder gesund – das wird sie doch, oder?" Frau Rulter schluchzt auf.

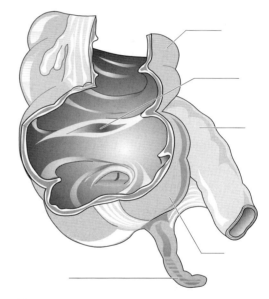

Abb. 2.4 • Unterhalb der Ileozäkalklappe endet ein Teil des Dickdarms blind (Blinddarm).

1. Um sich anatomische Grundkenntnisse ins Gedächtnis zu rufen, beschriften Sie bitte folgende Abbildung! (Themenbereich: 1; Differenzierungsbereich: 1; Schwierigkeitsgrad: a; Punktzahl: 5; Zeit: 2)
2. Esther leidet unter einer Appendizitis. Welche zwei Komplikationen könnten auf sie zukommen? (Tb: 1; Db: 1; Sg: A; Pz: 2; Z: 2)
3. Nennen Sie drei typische Schockzeichen! (Tb: 1; Db: 1; Sg: A; Pz: 3; Z: 2)
4. Bei Esther beschränken sich die Symptome auf Schmerzen und Fieber. Welche drei Symptome sind ebenfalls typisch für dieses Krankheitsbild? (Tb: 1; Db: 1; Sg: B; Pz: 3; Z: 2)
5. Da zu einem Aufnahmegespräch die Situation nicht angemessen war, nutzen Sie Ihre Chance und fragen die Mutter Ihrer Patientin. Welche vier Informationen haben für Sie Priorität? (Tb: 1, 2; Db: 1; Sg: B; Pz: 4; Z: 5)

6. Welche zwei Informationen/Hinweise geben Sie der Mutter Ihrer Patientin, um Sie zu beruhigen? (Tb: 2; Db: 1; Sg: B; Pz: 2; Z: 3)
7. Esther kommt aus dem Aufwachraum zurück auf Ihre Station. Sie hat einen peripher-venösen Zugang am linken Handgelenk, über den noch 1000 ml Sterofundin laufen und eine Drainage ohne Sog im OP-Gebiet. Das Mädchen ist ansprechbar, jedoch noch sehr schläfrig. Zusammen mit der Mutter betreten Sie das Zimmer. Diese ist sehr erstaunt über die „ganzen Schläuche" und Sie merken, dass sie ausführliche Informationen braucht. Bitte erklären Sie den Sinn und Zweck der Infusion und der Drainage genau so, wie Sie es Frau Rulter erklären würden! (Tb: 1, 2; Db: 1; Sg: B; Pz: 10; Z: 8)
8. Sie haben Frau Rulter ausführlich erklärt, was mit Ihrer Tochter geschehen ist und geschehen wird. Diese Informationen soll auch Esther bekommen. Welche vier Vorteile haben eine kindgerechte Information und die Zusammenarbeit mit Eltern in der Kinderkrankenpflege? (Tb: 2, 6, 7; Db: 1; Sg: B; Pz: 4; Z: 3)
9. Nennen Sie eine Prophylaxe, die bei Esther durchgeführt werden muss! (Tb: 1; Db: 1; Sg: B; Pz: 1; Z: 2)
10. Sie stellen fest, dass der Verband um den peripher-venösen Zugang von Esther verschmutzt ist und planen einen Verbandwechsel. Esther ist neugierig und wünscht sich, dass Sie ihr jede Ihrer sechs Handlungen erklären! Wie gehen Sie vor? (Tb: 1, 2; Db: 1; Sg: B; Pz: 6; Z: 6)
11. Beschreiben Sie vier Pflegeschwerpunkte, die Sie im Umgang mit Drainagen beachten müssen! (Tb: 1, 2; Db: 1; Sg: B; Pz: 4; Z: 3)
12. Der dritte Tag nach der Operation beginnt. Esther fühlt sich immer besser, bekommt leichte Kost und darf sich bereits auf ihre Entlassung freuen, die noch rechtzeitig im Urlaub der Familie Rulter liegt. Bei der Visite wird beschlossen, dass es Zeit ist, die noch liegende Drainage zu ziehen.
    – Diese Aufgabe wird an Sie delegiert. Wie verhalten Sie sich? (Tb: 1, 2; Db: 1; Sg: B; Pz: 2; Z: 3)
    – Was muss vor bzw. beim Ziehen der Drainage beachtet werden? Nennen Sie zwei Aspekte! (Tb: 1, 2; Db: 1; Sg: B; Pz: 2; Z: 2)
    – Woran kann man erkennen, dass eine liegende Drainage gezogen werden kann? (Tb: 1; Db: 1; Sg: B; Pz: 1; Z: 2)

Tab. 1.5 : Gesamtauswertung Fallbeispiel 5

Tb 1	Tb 2	Tb 6	Tb 7	Db 1	Db 2	Sg A	Sg B	Sg C	Pz	Z
12	8	1	1	14	0	3	11	0	49	45
54,6%	36,4%	4,6%	4,6%	100%	0%	21,4%	78,5%	0%		

2.1.6 : Fallbeispiel 6 „Axel Thiessen"

- Empfohlenes Ausbildungsjahr: 2
- Art der Erkrankung: Hepatitis C, Leberzirrhose
- Pflegeschwerpunkte: Pflege bei Patienten mit Infektionskrankheiten, Pflegeprozess
- Zugehörige ATLs: „essen und trinken"
- Schwerpunkte der Bezugswissenschaften: Infektionsschutzgesetz, psychologische Betreuung
- Zeitaufwand: 45 min

Auf Ihrer Station liegt Herr Axel Thiessen. Er ist 45 Jahre alt und kommt mit Verdacht auf Hepatitis C, der sich bereits bestätigt hat. Herr Thiessen ist ledig und hat einen gemeinsamen Sohn im Alter von fünf Jahren mit seiner ehemaligen Lebensgefährtin. Bei der Übergabe erfahren Sie außerdem noch, dass er als Landmaschinenmechaniker tätig ist und dass Lesen zu seinen Hobbys gehört. Die Hepatitis von Herrn Thiessen macht sich bisher durch dunkelgefärbten Urin, Druckschmerz im Oberbauch und lehmfarbenen Stuhl bemerkbar. Appetitlosigkeit und Müdigkeit kommen dazu. Als Therapie wurden symptomatische und medikamentöse Maßnahmen angesetzt, Herr Thiessen hat Bettruhe und braucht in einigen ATLs Unterstützung.

1. Definieren Sie Hepatitis! (Themenbereich: 1; Differenzierungsbereich: 1; Schwierigkeitsgrad: a; Punktzahl: 1; Zeit: 2)
2. Nennen Sie drei weitere Hepatitisformen und benennen Sie jeweils die Formen, bei denen eine Immunisierung möglich ist! (Tb: 1; Db: 1; Sg: A; Pz: 6; Z: 2)
3. Durch welche drei Übertragungswege könnte sich Herr Thiessen mit der Hepatitis C infiziert haben? (Tb: 1; Db: 1; Sg: B; Pz: 3; Z: 2)

4. Was muss nach dem Infektionsschutzgesetz vom 01.01.2001, §6, getan werden? (Tb: 1, 7; Db: 1; Sg: A; Pz: 1; Z: 2)
5. Welche drei Schwerpunkte stehen bei der symptomatischen Behandlung im Vordergrund? (Tb: 1; Db: 1; Sg: A; Pz: 3; Z: 2)
6. Die medikamentöse Therapie von Herrn Thiessen enthält die Medikamente α-Interferon und Rebetol-Kapseln mit dem Wirkstoff Ribavirin. Welche vier Nebenwirkungen könnten auf Herrn Thiessen zukommen? (Tb: 1; Db: 1; Sg: B; Pz: 4; Z: 4)
7. Herr Thiessen hat zunehmend Probleme damit, seinen Juckreiz zu ertragen, oft kratzt er sich auch im Schlaf. Beschreiben Sie vier Maßnahmen, die zu einer Verbesserung beitragen können! (Tb: 1, 2; Db: 1; Sg: B; Pz: 4; Z: 3)
8. Sie kommen am nächsten Tag zum Spätdienst und stellen fest, dass Herr Thiessen inzwischen unter starken Diarrhoen leidet. Mit den Kollegen besprechen Sie, dass das Infektionsrisiko damit zu hoch geworden ist, und gemeinsam beschließen Sie, dass eine Isolierung erforderlich ist.
    – Erklären Sie das Prinzip der Isolierung! (Tb: 1; Db: 1; Sg: A; Pz: 2; Z: 5)
    – Welche Form der Isolierung ist bei Herrn Thiessen angebracht und warum? (Tb: 1, 2; Db: 1; Sg: B; Pz: 2; Z: 2)
    – Welche drei Maßnahmen wenden Sie bei der Infektionsprophylaxe an? (Tb: 1, 2; Db: 1; Sg: B; Pz: 3; Z: 2)
9. Kontrollieren Sie den erstellten Pflegeplan zu einem Pflegeproblem der ATL „essen und trinken" auf mögliche Fehler und beurteilen Sie die Qualität des Pflegeplans. Würden Sie etwas verändern? Begründen Sie! (Tb: 1, 2, 6; Db: 1; Sg: C; Pz: 6; Z: 10)

Pflegeproblem: Patient mag aufgrund seiner Erkrankung nicht richtig essen und trinken
Ressource: Patient kann essen und trinken
Pflegeziel: Patient kann wieder besser essen und trinken
Pflegemaßnahmen: Nahrung und Flüssigkeit regelmäßig anbieten

10. Neben der Beobachtung des Allgemeinbefindens müssen Sie bei Herrn Thiessen außerdem folgende Parameter beobachten: Nennen Sie vier! (Tb: 1; Db: 1; Sg: B; Pz: 4; Z: 3)
11. Der Sohn von Herrn Thiessen war zu Besuch bei seinem Vater. Die beiden haben sich längere Zeit nicht gesehen und nach dem Besuch ist der Patient sehr traurig. Als Sie mit ihm sprechen, fängt er an zu weinen. Er erzählt Ihnen, dass es unter den Umständen der Isolierung sehr befremdlich war, seinen Sohn zu sehen.
    – Benennen Sie zwei psychische Aspekte der Isolierung, unter denen Herr Thiessen möglicherweise leidet! (Tb: 1, 6, 7; Db: 1; Sg: B; Pz: 2; Z: 3)
    – Wie können Sie dem Patienten helfen? Machen Sie drei Vorschläge! (Tb: 1, 2; Db: 1; Sg: B; Pz: 3; Z: 2)

Tab. 1.6 : Gesamtauswertung Fallbeispiel 6

Tb 1	Tb 2	Tb 6	Tb 7	Db 1	Db 2	Sg A	Sg B	Sg C	Pz	Z
14	5	2	2	14	0	5	8	1	44	45
60,9 %	21,8 %	8,7 %	8,7 %	100 %	0 %	35,7 %	57,1 %	7,1 %		

2.1.7 Fallbeispiel 7 „Georg Grunert"

- Empfohlenes Ausbildungsjahr: 3
- Art der Erkrankung: Larynxkarzinom
- Pflegeschwerpunkte: Pflege von Patienten mit Krebs, OP-Vorbereitung, Sprachstörungen
- Zugehörige ATLs: „kommunizieren", „Sinn finden"
- Schwerpunkte der Bezugswissenschaften: Kommunikation, Beratung und Anleitung, psychologische Betreuung
- Zeitaufwand: 60 min

Georg Grunert ist 61 Jahre alt und lebt mit seiner Lebensgefährtin seit drei Jahren zusammen. In der letzten Zeit litt er unter Heiserkeit und konnte wenig sprechen – aber die typischen Symptome einer Erkältung blieben aus. Seine Lebensgefährtin drängte ihn, doch endlich zum Arzt zu gehen, denn Herr Grunert hat noch nie viel von Ärzten gehalten und nennt sie immer abfällig „die Götter in Weiß". Da es ihm aber zunehmend schlechter geht, sucht er einen Hals-Nasen-Ohren-Arzt auf.

Nachdem der Arzt ihn eingehend untersucht hat, muss er Herrn Grunert leider mitteilen, dass dieser unter einem Larynxkarzinom leidet. Herr Grunert ist geschockt und hört kaum noch zu, als ihm erklärt wird, welche Untersuchungen vorgenommen werden sollen und was sonst noch auf ihn zukommt. Seiner Lebensgefährtin sagt er zunächst, dass der Arzt nichts gefunden hätte und zieht sich zurück. Wie immer, wenn es ihm schlecht geht, steigt sein ohnehin hoher Zigarettenkonsum noch erheblich. Nach ein paar Tagen schenkt er seiner Lebensgefährtin schließlich reinen Wein ein und lässt sich überreden, die Behandlung aufzunehmen. Jetzt ist er auf Ihrer Station, soll weiter untersucht werden und eine Operation steht an.

1. Um sich anatomische Grundkenntnisse ins Gedächtnis zu rufen, beschriften Sie bitte folgende Abbildung! (Themenbereich: 1; Differenzierungsbereich: 1; Schwierigkeitsgrad: a; Punktzahl: 7; Zeit: 2)

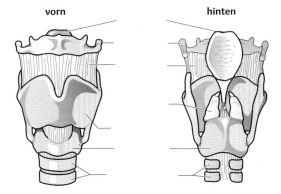

Abb. 2.5 • Der Kehlkopf bildet einen Verschlussmechanismus zwischen Luftröhre und Rachenraum.

2. Definieren Sie Larynxkarzinom und beschreiben Sie die drei möglichen Lokalisationen! (Tb: 1; Db: 1; Sg: A; Pz: 4; Z: 3)
3. Welche zwei Risikofaktoren gelten als typisch für die Entstehung eines Larynxkarzinoms? (Tb: 1; Db: 1; Sg: A; Pz:2 ; Z: 2)
4. Bei Herrn Grunert sind die Symptome auf Heiserkeit und Sprachprobleme beschränkt. Nennen Sie zwei Symptome, die bei diesem Krankheitsbild ebenfalls vorkommen können! (Tb: 1; Db: 1; Sg: A; Pz: 2; Z: 2)
5. Der HNO-Arzt hat bei Herrn Grunert eine indirekte Laryngoskopie durchgeführt. Jetzt soll er sich einer direkten Laryngoskopie unterziehen. Nennen Sie den Unterschied zwischen beiden Untersuchungen und erklären Sie Herrn Grunert, warum eine direkte Laryngoskopie angebracht ist! (Tb: 1; Db: 1; Sg: A; Pz: 3; Z: 4)
6. Die Wahl der Therapie fällt fast immer auf die Operation. Es gibt drei verschiedene Operationsmöglichkeiten: Chordektomie, Kehlkopfteilresektion und Laryngektomie. Beschreiben Sie alle drei Operationen! (Tb: 1; Db: 1; Sg: A; Pz: 6; Z: 6)
7. Die direkte Laryngoskopie hat leider ergeben, dass bei Herrn Grunert eine Laryngektomie durchzuführen ist. Herr Grunert sieht dieser OP mit einiger Skepsis entgegen. Wie könnten Sie ihn beruhigen? Nennen Sie drei Maßnahmen! (Tb: 1, 2; Db: 1; Sg: B; Pz: 3; Z: 4)
8. Nennen Sie die drei ATLs, bei denen Herr Grunert die meisten Defizite nach der OP haben wird! (Tb: 1, 2; Db: 1; Sg: B; Pz: 3; Z: 3)
9. Herr Grunert ist heute Morgen schließlich operiert worden. Sie holen ihn aus dem Aufwachraum ab. Welche drei Informationen brauchen Sie vom Pflegepersonal des Aufwachraumes, um Ihren Patienten optimal versorgen zu können? (Tb: 1; Db: 1; Sg: B; Pz: 3; Z: 3)
10. Welche Pflegemaßnahmen müssen Sie postoperativ bei Herrn Grunert durchführen? Nennen Sie drei! (Tb: 2; Db: 1; Sg: B; Pz: 3; Z: 3)
11. Herr Grunert kann aufgrund der Laryngektomie nicht mehr verbal kommunizieren. Durch welche zwei Methoden kann eine Stimmrehabilitation gewährleistet werden? Beschreiben Sie beide! (Tb: 2, 6; Db: 1; Sg: A; Pz: 4; Z: 5)
12. Herr Grunert hat die Operation überstanden. Jeden Tag besucht ihn seine Lebensgefährtin und unterstützt ihn, so gut sie nur kann. Leider bekam er vor ein paar Tagen eine weitere schlechte Nachricht vom Stationsarzt: Im CT wurden an mehreren Stellen im Körper Metastasen entdeckt. Seitdem wirkt der Patient insgesamt auf Sie ambivalent: einerseits äußert er Hoffnung auf Genesung und andererseits hat er sichtlich Angst vor dem Sterben.
    - In welcher Phase des psychischen Sterbeprozesses nach Elisabeth Kübler-Ross befindet sich Herr Grunert? (Tb: 1, 6; Db: 1; Sg: B; Pz: 1; Z: 2)
    - Nennen Sie die fünf Phasen des psychischen Sterbeprozesses nach Kübler-Ross! (Tb: 1, 6; Db: 1; Sg: A; Pz: 5; Z: 2)
    - Beschreiben Sie zu jeder Phase jeweils eine mögliche Verhaltensweise für Angehörige oder das Pflegepersonal! (Tb: 1, 6; Db: 1; Sg: B; Pz: 5; Z: 4)

13. Erstellen Sie für Herrn Grunert einen Pflegeplan zu einem Pflegeproblem der ATL „Sinn finden"! (Tb: 1, 2, 6; Db: 1; Sg: C; Pz: 6; Z: 10)
14. Herr Grunert hat inzwischen das Endstadium seiner Erkrankung erreicht und soll in einem Hospiz palliativ gepflegt werden.
    – Was bedeutet palliative Pflege? (Tb: 1, 7; Db: 1; Sg: A; Pz: 1; Z: 2)
    – Nennen Sie drei Aufgaben der Palliativmedizin! (Tb: 1, 7; Db: 1; Sg: A; Pz: 3; Z: 3)

Tab. 1.7 : Gesamtauswertung Fallbeispiel 7

Tb 1	Tb 2	Tb 6	Tb 7	Db 1	Db 2	Sg A	Sg B	Sg C	Pz	Z
15	5	5	2	17	0	10	6	1	61	60
55,5%	18,5%	18,5%	7,4%	100%	0%	58,8%	35,2%	5,8%		

2.1.8 : Fallbeispiel 8 „Bernd Gruber"

- Empfohlenes Ausbildungsjahr: 2
- Art der Erkrankung: Pankreatitis, Alkoholabusus
- Pflegeschwerpunkte: Kostaufbau, Umgang mit Schmerzen, Umgang mit der Magensonde
- Zugehörige ATLs: „essen und trinken", „für Sicherheit sorgen"
- Schwerpunkte der Bezugswissenschaften: Beratung und Anleitung, Emotionen
- Zeitaufwand: 60 min

Herr Gruber wurde vor zwei Tagen aus der Psychiatrie auf Ihre Station verlegt (eine Intensivstation). Grund dieser Verlegung ist der Verdacht auf eine Pankreatitis: der Patient leidet unter Schmerzen, die gürtelförmig in den Rücken und die Schultern ausstrahlen. Aus dem Verlegungsbericht erfahren Sie, dass Herr Gruber letzte Woche volltrunken auf einer Autobahnraststätte aufgefunden worden war. Er konnte sich an nichts erinnern, wusste seinen eigenen Namen nicht und wurde aggressiv. Die Polizei hat ihn dann in die Psychiatrie in Ihrem Ort bringen lassen. Dort wurde dem Patienten dringend ein Entzug nahe gelegt, dem er letztendlich auch zugestimmt hat. Herr Gruber ist 42 Jahre alt, geschieden und hat eine Tochter, die den Kontakt zu ihm abgebrochen hat. Seine Arbeitsstätte ist die hiesige Tischlerei, in der er schon vor über 20 Jahren gelernt hat. Sein Ernährungszustand ist schlecht, er ist abgemagert und hat in den letzten Tagen kaum Nahrung zu sich genommen.

1. Um sich anatomische Grundkenntnisse ins Gedächtnis zu rufen, beschriften Sie bitte die folgende Abbildung! (Themenbereich: 1; Differenzierungsbereich: 1; Schwierigkeitsgrad: a; Punktzahl: 7; Zeit: 3)

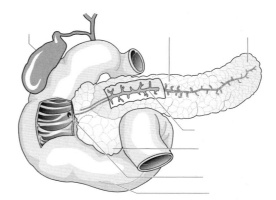

Abb. 2.6 ▪ Das Pankreas (Bauchspeicheldrüse) ist ein retroperitoneales Organ. Die Drüse hat eine langgestreckte Form und zieht quer über zwei Drittel des Oberbauches.

2. Definieren Sie Pankreatitis! (Tb: 1; Db: 1; Sg: A; Pz: 1; Z: 1)
3. Welche zwei Symptome, die bei Herrn Gruber nicht aufgetreten sind, kann eine Pankreatitis noch verursachen? (Tb: 1; Db: 1; Sg: B; Pz: 2; Z: 2)
4. Herr Gruber wurde gegen seinen Willen in einer psychiatrischen Institution untergebracht. Wie ist diese Situation gesetzlich geregelt? (Tb: 1, 7; Db: 1; Sg: A; Pz: 2; Z: 2)
5. Mit welchen zwei diagnostischen Maßnahmen wird man versuchen, den Verdacht auf eine akute Pankreatitis bei Herrn Gruber zu bestätigen? (Tb: 1, 2; Db: 1; Sg: A; Pz: 2; Z: 2)
6. Bitte nennen Sie vier Komplikationen, die auf Herrn Gruber zukommen könnten! (Tb: 1; Db: 1; Sg: A; Pz: 4; Z: 2)

7. Bei Herrn Gruber besteht die Gefahr, dass ein Delirium tremens entsteht. Beschreiben Sie das Krankheitsbild! (Tb: 1; Db: 2; Sg: B; Pz: 2; Z: 3)
8. Eine akute Pankreatitis wird aufgrund des lebensbedrohlichen Krankheitsbildes intensivmedizinisch überwacht und behandelt. Noch ist nicht klar, welche Verlaufsform der Pankreatitis sich bei Herrn Gruber herausstellen wird: die ödematöse oder die hämorrhagisch-nekrotisierende Pankreatitis. Beschreiben Sie beide Verlaufsformen! (Tb: 1; Db: 1; Sg: A; Pz: 4; Z: 6)
9. Definieren Sie die Alkoholkrankheit! (Tb: 1; Db: 2; Sg: A; Pz: 4; Z: 2)
10. Nennen Sie vier Symptome der Alkoholkrankheit! (Tb: 1; Db: 2; Sg: A; Pz: 4; Z: 2)
11. Die ersten angeordneten Maßnahmen für Herrn Gruber auf der Intensivstation sind die parenterale Ernährung und das Legen einer Magensonde. Sie haben die Aufgabe, Herrn Gruber eine Magensonde zu legen. Beschreiben Sie, wie Sie vorgehen! (Tb: 1, 2; Db: 1; Sg: B; Pz: 10; Z: 8)
12. Herr Gruber leidet unter starken Schmerzen. Welche zwei Maßnahmen können Sie neben der medikamentösen Therapie noch anwenden, um die Schmerzen Ihres Patienten zu lindern? (Tb: 2; Db: 1; Sg: B; Pz: 2; Z: 3)
13. Der Schmerz ist individuelles Phänomen mit verschiedenen Dimensionen: die Lokalisation des Schmerzes, die Intensität des Schmerzes und die Qualität des Schmerzes. Beschreiben Sie zu den Dimensionen „Intensität" und „Qualität", welche vier Möglichkeiten der Patient hat, um sich auszudrücken! (Tb: 1, 2; Db: 1; Sg: B; Pz: 4; Z: 5)
14. Erstellen Sie für Herrn Gruber zu einem Pflegeproblem der ATL „für Sicherheit sorgen" einen Pflegeplan. Konzentrieren Sie sich dabei auf die Schmerzen von Herrn Gruber! (Tb: 1, 2, 6; Db: 1; Sg: C; Pz: 6; Z: 10)
15. Herrn Gruber wird seine Gesamtsituation bewusst – er hat als Alkoholiker seine Familie zerstört und jetzt sogar sich selbst. Er leidet unter starken Ängsten, dass er nicht mehr lange genug durchhält, um noch etwas ändern zu können.
   – Was ist eigentlich Angst? Erklären Sie! (Tb: 1; Db: 1; Sg: A; Pz: 2; Z: 3)
   – Beschreiben Sie, wie die Angst beim Menschen entsteht! (Tb: 1; Db: 1; Sg: A; Pz: 2; Z: 3)
   – Man nimmt an, dass es unmöglich ist, Angst völlig zu beseitigen. Welche Strategien können Sie anwenden, um Herrn Gruber die Situation zu erleichtern? Nennen Sie drei! (Tb: 1, 2, 7; Db: 1; Sg: B; Pz: 3; Z: 3)

Tab. 1.8 : Gesamtauswertung Fallbeispiel 8

Tb 1	Tb 2	Tb 6	Tb 7	Db 1	Db 2	Sg A	Sg B	Sg C	Pz	Z
16	6	1	2	14	3	10	6	1	61	60
64%	24%	4%	8%	82,3%	17,6%	58,8%	35,2%	5,8%		

2.1.9 Fallbeispiel 9 „Anne Hilberg"

- Empfohlenes Ausbildungsjahr: 3
- Art der Erkrankung: Multiple Sklerose
- Pflegeschwerpunkte: Pflege von Patienten mit neurologischen Erkrankungen, Pflegeprozess, Urininkontinenz
- Zugehörige ATLs: ATL „sich waschen und kleiden", ATL „kommunizieren"
- Schwerpunkte der Bezugswissenschaften: Kommunikation, Beratung und Anleitung
- Zeitaufwand: 60 min

Die 48-jährige Anne Hilberg leidet an Multipler Sklerose. Sie war vor zehn Jahren zum ersten Mal mit einem diesbezüglichen Verdacht auf eine neurologische Station gekommen. Damals hatte sie seit Monaten immer wiederkehrende Symptome gehabt: Sehstörungen und Gefühlsstörungen in Form von Kribbeln in den Händen. Schließlich war der Verdacht nach mehreren Untersuchungen bestätigt worden. Die Patientin wurde ausführlich über das Leben mit dieser Erkrankung beraten und danach entlassen. Jetzt wird sie mit einem akuten Schub wieder ins Krankenhaus gebracht. Sie leidet zurzeit unter einer Urininkontinenz, spastischen Lähmungen in den Armen und an einer Trigeminusneuralgie, die ihr sehr zu schaffen macht.

Frau Hilberg ist eine leidenschaftliche Reiterin, sie besitzt zwei Pferde. Als die Diagnose vor zehn

Jahren gestellt worden war, war sie geschockt gewesen und hatte darüber nachgedacht, den Pferdesport aufzugeben. Ihr Lebensgefährte hat ihr damals gut zugeredet und sie ermutigt, weiterhin aktiv zu bleiben – dafür ist sie ihm sehr dankbar, erzählt sie Ihnen beim Aufnahmegespräch. „Außerdem bin ich ehrgeizig, das war schon immer so. Pferde begeistern mich seit jeher, ich weiß sehr viel darüber, ich habe auch schon mehrere Fachbücher geschrieben." Frau Hilberg wirkt auf sie lebenslustig und engagiert, sie scheint eine richtige Kämpfernatur zu sein.

1. Um sich anatomische Grundkenntnisse ins Gedächtnis zu rufen, beschriften Sie bitte die folgende Abbildung! (Themenbereich: 1; Differenzierungsbereich: 1; Schwierigkeitsgrad: a; Punktzahl: 8; Zeit: 3)

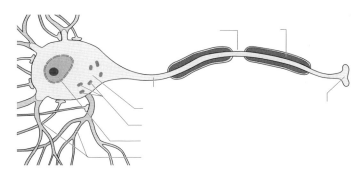

Abb. 2.7 ▪ Nervenzellen leiten elektrische Impulse im Körper weiter.

2. Definieren Sie Multiple Sklerose! (Tb: 1; Db: 2; Sg: A; Pz: 1; Z: 2)
3. Welche drei Ursachen werden bei der Multiplen Sklerose vermutet? (Tb: 1; Db: 2; Sg: A; Pz: 3; Z: 3)
4. Was ist eine Trigeminusneuralgie? (Tb: 1; Db: 2; Sg: A; Pz: 1; Z: 2)
5. Die Multiple Sklerose kann unterschiedlich verlaufen; es sind drei Grundtypen bekannt: schubförmig-remittierender Verlauf, schubförmig-progredienter Verlauf und chronisch-progredienter Verlauf. Bitte beschreiben Sie die Merkmale der drei Grundtypen! (Tb: 1; Db: 2; Sg: A; Pz: 6; Z: 5)
6. Die medikamentöse Therapie bei Frau Hilberg richtet sich auf den Versuch, langfristig den Verlauf zu beeinflussen. Sie bekommt das Medikament Imurek. Zu welcher Medikamentengruppe gehört dieses Medikament, welche Wirkung und welche zwei Nebenwirkungen sind bekannt? (Tb: 1; Db: 2; Sg: A; Pz: 3; Z: 4)
7. Welche fünf Regeln müssen Sie grundsätzlich beim Verabreichen von Medikamenten berücksichtigen? (Tb: 1, 2; Db: 1; Sg: A; Pz: 5; Z: 3)
8. Frau Hilberg kann sich durch die spastischen Lähmungen in den Armen nur schwer selbst versorgen. Sie kann einen Waschlappen in der Hand halten, aber es fällt ihr schwer, diesen dann zu einer Körperstelle zu führen. Erstellen Sie einen Pflegeplan zu einem Pflegeproblem der ATL „waschen und kleiden"! (Tb: 1, 2, 6; Db: 1; Sg: B; Pz: 6; Z: 8)
9. Um einen Pflegeplan zu erstellen, benötigen Sie Kenntnisse über den Pflegeprozess. Benennen Sie die sechs Schritte des Pflegeprozesses nach Fiechter/Meier! (Tb: 1, 6, 7; Db: 1; Sg: A; Pz: 6; Z: 3)
10. Frau Hilberg leidet stark unter ihrer Harninkontinenz. Ziel der Maßnahmen, die Sie anwenden sollen, muss die gesteigerte Lebensqualität sowie die größtmögliche Selbständigkeit der Patientin sein. Welche vier Maßnahmen können dieses Ziel erreichen? (Tb: 2; Db: 1; Sg: B; Pz: 4; Z: 3)
11. Nennen Sie drei Ressourcen, die Frau Hilberg aufweisen kann und unterteilen Sie diese in die Arten der Ressourcen! (Tb: 6; Db: 1; Sg: B; Pz: 6; Z: 3)
12. Ihre Patientin leidet unter starken Schmerzen im Gesichtsbereich. Die pflegerische Aufgabe ist u. a., den Schmerz der Patientin einzuschätzen. Mit Hilfe welcher Stichwörter kann dies gelingen? Nennen Sie sechs! (Tb: 1, 2; Db: 1; Sg: A; Pz: 6; Z: 4)
13. Nennen Sie die drei Säulen der modernen Schmerztherapie! (Tb: 1, 6; Db: 1; Sg: A; Pz: 3; Z: 3)
14. Frau Hilberg geht es nun seit mehreren Tagen wieder besser und ihre Entlassung steht an. Sie bittet um ein Beratungsgespräch. Der Kollege, der das Gespräch geführt hat, erzählt Ihnen betrübt, alles sei irgendwie schief gegangen. Er wollte Frau Hilberg dazu bringen, sich von ihren Pferden zu trennen, da sie ja immer wieder Probleme mit dem Reiten haben würde. „Ach Frau Hilberg", hatte er gesagt, „Sie wissen doch ganz genau, dass es so nicht geht!" Frau Hilberg hat das Gespräch abgebrochen mit den Worten: „Das werden wir ja noch sehen!"

– Das Beispiel der Kommunikation zwischen Ihrem Kollegen und der Patientin ist ein typisches Beispiel aus der Transaktionsanalyse. Erklären Sie diese! (Tb: 1, 2; Db: 1; Sg: A; Pz: 2; Z: 4)
– Nennen Sie die drei Ich-Ebenen der Transaktionsanalyse und geben Sie zu jeder Ebene eine Eigenschaft an! (Tb: 1, 2; Db: 1; Sg: A; Pz: 6; Z: 3)
– Aus welcher Ebene hat Ihr Kollege zu der Patientin gesprochen und wie hat diese geantwortet? (Tb: 1, 2; Db: 1; Sg: B; Pz: 2; Z: 2)
– Was hätte Ihr Kollege besser machen können? Geben Sie ihm drei Tipps! (Tb: 1, 2; Db: 1; Sg: B; Pz: 3; Z: 3)
15. Nennen Sie drei wichtige Kommunikationsregeln! (Tb: 1; Db: 1; Sg: A; Pz: 3; Z: 2)

Tab. 1.9 : Gesamtauswertung Fallbeispiel 9

Tb 1	Tb 2	Tb 6	Tb 7	Db 1	Db 2	Sg A	Sg B	Sg C	Pz	Z
16	8	4	1	14	4	13	5	0	74	60
55,2%	27,6%	13,8%	3,5%	77,8%	22,2%	72,3%	27,8%	0%		

2.1.10 Fallbeispiel 10 „Tim Erichsen"

- Empfohlenes Ausbildungsjahr: 2
- Art der Erkrankung: Salmonellose
- Pflegeschwerpunkte: Kinderkrankenpflege, Umgang mit Infektionskrankheiten, Pflegeprozess
- Zugehörige ATLs: „für Sicherheit sorgen", „ausscheiden"
- Schwerpunkte der Bezugswissenschaften: Beratung und Anleitung, Erziehung, Emotionen
- Zeitaufwand: 60 min

Seit zwei Tagen liegt Tim Erichsen, ein 12-jähriger Junge, auf der Kinderstation, in der sie arbeiten. Die Mutter von Tim hatte ihn vorgestern ins Krankenhaus gebracht: er hat starken Durchfall und hat sich auch ein paar Mal erbrochen. Er leidet außerdem an Schmerzen und starken Blähungen. In der Ambulanz wird die Mutter gefragt, ob Tim möglicherweise etwas Schlechtes gegessen hat. Frau Erichsen regt sich furchtbar darüber auf: „Glauben Sie, ich gebe meinen Kindern Schlechtes zu essen? Denken Sie, ich würde meinen Sohn vergiften wollen?" Die Pflegenden schauen sich ungläubig an, da sie mit dieser übertriebenen Reaktion nicht gerechnet haben. Tim ist ein sehr schwieriger Junge – er widerspricht allen Anweisungen und hält sich nicht an die spezielle Kostform, die ihm verschrieben worden ist. In seinem Zimmer liegen noch zwei andere Jungen, die er des Öfteren provoziert und ärgert. Nur wenn er durch seine Symptome wie Bauchschmerzen und Durchfälle daran gehindert wird, aktiv zu sein, bleibt er im Bett liegen und kann sich erholen. Nachdem am Aufnahmetag eine Stuhlprobe entnommen wurde, ist die Diagnose inzwischen klar: Tim leidet unter Salmonellose.

Seine Mutter kommt ihn nur selten besuchen und wenn sie da ist, wirkt sie gestresst und gereizt – Tim ist nach diesen Besuchen immer besonders aufgekratzt und aggressiv.

1. Um sich anatomische Grundkenntnisse ins Gedächtnis zu rufen, beschriften Sie bitte die folgende Abbildung! (Themenbereich: 1; Differenzierungsbereich: 1; Schwierigkeitsgrad: a; Punktzahl: 5; Zeit: 3)

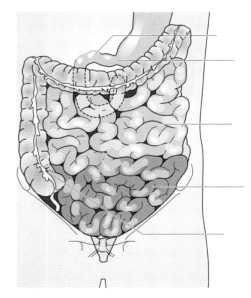

Abb. 2.8 • Der Dünndarm ist der Teil des menschlichen Verdauungstraktes, der zwischen Magen und Dickdarm liegt.

2. Definieren Sie Salmonellose! (Tb: 1; Db: 1; Sg: A; Pz: 1; Z: 3)
3. Wie lang ist die Inkubationszeit einer Salmonellose? (Tb: 1; Db: 1; Sg: A; Pz: 1; Z: 3)
4. Kontrollieren Sie den erstellten Pflegeplan zu einem Pflegeproblem der ATL „für Sicherheit sorgen" und schreiben Sie eine kurze Beurteilung mit Verbesserungsvorschlägen! (Tb: 1, 2, 6; Db: 1; Sg: C; Pz: 6; Z: 10)

Pflegeproblem: Patient hat Schmerzen
Ressource: keine
Pflegeziel: Patient hat keine Schmerzen mehr
Pflegemaßnahmen: 3 × tgl. Verabreichen von Schmerzmedikamenten laut Arztanordnung (siehe Kurve)

5. Tims Erkrankung gehört zu den Infektionskrankheiten. Eine besondere Bedeutung haben in diesem Zusammenhang hygienische Maßnahmen.
   – Was bedeutet Hygiene? (Tb: 1; Db: 1; Sg: A; Pz: 1; Z: 3)
   – Was bedeutet „Desinfektion" und welche vier Maßnahmen zur Desinfektion gibt es? (Tb: 1, 2; Db: 1; Sg: A; Pz: 5; Z: 4)
   – Was bedeutet „Sterilisation" und welche vier Maßnahmen zur Sterilisation gibt es? (Tb: 1, 2; Db: 1; Sg: A; Pz: 5; Z: 4)
   – Was wird durch das Infektionsschutzgesetz (IfSG) geregelt? Nennen Sie drei Inhalte! (Tb: 1, 7; Db: 1; Sg: A; Pz: 1; Z: 2)
   – Die Isolierung ist nach dem BSeuchG geregelt und hat einen bestimmten Zweck: (Tb: 1, 7; Db: Sg: A; Pz: 1; Z: 2)
   – Welche drei Arten der Isolierung gibt es? (Tb: 1; Db: 1; Sg: A; Pz: 3; Z: 3)
   – Welche der drei Isolierungsarten würde für Tim in Frage kommen und warum? (Tb: 1, 2; Db: 1; Sg: B; Pz: 2; Z: 3)
6. Nennen Sie vier Probleme von Tim und ordnen Sie diese den Aspekten der aktuellen, potentiellen, generellen und individuellen Pflegeprobleme zu! (Tb: 2, 6; Db: 1; Sg: B; Pz: 8; Z: 8)
7. Tim ist öfters aggressiv. Erklären Sie das Phänomen Aggression! (Tb: 1; Db: 1; Sg: A; Pz: 1; Z: 3)
8. Welche zwei Möglichkeiten haben Sie, die Situation von Tim zu entschärfen? (Tb: 1, 2; Db: 1; Sg: B; Pz: 2; Z: 3)
9. Vermutlich gibt es Probleme im Elternhaus von Tim, die zu seinem aggressiven Verhalten geführt haben. Diese Situation hätte möglicherweise durch eine gute Erziehung verhindert werden können.
   – Was bedeutet eigentlich Erziehung? (Tb: 1, 6; Db: 1; Sg: A; Pz: 1; Z: 3)
   – Welche vier Aufgaben hat die Erziehung? (Tb: 1, 6; Db: 1; Sg: A; Pz: 4; Z: 3)

Tab. 1.10 Gesamtauswertung Fallbeispiel 10

Tb 1	Tb 2	Tb 6	Tb 7	Db 1	Db 2	Sg A	Sg B	Sg C	Pz	Z
15	6	4	2	16	0	12	3	1	47	60
55,5 %	22,2 %	14,8 %	7,4 %	100 %	0 %	75 %	18,7 %	6,2 %		

2.1.11 Fallbeispiel 11 „Vera Hartmann"

- Empfohlenes Ausbildungsjahr: 1
- Art der Erkrankung: Varikosis
- Pflegeschwerpunkte: prä- und postoperative Pflege, infizierte Wundverhältnisse, nosokomiale Infektion, Pflegeprozess
- Zugehörige ATLs: „für Sicherheit sorgen", „sich bewegen"
- Schwerpunkte der Bezugswissenschaften: rechtliche Konsequenzen, Kommunikation
- Zeitaufwand: 60 min

Vera Hartmann ist 53 Jahre alt und leidet seit längerem unter einer ausgeprägten Varikosis. Heute kommt sie zur OP-Vorbereitung auf die Gefäßchirurgie – morgen soll zunächst ein Varizenstripping des rechten Beines stattfinden. Um die Mobilität nicht vollständig einzuschränken, soll das andere Bein in einer erneuten OP versorgt werden. Beim Aufnahmegespräch erfahren Sie nur wenig – Frau Hartmann ist eine stille Frau, die nur wenig spricht. Sie haben in Ihren Unterlagen nur die Familienverhältnisse notieren können: Frau Hartmann ist verwitwet und hat einen Sohn, der 37 Jahre alt ist. Sie lebt allein und kommt gut zurecht. Am nächsten Morgen sollen Sie Frau Hartmann vorbereiten. Kurz darauf wird sie zum OP abgeholt – auf Ihrer Station gibt es einen Hol- und Bringdienst, der Patiententransporte innerhalb des Hauses organisiert und ausführt. Nach einigen Stunden meldet sich der Aufwachraum: die Patientin kann in einer halben Stunde abgeholt werden.

1. Um sich die anatomischen Grundkenntnisse ins Gedächtnis zu rufen, beschriften Sie bitte die folgende Zeichnung! (Themenbereich: 1; Differenzierungsbereich: 1; Schwierigkeitsgrad: a; Punktzahl: 3; Zeit: 2)

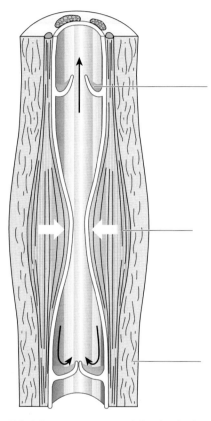

Abb. 2.9 • In einer Vene wird das Blut durch Muskeln aktiv transportiert.

2. Was ist eine Varikosis? (Tb: 1; Db: 1; Sg: A; Pz: 1; Z: 2)
3. Unter welchen Symptomen könnte Frau Hartmann gelitten haben? Nennen Sie vier! (Tb: 1; Db: 1; Sg: A; Pz: 4; Z: 2)
4. Nennen Sie drei Komplikationen, die aufgrund der Varikosis auf Frau Hartmann zukommen könnten! (Tb: 1; Db: 1; Sg: A; Pz: 3; Z: 2)
5. Frau Hartmann wird operativ versorgt. Nennen Sie zwei Kriterien der konservativen Behandlung! (Tb: 1; Db: 1; Sg: A; Pz: 3; Z: 2)

6. Welche Ziele verfolgt ein Aufnahmegespräch? Nennen Sie zwei! (Tb: 1; Db: 1; Sg: A; Pz: 2; Z: 2)
7. Das Aufnahmegespräch hat nicht viele Informationen eingebracht. Wie können Sie zukünftig ein Aufnahmegespräch gestalten, um eine/n ruhige/n Patientin/Patienten „aus der Reserve zu locken"? Machen Sie zwei Vorschläge! (Tb: 1, 2; Db: 1; Sg: B; Pz: 2; Z: 2)
8. Warum holt der Hol- und Bringdienst Frau Hartmann nicht aus dem Aufwachraum ab? (Tb: 1; Db: 1; Sg: A; Pz: 1; Z: 2)
9. Was müssen Sie für die Operation am nächsten Tag vorbereiten? Nennen Sie drei Aspekte! (Tb: 1, 2; Db: 1; Sg: B; Pz: 3; Z: 2)
10. Sie holen Frau Hartmann aus dem Aufwachraum ab. Welche drei Informationen benötigen Sie vom Pflegepersonal des Aufwachraumes? (Tb: 1, 2; Db: 1; Sg: B; Pz: 3; Z: 2)
11. In welcher ATL hat Frau Hartmann die meisten Defizite? (Tb: 1; Db: 1; Sg: B; Pz: 1; Z: 2)
12. Um einen Pflegeplan zu erstellen, müssen Sie nach dem Pflegeprozess handeln. Nennen Sie die sechs Schritte des Pflegeprozesses nach Fiechter/Meier! (Tb: 1, 2, 6; Db: 1; Sg: A; Pz: 6; Z: 3)
13. Erstellen Sie einen Pflegeplan zu einem Pflegeproblem der ATL „sich bewegen" für den Zeitpunkt nach der Operation! (Tb: 1, 2, 6; Db: 1; Sg: B; Pz: 8; Z: 10)
14. Frau Hartmann leidet nach der OP unter Schmerzen, das Bein ist geschwollen und fühlt sich warm an. Der Arzt stellt fest, dass die OP-Wunden entzündet sind. Frau Hartmann muss erneut operiert werden, da sich bereits Abszesse gebildet haben.
    – Was ist ein Abszess? (Tb: 1; Db: 1; Sg: A; Pz: 1; Z: 2)
    – Unsteriles Arbeiten könnte der Grund für die Abszessbildung bei Frau Hartmann sein – also eine nosokomiale Infektion. Was bedeutet das? (Tb: 1; Db: 1; Sg: A; Pz: 1; Z: 2)
    – Nennen Sie die drei häufigsten nosokomialen Infektionen! (Tb: 1; Db: 1; Sg: A; Pz: 3; Z: 2)
    – Welche rechtlichen Konsequenzen kann die Abszessbildung von Frau Hartmann nach sich ziehen? (Tb: 1, 7; Db: 1; Sg: A; Pz: 1; Z: 2)
    – Nennen Sie fünf Maßnahmen, die das Entstehen von nosokomialen Infektionen verhindern können! (Tb: 2; Db: 1; Sg: A; Pz: 5; Z: 2)
15. Frau Hartmann hat nun den vierten Tag nach der zweiten Operation. Sie führen einen Verbandwechsel durch.

- Sind die Wunden von Frau Hartmann septische oder aseptische Wunden? (Tb: 1; Db: 1; Sg: B; Pz: 1; Z: 2)
- Was bedeutet das Ergebnis von Frage a) für Ihr weiteres Vorgehen? Nennen Sie drei Merkmale! (Tb: 1, 2; Db: 1; Sg: B; Pz: 3; Z: 2)
- Auf welche Kriterien hin beobachten Sie die Wunde beim Verbandwechsel? Nennen Sie vier! (Tb: 1; Db: 1; Sg: B; Pz: 4; Z: 3)

16. Kontrollieren Sie den erstellten Pflegeplan zu einem Pflegeproblem der ATL „für Sicherheit sorgen" und machen Sie ggf. Verbesserungsvorschläge! (Tb: 1, 2, 6; Db: 1; Sg: C; Pz: 8; Z: 8)

Pflegeproblem: Patientin ist infiziert
Ressource: Patientin kann mithelfen
Pflegeziel: keine Infektion
Pflegemaßnahmen: regelmäßiger Verbandwechsel, Spülen der Wunde, Beobachtung der Wunde

Tab. 1.11 : Gesamtauswertung Fallbeispiel 11

Tb 1	Tb 2	Tb 6	Tb 7	Db 1	Db 2	Sg A	Sg B	Sg C	Pz	Z
21	9	3	1	22	0	13	8	1	67	60
61,7 %	26,5 %	8,8 %	2,9 %	100 %	0 %	59,2 %	36,4 %	4,6 %		

2.1.12 Fallbeispiel 12 „Patrick Brehmer"

- Empfohlenes Ausbildungsjahr: 2
- Art der Erkrankung: Verbrennungskrankheit
- Pflegeschwerpunkte: Hygiene, Wundversorgung, Pflegeprozess
- Zugehörige ATLs: „für Sicherheit sorgen", „Sinn finden", „Essen und Trinken"
- Schwerpunkte der Bezugswissenschaften: Soziologie: Vorurteile, Kommunikation
- Zeitaufwand: 60 min

Patrick Brehmer ist ein gutaussehender junger Mann von 28 Jahren. In seiner Freizeit geht er am liebsten sportlichen Herausforderungen nach wie z. B. Surfen, Fallschirmspringen und Reiten. Er bewohnt zusammen mit seinem Lebensgefährten eine große 4-Zimmer-Wohnung und ist auch beruflich als leitender Koch eines gehobenen Restaurants sehr erfolgreich.

Nach zehn Stunden intensiver Arbeit in der Küche passiert Herrn Brehmer ein Missgeschick: Er wird ohnmächtig, sackt über dem Herd mit zwei Pfannen voll heißem Fett zusammen und reißt beide Pfannen mit zu Boden. Das heiße Fett verbrennt sein Gesicht, beide Arme und den Bauch- und Brustbereich. Mit einem Schock und starken Schmerzen kommt er ins Krankenhaus – sein Lebensgefährte wird informiert und eilt sofort herbei. Mark – so der Name des Lebensgefährten – ist furchtbar aufgebracht über das Unglück und schimpft über die Zustände, unter denen Patrick zu arbeiten habe. „Das musste ja früher oder später passieren – bei den Doppelschichten und Überstunden und das Ganze ohne ausreichende Pausen!" Herr Brehmer ist 1,78 m groß und wiegt 72 kg. Seine Vitalzeichen zum Zeitpunkt der Aufnahme: 110/60 mmHg Blutdruck; Puls 100 Schläge pro Minute.

1. Um sich anatomische Grundkenntnisse ins Gedächtnis zu rufen, beschriften Sie die folgende Abbildung der Haut! (Themenbereich: 1; Differenzierungsbereich: 1; Schwierigkeitsgrad: a; Punktzahl: 10; Zeit: 3)
2. Definieren Sie die Verbrennungskrankheit! (Tb: 1; Db: 1; Sg: A; Pz: 1; Z: 2)
3. Verbrennungen verursachen außer Schmerzen mehrere Symptome. Nennen Sie vier! (Tb: 1; Db: 1; Sg: A; Pz: 4; Z: 2)
4. In der Ambulanz werden die betroffenen Hautstellen mit sauberem, 22 °C kaltem Wasser gekühlt. Warum darf kein Eiswasser verwendet werden? (Tb: 1, 2; Db: 1; Sg: A; Pz: 1; Z: 2)
5. Welche schweren Komplikationen muss Herr Brehmer befürchten? Nennen Sie vier! (Tb: 1; Db: 1; Sg: A; Pz: 4; Z: 2)
6. Erklären Sie die Neuner-Regel und berechnen Sie anhand dieser, wie viel Prozent der Körperfläche bei Herrn Brehmer verbrannt sind! (Tb: 1, 2; Db: 1; Sg: B; Pz: 2; Z: 2)
7. Berechnen Sie mit Hilfe der Baxter-Formel die benötigte Infusionsmenge für Herrn Brehmer! (Tb: 1, 2; Db: 1; Sg: B; Pz: 1; Z: 2)
8. Nennen Sie fünf Ziele der Infusionstherapie! (Tb: 1; Db: 1; Sg: A; Pz: 5; Z: 3)
9. Bei der Behandlung der verbrannten Hautflächen gibt es zwei Therapieformen: die offene

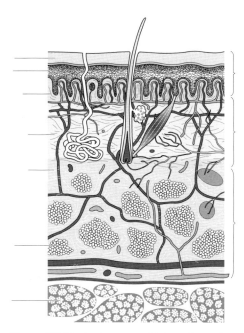

Abb. 2.10 • Eine großflächige Verbrennung schädigt nicht nur die Haut, sondern den gesamten Organismus.

Oberflächentherapie und die geschlossene Oberflächentherapie. Nennen Sie jeweils einen Vorteil beider Therapieformen! (Tb: 1; Db: 1; Sg: A; Pz: 2; Z: 3)
10. Nennen Sie ein aktuelles Pflegeproblem von Herrn Brehmer! (Tb: 1, 2, 6; Db: 1; Sg: B; Pz: 1; Z: 2)
11. Sie haben das Gefühl, dass Herr Brehmer aufgrund seiner Sexualität von einigen Kollegen anders behandelt wird.
    – Was sind Vorurteile? (Tb: 1, 6; Db: 1; Sg: B; Pz: 1; Z: 2)
    – Was sind Stereotype? Nennen Sie ein Beispiel für ein Stereotyp im Bereich Homosexualität! (Tb: 1, 2, 6; Db: 1; Sg: A; Pz: 2; Z: 2)
12. Herr Brehmer hat Glück im Unglück – er hat sich bei der Arbeit verletzt. Welchen Vorteil hat das für ihn? (Tb: 1, 7; Db: 1; Sg: B; Pz: 1; Z: 3)

13. Herr Brehmer wird wegen des Schocks noch intensivmedizinisch behandelt – er ist aber bei Bewusstsein und kann schon Flüssigkeit zu sich nehmen. Erstellen Sie einen Pflegeplan zu einem Pflegeproblem der ATL „Essen und Trinken"! (Tb: 1, 2, 6; Db: 1; Sg: B; Pz: 8; Z: 10)
14. Welche drei Phasen der Wundheilung wird Herr Brehmer durchlaufen? (Tb: 1; Db: 1; Sg: B; Pz: 3; Z: 3)
15. Nennen Sie drei Komplikationen im Rahmen der Wundheilung! (Tb: 1; Db: 1; Sg: A; Pz: 3; Z: 4)
16. Herr Brehmer hat nun die kritische Zeit überstanden – es wurde eine plastisch-chirurgische Operation mit Eigenhaut durchgeführt und die Transplantate verheilen gut. Trotzdem hat Herr Brehmer starke Narben, vor allem im Gesicht. Er kann mit dieser Situation schlecht umgehen und zieht sich zurück. Seinen Lebensgefährten, der dieser Situation gegenüber traurig und hilflos ist, weist er immer öfter zurück und möchte nicht mehr besucht werden.
    – Im Rahmen der Gefühlsarbeit nach A. Strauss haben Sie die Möglichkeit, mit Hilfe der vertrauensbildenden Arbeit auf Herrn Brehmer einzuwirken. Welche drei Merkmale muss die Pflegeperson demnach in der Kommunikation einsetzen? (Tb: 1, 2, 6; Db: 1; Sg: A; Pz: 3; Z: 4)
    – Nennen Sie drei Möglichkeiten, die Ihrem Patienten helfen könnten! (Tb: 1, 2, 6; Db: 1; Sg: B; Pz: 3; Z: 5)
    – Pflege bedeutet auch immer, die Angehörigen mit einzubeziehen. Wie können Sie dem Lebensgefährten von Herrn Brehmer Unterstützung anbieten? Machen Sie zwei Vorschläge! (Tb: 1, 2, 6; Db: 1; Sg: B; Pz: 2; Z: 4)

Tab. 1.12 : Gesamtauswertung Fallbeispiel 12

Tb 1	Tb 2	Tb 6	Tb 7	Db 1	Db 2	Sg A	Sg B	Sg C	Pz	Z
19	9	7	1	20	0	10	9	0	57	60
52,6 %	24,3 %	19,4 %	2,7 %	100 %	0 %	52,6 %	47,3 %	0 %		

2.1.13 Fallbeispiel 13 „Anton Mitkowski"

- Empfohlenes Ausbildungsjahr: 3
- Art der Erkrankung: Parkinson-Syndrom
- Pflegeschwerpunkte: ambulante Pflege, Pflege bei Parkinson-Syndrom, Gangschulung, Pflegeprozess, Modell nach Krohwinkel
- Zugehörige ATLs: „für Sicherheit sorgen", „sich bewegen"
- Schwerpunkte der Bezugswissenschaften: Wahrnehmung und Beobachtung
- Zeitaufwand: 60 min

In der ambulanten Pflegestation, in der Sie arbeiten, ist Anton Mitkowski schon seit einem Jahr bekannt. Der 67-jährige Rentner leidet unter dem Parkinson-Syndrom und kann sich nur mit Hilfe selbst versorgen. Er wohnt in einem großen alten Bauernhof, zusammen mit seiner Frau. Tiere haben die beiden schon lange nicht mehr, da der Aufwand zu groß ist und sich die Situation von Herrn Mitkowski zunehmend verschlechtert hat. Herr Mitkowski leidet unter den typischen Symptomen; er hat Schwierigkeiten, sich fortzubewegen – wenn er kurz innehält, kann er oftmals die Bewegung nicht fortsetzen, er bleibt dann wie angefroren stehen. Wenn er in Bewegung ist, macht er meist unsichere Tippelschritte. Diese Bewegungsstörungen fallen auch bei anderen Tätigkeiten auf und stören den Patienten sehr. Frau Mitkowski hat vor allem mit der fehlenden Mimik ihres Mannes zu kämpfen: „Früher konnte ich meinem Mann alles am Gesicht ansehen – jetzt muss ich mich an seine Worte halten und verstehe oft erst spät, wenn er etwas ironisch gemeint hat. Zum Glück kann mein Mann meine Hilfe annehmen" sagt sie.

In der ambulanten Pflege gibt es einige Unterschiede zur Arbeit im Krankenhaus – so mussten Sie sich erst daran gewöhnen, dass sich einige Patienten gerne auf Plattdeutsch unterhalten und mit dem „Sie" nichts anfangen können. Zu diesen Patienten gehören auch die Mitkowskis.

1. Definieren Sie das Parkinson-Syndrom! (Themenbereich: 1; Differenzierungsbereich: 2; Schwierigkeitsgrad: a; Punktzahl: 1; Zeit: 2)
2. Die Parkinson-Krankheit gehört zu den häufigsten neurologischen Erkrankungen. Wie sieht die Verteilung der Krankheit auf die Geschlechter aus? (Tb: 1; Db: 2; Sg: A; Pz: 1; Z: 2)
3. Die Parkinson-Trias beschreibt die drei sogenannten Kardinalsymptome der Erkrankung. Zählen Sie diese drei auf, beschreiben Sie die Bedeutung der Wörter und nennen Sie zu jedem Kardinalsymptom zwei Merkmale, die am Patienten zu erkennen sind! (Tb: 1; Db: 2; Sg: A; Pz: 12; Z: 6)
4. Psychische Symptome können beim Parkinson-Syndrom ebenfalls auftreten. Nennen Sie drei! (Tb: 1; Db: 2; Sg: A; Pz: 3; Z: 2)
5. Wodurch hat bei Herrn Mitkowski vermutlich die Diagnosestellung stattgefunden? (Tb: 1; Db: 2; Sg: A; Pz: 1; Z: 2)
6. Herr Mitkowski bekommt das Medikament Madopar. Zu welcher Medikamentengruppe gehört es, welche Wirkung und welche zwei Nebenwirkungen sind bekannt? (Tb: 1; Db: 2; Sg: A; Pz: 4; Z: 3)
7. Erstellen Sie einen Pflegeplan zu einem Pflegeproblem der ATL „sich bewegen"! (Tb: 1, 2, 6; Db: 2; Sg: B; Pz: 8; Z: 10)
8. Nennen Sie eine Prophylaxe, die Sie bei Herrn Mitkowski auf jeden Fall durchführen müssen! (Tb: 1, 2; Db: 1; Sg: B; Pz: 1; Z: 2)
9. In der ambulanten Pflegestation wird das Pflegemodell von Monika Krohwinkel angewendet.
   - Nennen Sie den Unterschied zwischen Modell und Konzept! (Tb: 1, 2, 6; Db: 1; Sg: A; Pz: 2; Z: 2)
   - Krohwinkel arbeitet nach den AEDLs. Nennen Sie diese! (Tb: 1, 2, 6; Db: 1; Sg: A; Pz: 13; Z: 4)
   - Das Pflegemodell nach Krohwinkel ist ein bedürfnisorientiertes Modell. Nennen Sie zwei weitere Arten von Pflegemodellen! (Tb: 1, 2, 6; Db: 1; Sg: A; Pz: 2; Z: 2)
10. Die Arbeit in der ambulanten Pflege bringt zum Teil andere gesundheitliche Belastungen mit sich als die Arbeit in einer Klinik. Nennen Sie fünf Unterschiede! (Tb: 1, 2, 6; Db: 1; Sg: A; Pz: 5; Z: 3)
11. Frau Mitkowski erzählt Ihnen, dass sie mit dem Gedanken spielt, das Haus zu verkaufen und umzuziehen. Nennen Sie ihr einen Grund, der in Bezug auf Herrn Mitkowski eindeutig gegen diesen Gedanken spricht! (Tb: 1, 2; Db: 1; Sg: B; Pz: 1; Z: 2)
12. Ein wichtiger Teil der Krankenpflege ist die Krankenbeobachtung.
    - Nennen Sie den Unterschied zwischen Beobachten und Wahrnehmen! (Tb: 1, 2, 6; Db: 1; Sg: A; Pz: 1; Z: 2)
    - Nennen Sie die sechs Punkte des Beobachtungsprozesses! (Tb: 1, 2, 6; Db: 1; Sg: A; Pz: 6; Z: 3)
    - Nennen Sie drei Faktoren, die auf die Beobachtung Einfluss nehmen! (Tb: 1, 2, 6; Db: 1; Sg: A; Pz: 3; Z: 2)

- Mit Hilfe von Eigenschaftswörtern lässt sich die Körperhaltung eines Menschen gut beschreiben. Nennen Sie sechs! (Tb: 1, 2, 6; Db: 1; Sg: A; Pz: 6; Z: 3)
13. Sie haben die Aufgabe, Herrn Mitkowski und seiner Frau (damit sie ihn später anleiten kann) zu erklären, wie er am besten aus dem Stuhl aufstehen kann, welche Tipps hilfreich für das Gehen sind und welche Hilfsmittel man benutzen kann! Machen Sie insgesamt 8 Angaben! (Tb: 1, 2; Db: 1; Sg: B; Pz: 8; Z: 5)
14. Durch die Gestaltung der Umgebung kann die Selbständigkeit eines Patienten wie Herrn Mitkowski erhalten werden. Nennen Sie vier Gestaltungstipps, die Herrn Mitkowskis Selbständigkeit erhöhen könnten! (Tb: 1, 2; Db: 1; Sg: B; Pz: 4; Z: 3)

Tab. 1.13 : Gesamtauswertung Fallbeispiel 13

Tb 1	Tb 2	Tb 6	Tb 7	Db 1	Db 2	Sg A	Sg B	Sg C	Pz	Z
19	13	9	0	12	7	14	5	0	82	60 min
46,2 %	31,6 %	21,9 %	0 %	63,1 %	36,8 %	73,6 %	26,3 %	0 %		

2.1.14 Fallbeispiel 14 „Torsten Hermeister"

- Empfohlenes Ausbildungsjahr: 2
- Art der Erkrankung: Frakturen
- Pflegeschwerpunkte: Kontrakturen-, Thrombose-, Pneumonie-, Dekubitusprophylaxe, Pflege bei Frakturen, postoperative Pflege
- Zugehörige ATLs: „sich bewegen", „für Sicherheit sorgen"
- Schwerpunkte der Bezugswissenschaften: Kommunikation
- Zeitaufwand: 60 min

Torsten Hermeister wird nach der Aufnahme und Erstversorgung in der Ambulanz auf die Unfallchirurgie verlegt, wo Sie arbeiten. Der 21-Jährige hatte einen Autounfall, bei dem er sich eine Beckenfraktur und eine Doppelfraktur des linken Unterschenkels zugezogen hat, die heute noch operativ versorgt werden soll. Herr Hermeister ist ein sehr sportlicher Typ, der in seiner Freizeit gerne Fußball spielt. Außerdem ist er seit kurzem verheiratet – der Schock dieses Unfalls sitzt bei ihm und seiner Frau immer noch tief. Beide sind sehr ängstlich und misstrauisch dem Pflegepersonal und den Ärzten gegenüber. Durch die Beckenfraktur kann sich Herr Hermeister kaum bewegen und ist auf die Hilfe des Pflegepersonals angewiesen, was ihm sichtlich unangenehm ist. Am liebsten würde er sich von seiner Frau versorgen lassen, doch sie ist mitten im Prüfungsstress und hat kaum Zeit für ihn. Die starken Schmerzen kann er nur schwer ertragen und hat deswegen auch schon eine Schonhaltung des Unterschenkels eingenommen. Beruflich steht Herr Hermeister mitten in der Ausbildung zum Kfz-Mechaniker, wo er körperlich sehr gefordert wird. Er fragt sich, ob seine Verletzungen so gut verheilen, dass er wieder ganz normal seine Tätigkeit aufnehmen kann.

1. In welche Kategorien kann man Frakturen einteilen? Nennen Sie zwei! (Themenbereich: 1; Differenzierungsbereich: 1; Schwierigkeitsgrad: a; Punktzahl: 2; Zeit: 2)
2. Nennen Sie die drei R-Grundsätze der Therapie von Frakturen! (Tb: 1; Db: 1; Sg: A; Pz: 3; Z: 3)
3. Welche drei Komplikationen der Bruchheilung können auf Herrn Hermeister zukommen? (Tb: 1; Db: 1; Sg: A; Pz: 3; Z: 3)
4. Sie sollen Herrn Hermeister für die Operation vorbereiten. Nennen Sie drei Aspekte, an die Sie denken müssen! (Tb: 1, 2; Db: 1; Sg: B; Pz: 3; Z: 2)
5. Die Unterschenkelfraktur von Herrn Hermeister wurde osteosynthetisch versorgt. Was bedeutet das allgemein für die Mobilisation eines Patienten? Speziell für Herrn Hermeister ist die Situation aber anders zu bewerten: erläutern Sie, warum. (Tb: 1, 2; Db: 1; Sg: B; Pz: 2; Z: 3)
6. Erstellen Sie einen Pflegeplan zu einem Pflegeproblem der ATL „sich bewegen" für den Zeitpunkt nach der Operation! (Tb: 1, 2, 6; Db: 1; Sg: B; Pz: 8; Z: 10)
7. Sie holen Herrn Hermeister aus dem Aufwachraum. Welche drei Informationen benötigen Sie bei der Übergabe vom Pflegepersonal? (Tb: 1; Db: 1; Sg: B; Pz: 3; Z: 3)
8. Ihr Patient hat die Operation gut überstanden. Nachdem er wieder auf der Station ist, müssen

Sie für eine gewisse Zeit Beobachtungen ausführen. Nennen Sie fünf Beobachtungsschwerpunkte! (Tb: 1, 2; Db: 1; Sg: B; Pz: 5; Z: 3)
9. Wie können Sie die pflegerischen Maßnahmen für Herrn Hermeister angenehmer gestalten? Nennen Sie vier Möglichkeiten! (Tb: 2; Db: 1; Sg: B; Pz: 4; Z: 3)
10. Welche Ressource von Herrn Hermeister kommt Ihnen bei der Dekubitusprophylaxe entgegen? (Tb: 1, 2; Db: 1; Sg: B; Pz: 1; Z: 2)
11. Im Rahmen der Gefühlsarbeit nach A. Strauss haben Sie die Möglichkeit, mit Hilfe der vertrauensbildenden Arbeit auf Herrn Hermeister einzuwirken. Welche drei Merkmale muss die Pflegeperson demnach in der Kommunikation einsetzen? (Tb: 1, 2, 6; Db: 1; Sg: A; Pz: 3; Z: 3)
12. Zu welcher Wundart gehört die Operationswunde von Herrn Hermeister? (Tb: 1; Db: 1; Sg: A; Pz: 1; Z: 3)
13. Nennen Sie drei Indikationen, die Sie dazu bringen, den Verband von Herrn Hermeister zu wechseln! (Tb: 1; Db: 1; Sg: A; Pz: 3; Z: 3)
14. Sie haben sich entschieden, einen Verbandwechsel bei Ihrem Patienten durchzuführen. Was müssen Sie bei der Vorbereitung des Verbandwechsels beachten? Nennen Sie fünf Aspekte! (Tb: 1; Db: 1; Sg: A; Pz: 5; Z: 3)
15. Benennen Sie die Pflegeprobleme von Herrn Hermeister und ordnen Sie diese in die Kategorien generelle, aktuelle, individuelle und potentielle Pflegeprobleme ein! (Tb: 1, 2, 6; Db: 1; Sg: B; Pz: 10; Z: 5)
16. Kontrollieren Sie den erstellten Pflegeplan zu einem Pflegeproblem der ATL „für Sicherheit sorgen" und machen Sie Verbesserungsvorschläge! (Tb: ; Db: ; Sg: ; Pz: ; Z:)

Pflegeproblem: Patient hat eine OP-Wunde
Ressource: keine
Pflegeziel: Wunde ist geheilt
Pflegemaßnahmen: 2 × tgl. Verbandwechsel

Tab. 1.14 Gesamtauswertung Fallbeispiel 14

Tb 1	Tb 2	Tb 6	Tb 7	Db 1	Db 2	Sg A	Sg B	Sg C	Pz	Z
15	9	4	0	16	0	7	8	1	64	60
53,6 %	32,1 %	14,3 %	0 %	100 %	0 %	43,7 %	50 %	6,3 %		

2.1.15 Fallbeispiel 15 „Michael Lenhaupt"

- Empfohlenes Ausbildungsjahr: 2
- Art der Erkrankung: Darmkrebs: kolorektales Dickdarmkarzinom
- Pflegeschwerpunkte: Pflege von Patienten mit Krebs, OP – Vorbereitung, Stomaversorgung, Chemotherapie, Infusionstherapie
- Zugehörige ATLs: „atmen", „für Sicherheit sorgen", „ausscheiden"
- Schwerpunkte der Bezugswissenschaften: psychische Verdrängung, Kommunikation
- Zeitaufwand: 90 min

Auf Ihrer Station liegt der 58-jährige Michael Lenhaupt. Eine endoskopische Untersuchung ergab den Verdacht auf Darmkrebs. Die Biopsie bestätigte den Verdacht und Herr Lenhaupt soll bei Ihnen operiert werden. Im Gespräch mit Herrn Lenhaupt erfahren Sie, dass er verheiratet ist und zwei Söhne hat, die einige Kilometer entfernt wohnen. Er erzählt, dass er drei süße Enkelkinder hat und es bedauert, diese nicht öfter sehen zu können. Über seine Frau sagt er nur negative Dinge – sie würde immer so viel Hektik verbreiten, nie zur Ruhe kommen und das Leben viel zu ernst nehmen. Insgesamt scheint Herr Lenhaupt sehr gesprächig und aufgeschlossen zu sein, zeigt keine Anzeichen von Angst oder Unruhe in Bezug auf seine Diagnose. Der Patient weist einen reduzierten Allgemeinzustand auf, er ist kachektisch, wiegt 65 kg bei einer Körpergröße von 1,82 m. Die Vitalzeichen sind unauffällig: Blutdruck 120/70 mmHg, Puls 68 Schläge pro Minute. In den nächsten Tagen sollen noch genauere Untersuchungen vorgenommen werden, damit die Operation gut geplant werden kann.

1. Um sich anatomische Grundkenntnisse ins Gedächtnis zu rufen, beschriften Sie bitte die folgende Abbildung! (Themenbereich: 1; Differenzierungsbereich: 1; Schwierigkeitsgrad: a; Punktzahl: 7; Zeit: 2)

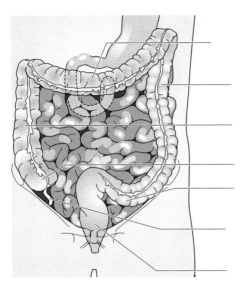

Abb. 2.11 ▪ Der Dickdarm (lateinisch intestinum crassum) ist der letzte Teil des Verdauungstraktes beim Menschen.

2. Herr Lenhaupt leidet unter einem kolorektalen Dickdarmkarzinom. Welche Ursachen kann diese Erkrankung haben? Nennen Sie zwei! (Tb: 1; Db: 1; Sg: A; Pz: 2; Z: 2)
3. Unter welchen Symptomen könnte Herr Lenhaupt gelitten haben? Nennen Sie drei! (Tb: 1; Db: 1; Sg: A; Pz: 3; Z: 2)
4. Neben der bereits durchgeführten Koloskopie mit Gewebeentnahme werden noch weitere Untersuchungsmethoden angewandt. Nennen Sie vier! (Tb: 1; Db: 1; Sg: A; Pz: 4; Z: 2)
5. Welche drei Komplikationen kann ein kolorektales Dickdarmkarzinom mit sich bringen? (Tb: 1; Db: 1; Sg: A; Pz: 3; Z: 2)
6. Berechnen Sie anhand der angegebenen Werte den Body-Mass-Index von Herrn Lenhaupt! (Tb: 1, 2; Db: 1; Sg: B; Pz: 1; Z: 2)
7. Wie kann man den schlechten Ernährungszustand von Herrn Lenhaupt verbessern? Nennen Sie drei Möglichkeiten! (Tb: 2; Db: 1; Sg: B; Pz: 3; Z: 2)
8. Herr Lenhaupt soll morgen früh operiert werden. Nennen Sie fünf präoperative Maßnahmen, die noch durchgeführt werden müssen! (Tb: 2; Db: 1; Sg: B; Pz: 5; Z: 3)
9. Erstellen Sie einen Pflegeplan zu einem Pflegeproblem der ATL „atmen" für den Zeitpunkt nach der Operation! (Tb: 1, 2, 6; Db: 1; Sg: B; Pz: 8; Z: 10)
10. Sie holen Herrn Hermeister aus dem Aufwachraum ab. Welche drei Informationen benötigen Sie vom Pflegepersonal vor Ort? (Tb: 1; Db: 1; Sg: B; Pz: 3; Z: 2)
11. Bei der Operation musste der Schließmuskel von Herrn Lenhaupt mit entfernt werden, da der Tumor tief saß. Ihr Patient hat intraoperativ einen endständigen Anus praeter erhalten.
    - Was bedeutet das Wort „Stoma"? (Tb: 1; Db: 1; Sg: A; Pz: 1; Z: 2)
    - Die Ausscheidungskonsistenz und -häufigkeit ist abhängig von der Lage des Stomas. Wie wird es sich bei Herrn Lenhaupt abspielen? (Tb: 1, 2; Db: 1; Sg: B; Pz: 2; Z: 3)
    - Herr Lenhaupt möchte von Ihnen wissen, ob es eine Möglichkeit gibt, ohne Stomabeutel auszukommen. Was erklären Sie ihm? (Tb: 1, 2, 6; Db: 1; Sg: B; Pz: 2; Z: 3)
    - Nennen Sie fünf pflegerische Aufgaben im Bereich der Stomaversorgung! (Tb: 1, 2; Db: 1; Sg: A; Pz: 5; Z: 3)
    - Welche Komplikationen können bei einer Stomaanlage auftreten? Nennen Sie vier! (Tb: 1; Db: 1; Sg: B; Pz: 4; Z: 3)
12. Nennen Sie fünf Werte, die im Rahmen der Krankenbeobachtung bei Herrn Lenhaupt dokumentiert werden müssen! (Tb: 1; Db: 1; Sg: A; Pz: 5; Z: 3)
13. Beschreiben Sie den Unterschied zwischen Wahrnehmung und Beobachtung! (Tb: 1; Db: 6; Sg: A; Pz: 2; Z: 2)
14. Ihr Patient hat einen venösen Zugang am linken Handrücken, über den NaCl 0,9% 1000 ml läuft. Herr Lehmann hat geklingelt und berichtet, der Verband um den Zugang fühle sich feucht an. Außerdem spüre er ein leichtes Brennen.
    - Auf welches Problem schließen Sie nach der Beschreibung des Patienten? (Tb: 1; Db: 1; Sg: B; Pz: 1; Z: 2)
    - Wie reagieren Sie auf das Problem des Patienten? (Tb: 1, 2; Db: 1; Sg: B; Pz: 2; Z: 2)
    - Welche Druckbeschreibung gilt für die Kochsalzlösung? (Tb: 1; Db: 1; Sg: A; Pz: 1; Z: 2)
    - Nennen Sie drei weitere Komplikationen, die im Zusammenhang mit einem venösen Zugang und verabreichter Infusionslösung auftreten können! (Tb: 1; Db: 1; Sg: A; Pz: 3; Z:2)
15. Herr Lenhaupt wirkt trotz der Diagnose und der neuen Situation mit der Anlage des Anus praeter fröhlich und aufgedreht. Welcher psychologische Vorgang könnte dahinterstecken? (Tb: 1, 6; Db: 1; Sg: B; Pz: 1; Z: 3)
16. Herr Lenhaupt hat eine Drainage ohne Sog im Bereich des kleinen Beckens.

- Welche zwei pflegerischen Aufgaben gehören zu Ihrer Arbeit im Zusammenhang mit Drainagen? (Tb: 1, 2; Db: 1; Sg: A; Pz: 2; Z: 3)
- In der Visite entscheidet der Arzt, dass die Drainage gezogen werden kann. Diese Aufgabe wird an Sie delegiert. Wie verhalten Sie sich? (Tb: 1, 2; Db: 1; Sg: B; Pz: 2; Z: 3)
- Was muss vor bzw. beim Ziehen der Drainage beachtet werden? Nennen Sie zwei Aspekte! (Tb: 1; Db: 1; Sg: A; Pz: 2; Z: 2)
- Woran kann man erkennen, dass eine liegende Drainage gezogen werden kann? (Tb: 1; Db: 1; Sg: A; Pz: 1; Z: 2)
17. Erstellen Sie einen Pflegeplan zu einem Pflegeproblem der ATL „für Sicherheit sorgen"! (Tb: 1, 2, 6; Db: 1; Sg: B; Pz: 8; Z: 10)
18. Herr Lenhaupt kann inzwischen recht gut mit seinem Stoma umgehen. Er hat sich so weit erholt, dass die Ärzte über den Beginn der Chemotherapie nachdenken. Herr Lenhaupt hat einige Fragen zu dem Thema:
- Was passiert eigentlich genau bei einer Chemotherapie? (Tb: 1, 2; Db: 1; Sg: A; Pz: 3; Z: 3)
- Bekomme ich wieder einen venösen Zugang an derselben Stelle? (Tb: 1, 2; Db: 1; Sg: B; Pz: 1; Z: 2)
- Mit welchen Nebenwirkungen muss ich rechnen und warum (nennen Sie zwei)? (Tb: 1, 2; Db: 1; Sg: A; Pz: 4; Z: 3)
19. Die Frau von Herrn Lenhaupt kommt nachmittags zu Ihnen und ist etwas beunruhigt – sie möchte ihren Mann so gerne unterstützen, ist sich aber nicht sicher, wie sie das tun kann. Welche drei Tipps geben Sie ihr? (Tb: 1, 2, 6; Db: 1; Sg: B; Pz: 3; Z: 3)

Tab. 1.15 Gesamtauswertung Fallbeispiel 15

Tb 1	Tb 2	Tb 6	Tb 7	Db 1	Db 2	Sg A	Sg B	Sg C	Pz	Z
29	15	6	0	31	0	17	14	0	94	90
58 %	30 %	12 %	0 %	100 %	0 %	54,9 %	45,2 %	0 %		

2.1.16 Fallbeispiel 16 „Karl-Heinz Buschke"

- Empfohlenes Ausbildungsjahr: 2
- Art der Erkrankung: Ileus
- Pflegeschwerpunkte: Umgang mit Notfällen, Infusionstherapie, Umgang mit Drainagen, Verbandwechsel, Pflegeprozess
- Zugehörige ATLs: „für Sicherheit sorgen", „sich bewegen"
- Schwerpunkte der Bezugswissenschaften: Emotionen, Kommunikation
- Zeitaufwand: 90 min

Der 45-jährige Karl-Heinz Buschke kommt gegen Abend mit dem Rettungswagen in die Ambulanz. Seit dem späten Nachmittag hat er unter Übelkeit und krampfartigen Bauchschmerzen gelitten, er musste sich auch mehrmals übergeben, berichtet er der Ärztin. Es sei dann immer schlimmer geworden, die Schmerzen seien kaum noch auszuhalten gewesen, außerdem wurde ihm zusätzlich noch schwindlig und er hatte Herzrasen. Da er alleine lebt, hat er selbst den Notdienst verständigt. Die Ärztin ordnet folgende Untersuchungen an: Röntgenaufnahme des Abdomens, Sonographie und Laboruntersuchung des Blutes. Eine erste Auskultation mit dem Stethoskop ergibt metallisch klingende Darmgeräusche. Außerdem legt die Ärztin einen peripher venösen Zugang und verabreicht dem Patienten eine Infusionsmischung aus 500 ml isotoner Kochsalzlösung 0,9 % mit jeweils einer Ampulle Tramal® und Novalgin®. Nach den Untersuchungen wird Herr Buschke vom Pflegepersonal auf die Innere Station 5 gebracht und bekommt eine kurze Zimmereinweisung. Herr Buschke hat vorläufig Bettruhe und Nahrungskarenz. In der Zwischenzeit stellt die behandelnde Ärztin die Diagnose – der Patient hat einen Ileus: eine Unterbrechung der Dünn- oder Dickdarmpassage. Plötzlich kommt der Bettnachbar von Herrn Buschke ins Stationszimmer gestürzt – er berichtet, dass Herr Buschke kaum noch Luft bekommt. Sie betreten eilig das Zimmer und stellen fest, dass Herr Buschke eine Dyspnoe aufweist, marmorierte, kaltschweißige Haut hat und eingefallen im Gesicht aussieht. Sie kontrollieren sofort die Vitalzeichen: 80/60 mmHg Blutdruck und 124 Pulsschläge pro Minute.

1. Um sich anatomische Grundkenntnisse ins Gedächtnis zu rufen, beschriften Sie bitte die folgende Abbildung! (Themenbereich: 1; Differenzierungsbereich: 1; Schwierigkeitsgrad: a; Punktzahl: 5; Zeit: 2)

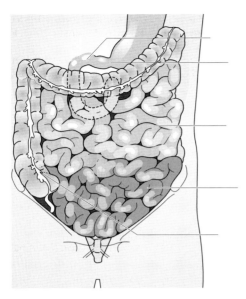

Abb. 2.12 • Der Dünndarm ist der Teil des menschlichen Verdauungstraktes, der zwischen Magen und Dickdarm liegt.

2. Herr Buschke leidet unter einem Ileus, die Ärztin hat aber nicht angegeben welche Art von Ileus – was vermuten sie aufgrund des Fallbeispiels? (Tb: 1; Db: 1; Sg: B; Pz: 1; Z: 2)
3. Nennen Sie zwei weitere typische Symptome eines Ileus! (Tb: 1; Db: 1; Sg: A; Pz: 2; Z: 2)
4. Beschreiben Sie die fünf Handlungsschritte, die Sie nach dem Messen der Vitalzeichen einleiten! (Tb: 1, 2; Db: 1; Sg: B; Pz: 5; Z: 3)
5. Nennen Sie die Wirkung und jeweils zwei Nebenwirkungen von den Arzneimitteln Tramal® und Novalgin®! (Tb: 1; Db: 1; Sg: A; Pz: 6; Z: 3)
6. Als sich der Zustand von Herrn Buschke verschlechtert, tritt ein neues Krankheitsbild auf. Welches? (Tb: 1; Db: 1; Sg: A; Pz: 1; Z: 2)
7. Eine weitere Komplikation des Ileus ist die Durchwanderungsperitonitis. Beschreiben Sie, wie es dazu kommen kann! (Tb: 1; Db: 1; Sg: A; Pz: 1; Z: 3)
8. Herr Buschke muss notfallmäßig operiert werden. Sie bekommen die Aufgabe, alles Nötige vorzubereiten. Nennen Sie vier wichtige Vorbereitungen, die Sie treffen! (Tb: 1, 2; Db: 1; Sg: B; Pz: 4; Z: 2)
9. Die Infusionslösung, die der Patient erhält, ist isoton. Was bedeutet das? (Tb: 1; Db: 1; Sg: A; Pz: 1; Z: 2)
10. Die Infusion von Herrn Buschke neigt sich dem Ende zu. Die Ärztin ordnet eine erneute Infundierung von Kochsalzlösung 0,9 % mit jeweils zwei Ampullen Tramal® und Novalgin® an. Sie sollen diese Infusion vorbereiten. Beschreiben Sie Ihren Handlungsverlauf in zehn Schritten! (Tb: 1, 2; Db: 1; Sg: B; Pz: 10; Z: 5)
11. Herr Buschke ist seit längerer Zeit im OP. Sein Zimmernachbar macht sich Sorgen und fragt Sie nach dem Zustand von Herrn Buschke. Was tun Sie? (Tb: 1, 7; Db: 1; Sg: B; Pz: 2; Z: 2)
12. Sie bekommen einen Anruf aus dem Aufwachraum – Herr Buschke kann abgeholt werden. Die zuständige Pflegekraft erzählt ihnen, welche Form der Narkose/Intubation ihr Patient bekommen hat. Welche wichtigen Informationen benötigen Sie noch? Nennen Sie drei! (Tb: 1; Db: 1; Sg: A; Pz: 3; Z: 2)
13. Als Sie am nächsten Morgen Herrn Buschke bei der Körperpflege behilflich sind, bemerken Sie, dass die Infusion trotz ausreichenden Füllzustandes nicht mehr läuft. Der Patient äußert ein Ziehen im Bereich der Punktionsstelle, als Sie den Verband kontrollieren.
    - Auf welche Zeichen beobachten Sie die Punktionsstelle? Nennen Sie drei! (Tb: 1; Db: 1; Sg: B; Pz: 3; Z: 2)
    - Wie reagieren Sie auf die Schmerzen des Patienten (zwei Angaben)? (Tb: 1, 2; Db: 1; Sg: B; Pz: 2; Z: 2)
    - Welche Komplikation könnte hier auftreten oder bereits aufgetreten sein? (Tb: 1; Db: 1; Sg: B; Pz: 1; Z: 2)
14. Erstellen Sie einen Pflegeplan für Herrn Buschke zu einem Pflegeproblem der ATL „sich bewegen"! (Tb: 1, 2, 6; Db: 1; Sg: B; Pz: 8; Z: 10)
15. Welche Prophylaxen müssen bei Herrn Buschke durchgeführt werden? Nennen Sie drei! (Tb: 1, 2; Db: 1; Sg: B; Pz: 3; Z: 3)
16. Wählen Sie von den genannten Prophylaxen eine aus und planen Sie geeignete und ausreichende Pflegemaßnahmen für ihren Patienten! (Tb: 2, 6; Db: 1; Sg: B; Pz: 6; Z: 5)
17. Herr Buschke ist intraoperativ mit einer Wunddrainage versorgt worden.
    - Was bedeutet Drainage? (Tb: 1; Db: 1; Sg: A; Pz: 1; Z: 2)
    - Welche zwei generellen Funktionen einer Drainage können Sie unterscheiden? (Tb: 1; Db: 1; Sg: A; Pz: 2; Z: 2)
    - Es gibt aktive und passive Drainagen. Erklären Sie den Unterschied! (Tb: 1; Db: 1; Sg: A; Pz: 2; Z: 2)
    - Nennen Sie drei Pflegeschwerpunkte, die Sie im Umgang mit Drainagen beachten müssen! (Tb: 1, 2; Db:1; Sg: A; Pz: 3; Z: 2)

18. Langsam erholt sich Herr Buschke von den letzten Ereignissen und kommt zur Ruhe. Dabei wird ihm schmerzlich bewusst, dass er Glück hatte, noch den Notdienst rufen zu können, und dass sein Zimmernachbar so gut aufgepasst hat. Als Sie nachmittags das Zimmer betreten, ist Herr Buschke sehr gesprächig und redet über das Alleinsein, das er nicht mehr ertragen kann. Wie können Sie Herrn Buschke Hilfe anbieten? Nennen Sie vier Möglichkeiten! (Tb: 1, 2, 6; Db: 1; Sg: B; Pz: 4; Z: 3)
19. Die Ziele infusionstherapeutischer Maßnahmen sind unterschiedlich. Welches Ziel hat die Infusionstherapie bei Herrn Buschke? (Tb: 1; Db: 1; Sg: B; Pz: 1; Z: 2)
20. Nennen Sie vier andere Ziele der Infusionstherapie! (Tb: 1; Db: 1; Sg: A; Pz: 4; Z: 2)
21. Nennen Sie drei Indikationen für einen ersten Verbandwechsel bei Herrn Buschke! (Tb: 1; Db: 1; Sg: B; Pz: 3; Z: 3)
22. Welche Kriterien müssen Sie beim Durchführen eines Verbandwechsels beobachten? Nennen Sie fünf! (Tb: 1; Db: 1; Sg: A; Pz: 5; Z: 3)
23. Beschreiben Sie in zehn Schritten die Durchführung eines aseptischen Verbandwechsels! (Tb: 1, 2; Db: 1; Sg: B; Pz: 10; Z: 5)
24. Kontrollieren Sie den erstellten Pflegeplan zu einem Pflegeproblem ATL „für Sicherheit sorgen". Korrigieren Sie mögliche Fehler und begründen Sie! (Tb: 1, 2, 6; Db: 1; Sg: C; Pz: 8; Z: 10)

Pflegeproblem: Infektionsgefahr
Ressource: keine
Pflegeziel: Vermeiden von Infektionen
Pflegemaßnahmen: 1 × tgl. Verbandwechsel und Dokumentation

Tab. 1.16 Gesamtauswertung Fallbeispiel 16

Tb 1	Tb 2	Tb 6	Tb 7	Db 1	Db 2	Sg A	Sg B	Sg C	Pz	Z
23	7	5	3	17	7	15	10	0	75	90
60,5 %	18,4 %	13,2 %	7,9 %	70,9 %	29,1 %	60 %	40 %	0 %		

2.1.17 Fallbeispiel 17 „Klara Gudburg"

- Empfohlenes Ausbildungsjahr: 3
- Art der Erkrankung: Demenz, pAVK, Hypertonus, Commotio cerebri
- Pflegeschwerpunkte: Pflege bei dementiellen Erkrankungen, Wundversorgung, Entlassungsplanung, Pflegeprozess
- Zugehörige ATLs: „für Sicherheit sorgen", „kommunizieren"
- Schwerpunkte der Bezugswissenschaften: Kommunikation, Beziehungsarbeit, Recht
- Zeitaufwand: 90 min

Als Sie zum Frühdienst kommen und leise über den Flur zum Umkleideraum gehen, vernehmen Sie ein lautes Schimpfen aus Zimmer 12. „Wo sind wir denn hier! Sie Hexe! Ich hol die Polizei! Fassen Sie mich nicht an!" Aus dem Zimmer kommt die Kollegin, die Nachtdienst hat, und zieht die Augenbrauen hoch. „Das war eine anstrengende Nacht – mehr bei der Übergabe!" Sie ziehen sich rasch um und betreten das Stationszimmer, um an der Übergabe teilzunehmen. Das Schimpfen aus dem Zimmer 12 kam von Klara Gudburg, eine 91-jährige Frau mit Demenz. Außerdem leidet die Patientin an einem Hypertonus, der medikamentös mit Adalat eingestellt ist, und einer peripheren arteriellen Verschlusskrankheit (pAVK). Gestern Abend ist die Dame im Heim gestürzt und hat sich eine Kopfplatzwunde und eine Commotio cerebri zugezogen, weshalb sie auf Ihre Station eingeliefert wurde. Bisher konnten nur wenige Informationen über Frau Gudburg gesammelt werden – ihre beiden Töchter wollen heute Vormittag kommen und das Personal des Pflegeheims hat keinen Überleitungsbericht mitgegeben. Frau Gudburg ist sehr aggressiv und musste nachts fixiert werden, da sie aufstehen wollte. Vor ein paar Minuten hat die Patientin fünf Tropfen Haldol® zur Beruhigung bekommen. Sie hat weiterhin Bettruhe und soll morgens auch erst einmal nüchtern bleiben. Mit diesen Informationen betreten Sie das Zimmer.

1. Unterscheiden Sie die Bezeichnungen „Alzheimer Krankheit" und „Demenz"! (Themenbereich: 1; Differenzierungsbereich: 2; Schwierigkeitsgrad: a; Punktzahl: 2; Zeit: 3)

2. Nennen Sie die Leitsymptome einer Demenz nach Wettstein (die vier A)! (Tb: 1; Db: 2; Sg: A; Pz: 4; Z: 3)
3. Definieren Sie pAVK! (Tb: 1; Db: 2; Sg: A; Pz: 1; Z: 2)
4. Die Patientin leidet unter einer pAVK. Das Stadium ist allerdings nicht benannt worden. Beschreiben und benennen Sie alle Stadien der Erkrankung! (Tb: 1; Db: 2; Sg: A; Pz: 6; Z: 6)
5. Was ist eine Commotio cerebri? (Tb: 1; Db: 1; Sg: A; Pz: 1; Z: 2)
6. Die Symptome der Commotio cerebri sind bei Frau Gudburg nicht genannt worden. Welche drei Symptome sind typisch? (Tb: 1; Db: 1; Sg: A; Pz: 3; Z: 3)
7. Frau Gudburg leidet seit längerem unter ihrem Hypertonus. Welche Komplikationen könnte diese Erkrankung nach sich ziehen? Nennen Sie drei! (Tb: 1; Db: 1; Sg: A; Pz: 3; Z: 3)
8. Nennen Sie die Medikamentengruppe und ein Anwendungsgebiet für das Medikament Haldol®! (Tb: 1; Db: 1; Sg: A; Pz: 2; Z: 3)
9. Beschreiben Sie Wirkung und zwei Nebenwirkungen des Medikamentes Adalat®! (Tb: 1; Db: 1; Sg: A; Pz: 2; Z: 3)
10. Frau Gudburg ist gegen ihren Willen fixiert worden. Wie sieht die rechtliche Situation aus? (Tb: 1, 7; Db: 1; Sg: A; Pz: 1; Z: 2)
11. Welche fünf Informationen brauchen Sie unbedingt von den Töchtern Ihrer Patientin, um die weitere Pflege von Frau Gudburg gestalten zu können? (Tb: 1; Db: 1; Sg: B; Pz: 5; Z: 4)
12. Im Rahmen der Gefühlsarbeit nach A. Strauss haben Sie die Möglichkeit, mit Hilfe der vertrauensbildenden Arbeit auf Frau Gudburg einzuwirken. Welche drei Möglichkeiten haben Sie, die vertrauensbildende Arbeit bei Ihren Pflegemaßnahmen einzusetzen? (Tb: 1, 2, 6; Db: 1; Sg: B; Pz: 3; Z: 3)
13. Als Sie den Verband der Kopfplatzwunde wechseln, fällt Ihnen auf, dass die Wundumgebung starke Rötungen aufweist, die Naht geschwollen ist und eine lokale Erwärmung zu spüren ist. Was schließen Sie daraus? (Tb: 1, 2; Db: 1; Sg: B; Pz: 1; Z: 2)
14. Erläutern Sie Ihre Vorgehensweise, nachdem Sie die Wunde inspiziert und eingeschätzt haben (vier Angaben)! (Tb: 2; Db: 1; Sg: B; Pz: 4; Z: 3)
15. Während der Körperpflege entdecken Sie bei Frau Gudberg einen Dekubitus Grad 3 am Steiß. Die Wunde ist gelblich belegt, ca. 3 cm breit, 4 cm lang, 1 cm tief und riecht unangenehm.
    – In welcher Wundheilungsphase befindet sich diese Wunde? (Tb: 1; Db: 1; Sg: B; Pz: 1; Z: 3)
    – Welche zwei Merkmale weist ein Dekubitus Grad 3 auf? (Tb: 1; Db: 1; Sg: A; Pz: 2; Z: 3)
    – Nennen Sie zwei Materialien, die geeignet wären, um einen Dekubitus zu versorgen! (Tb: 1; Db: 1; Sg: A; Pz: 2; Z: 3)
16. Der Dekubitus von Frau Gudburg entstand eindeutig im Pflegeheim. Welche rechtlichen Konsequenzen kann das für das Pflegeheim haben? (Tb: 1, 7; Db: 1; Sg: B; Pz: 2; Z: 3)
17. Erstellen Sie einen Pflegeplan zu einem Pflegeproblem der ATL „kommunizieren"! (Tb: 1, 2, 6; Db: 1; Sg: B; Pz: 8; Z: 10)
18. Nennen Sie fünf Qualitätsmerkmale, die eine gute Dienstübergabe ausmachen! (Tb: 1, 7; Db: 1; Sg: A; Pz: 5; Z: 4)
19. Die Methode der integrativen Validation ist gut geeignet, um eine qualitativ hochwertige Kommunikation mit Frau Gudburg zu erreichen. Erklären Sie diese Methode! (Tb: 1, 6; Db: 2; Sg: B; Pz: 4; Z: 4)
20. Welche Grundregeln können z. B. im Pflegeheim die Orientierung von Patienten mit dementiellen Erkrankungen erleichtern? Nennen Sie fünf! (Tb: 1, 2, 6; Db: 2; Sg: A; Pz: 5; Z: 4)
21. Zur professionellen Pflege von Patienten mit dementiellen Erkrankungen gehört die Pflege des Langzeitgedächtnisses. Wie könnten Sie dies bei Frau Gudburg durchführen (drei Angaben)? (Tb: 1, 2, 6; Db: 2; Sg: B; Pz: 3; Z: 4)
22. Frau Gudburg ist von ihrer Commotio cerebri genesen, die Kopfplatzwunde und der Dekubitus sind gut verheilt. Ihre Töchter haben in der Zwischenzeit einen Platz in einem besseren Pflegeheim für ihre Mutter organisiert. Übermorgen soll Frau Gudburg entlassen werden – welche Informationen schreiben Sie in den Überleitungsbericht? Nennen Sie fünf! (Tb: 1, 2; Db: 1; Sg: B; Pz: 5; Z: 8)

Tab. 1.17 Gesamtauswertung Fallbeispiel 17

Tb 1	Tb 2	Tb 6	Tb 7	Db 1	Db 2	Sg A	Sg B	Sg C	Pz	Z
23	7	5	3	17	7	15	10	0	75	90
60,5 %	18,4 %	13,2 %	7,9 %	70,9 %	29,1 %	60 %	40 %	0 %		

2.1.18 Fallbeispiel 18 „Carolin Rechters"

- Empfohlenes Ausbildungsjahr: 3
- Art der Erkrankung: Diabetes mellitus
- Pflegeschwerpunkte: Pflege bei Diabetes mellitus, Umgang mit Insulin
- Zugehörige ATLs: „sich waschen und kleiden", „für Sicherheit sorgen", „sich bewegen"
- Schwerpunkte der Bezugswissenschaften: Beratung und Anleitung, Kommunikation, Soziologie: Gesellschaft
- Zeitaufwand: 90 min

Carolin Rechters, eine ältere Dame von 62 Jahren, ist am Montag mit einer Hyperglykämie auf Ihre Station eingeliefert worden. Vor fünf Jahren hat man bei ihr einen Diabetes mellitus Typ 2 festgestellt. Bisher kam sie gut mit der Diät und den Tabletten, die der Hausarzt ihr verordnet hat, zurecht. Vor vier Wochen ist ihre beste Freundin Marga weggezogen. Seitdem, berichtet Frau Rechters, ist es mit ihr „bergab gegangen". Sie kann kaum noch schlafen und hat ständig Appetit, vor allem auf süße Speisen. Sie hat deshalb ein schlechtes Gewissen, da sie ja eigentlich Diät halten müsste. Aber es tut so gut, sich ein wenig mit leckerem Essen zu trösten und schließlich hat sie ja sonst nichts mehr, womit sie sich beschäftigen könnte. Frau Rechters lebt allein, seit ihr Mann vor drei Jahren verstorben ist. Sie hat drei Töchter, zu denen sie sporadischen Kontakt pflegt und die alle mit ihren Familien weit entfernt leben. Sie wohnt in einem kleinen, gepflegten Haus mit Blumengarten am Stadtrand. Dieses ist schon lange im Besitz der Familie, Frau Rechters hat es von ihrer Mutter übernommen. Der Kontakt zu den Nachbarn ist nicht sehr ausgeprägt: Die Familie Rechters galt im Ort immer als eine ungewöhnliche Familie, die irgendwie nicht ins konservative Bild hineinpasst. Frau Rechters hat zusätzlich zu ihrem Diabetes eine leichte Kniearthrose, die sie aber nicht wesentlich einschränkt. Sie kann sich immer noch gut bewegen und muss nur ab und zu eine Entlastungspause machen. „Als Marga noch im Ort wohnte", erzählt Frau Rechters traurig, „sind wir fast jeden Tag spazieren gegangen. Aber alleine macht das irgendwie keinen Spaß mehr".

1. Frau Rechters leidet unter Diabetes mellitus Typ 2. Inwiefern unterscheidet sich dieser vom Typ 1 (zwei Angaben)? (Themenbereich: 1; Differenzierungsbereich: 1; Schwierigkeitsgrad: a; Punktzahl: 1; Zeit: 2)
2. Unter welchen vier Symptomen könnte Frau Rechters vor fünf Jahren gelitten haben (als ihr Diabetes mellitus Typ 2 sich manifestierte)? (Tb: 1; Db: 1; Sg: A; Pz: 4; Z: 3)
3. Welche zwei Komplikationen könnten bei Frau Rechters auftreten, wenn sie ihre Lebensgewohnheiten nicht ändert? (Tb: 1; Db: 1; Sg: A; Pz: 2; Z: 2)
4. Welche Folgeschäden sind bei einem schlecht eingestellten Diabetes mellitus möglich? Nennen Sie fünf! (Tb: 1; Db: 1; Sg: A; Pz: 5; Z: 2)
5. Erklären Sie den Unterschied zwischen Arthrose und Arthritis! (Tb: 1; Db: 2; Sg: A; Pz: 1; Z: 3)
6. Welches Hauptproblem von Frau Rechters können Sie aus dem Text herauslesen? Begründen Sie! (Tb: 1; Db: 1; Sg: B; Pz: 2; Z: 3)
7. Sie sollen Frau Rechters umfassend beraten. Nennen Sie die vier Stufen der Beratung! (Tb: 1, 6; Db: 1; Sg: A; Pz: 4; Z: 3)
8. In welchen ATLs ist Frau Rechters eingeschränkt? (Tb: 1, 2, 6; Db: 1; Sg: B; Pz: 4; Z: 6)
9. Würden Sie Frau Rechters empfehlen, Sport zu treiben? Nennen Sie Pro und Kontra zum Thema „Sport und Diabetes mellitus" (vier Angaben)! (Tb: 1; Db: 1; Sg: B; Pz: 4; Z: 3)
10. Sie sollen morgens bei Frau Rechters den Blutzucker kontrollieren. Stellen Sie hierfür eine Handlungskette in zehn Schritten auf! (Tb: 2; Db: 1; Sg: B; Pz: 10; Z: 3)
11. Der Blutzucker liegt bei 250 mg/dl. Wie reagieren Sie (zwei Angaben)? (Tb: 2; Db: 1; Sg: B; Pz: 2; Z: 3)
12. Nennen Sie die Normwerte des Blutzuckers bei einem Menschen ohne Diabetes mellitus! (Tb: 1; Db: 1; Sg: A; Pz: 1; Z: 2)
13. Frau Rechters war bisher mit dem Medikament Euglukon® eingestellt. Nun muss sie vorläufig mit Insulin behandelt werden, da ihr Blutzucker sehr hoch ist.
    - Was ist Insulin chemisch gesehen und wo wird es produziert? (Tb: 1; Db: 1; Sg: A; Pz: 2; Z:3)
    - Beschreiben Sie die Wirkung und zwei Nebenwirkungen für das Medikament Euglukon® und benennen Sie die Arzneimittelgruppe! (Tb: 1; Db: 1; Sg: A; Pz: 4; Z: 2)
    - Welche zwei Wirkungen hat Insulin auf den Körper? (Tb: 1; Db: 1; Sg: A; Pz: 2; Z: 3)
    - Frau Rechters möchte von Ihnen wissen, was bei der Verabreichung von Insulin s. c. zu beachten ist (vier Angaben)! (Tb: 1, 2; Db: 1; Sg: B; Pz: 4; Z: 2)
    - Sie bekommen die Aufgabe, Frau Rechters zu zeigen, wie sie selbst subkutan Insulin verab-

reichen kann. Beschreiben Sie, wie Sie es ihr erklären (sechs Angaben)! (Tb: 1, 2; Db: 1; Sg: B; Pz: 6; Z: 4)
- Welche Besonderheiten müssen Sie im Umgang mit Insulin beachten? Nennen Sie drei! (Tb: 1; Db: 1; Sg: A; Pz: 3; Z: 5)
14. Erstellen Sie einen Pflegeplan zu einem Pflegeproblem der ATL „für Sicherheit sorgen"! (Tb: 1, 2, 6; Db: 1; Sg: B; Pz: 8; Z: 10)
15. Kontrollieren Sie den erstellten Pflegeplan zu einem Pflegeproblem der ATL „sich bewegen" und beschreiben Sie mögliche Fehler. Machen Sie Verbesserungsvorschläge und begründen Sie diese! (Tb: 1, 2, 6; Db: 1; Sg: C; Pz: 8; Z: 10)

Pflegeproblem: Patientin kann sich nicht beschäftigen
Ressource: Patientin kann sich bewegen
Pflegeziel: Patientin soll sich beschäftigen
Pflegemaßnahmen: Zeitschriften und Radio anbieten

16. Frau Rechters ist barfuß durch das Zimmer gegangen und hat sich an einer Reißzwecke verletzt.
- Die Wundheilung bei Frau Rechters ist aufgrund ihres Diabetes sehr schlecht. Erklären Sie, wie es dazu kommt! (Tb: 1; Db: 1; Sg: A; Pz: 2; Z: 3)
- Welche Informationen geben Sie Frau Rechters in Bezug auf die ATL „waschen und kleiden", insbesondere für die Fußpflege? Nennen Sie zehn Informationen! (Tb: 1, 2, 7; Db: 1; Sg: B; Pz: 10; Z: 6)
17. Frau Rechters hat kaum Kontakt zu ihrer Nachbarschaft. Der Grund dafür ist, wie die Patientin vermutet, die ungewöhnliche Lebensweise ihrer Familie. So haben die Rechters einen großen Wohnwagen im Garten stehen, in dem sie öfters Obdachlose wohnen lassen. Außerdem nehmen sie es mit der Ordnung nicht immer so genau.
- Was bedeutet Gesellschaft? (Tb: 1, 6; Db: 1; Sg: A; Pz: 2; Z: 3)
- Unsere Gesellschaft hat bestimmte Werte, die durch Normen konkretisiert werden. Erklären Sie die beiden Begriffe Werte und Normen! (Tb: 1, 6; Db: 1; Sg: A; Pz: 2; Z: 2)
- Erklären Sie den Zusammenhang der Aufgabe a) mit der Situation von Frau Rechters! (Tb: 1, 2; Db: 1; Sg: B; Pz: 4; Z: 3)

Tab. 1.18 Gesamtauswertung Fallbeispiel 18

Tb 1	Tb 2	Tb 6	Tb 7	Db 1	Db 2	Sg A	Sg B	Sg C	Pz	Z
23	9	6	1	25	1	14	10	1	98	90
58,9 %	23 %	5,4 %	2,6 %	96,3 %	3,9 %	56 %	40 %	4 %		

2.1.19 Fallbeispiel 19 „James MacDermain"

- Empfohlenes Ausbildungsjahr: 2
- Art der Erkrankung: COLD, Lungenemphysem
- Pflegeschwerpunkte: multikulturelle Pflege, Humor in der Pflege, Umgang mit chronischen Erkrankungen
- Zugehörige ATLs: „atmen"
- Schwerpunkte der Bezugswissenschaften: Kommunikation
- Zeitaufwand: 90 min

James MacDermain ist, wie man nach dem Namen vermuten kann, ein Schotte. Er spricht gut deutsch, hat aber einen starken Akzent, der es teilweise schwer macht, ihn zu verstehen. Der 56-Jährige liegt seit einer Woche auf Ihrer Station, eingewiesen wurde er mit einem Lungenemphysem, das sich aus seiner COLD heraus entwickelt hat. Zurzeit klagt er öfters über Schwierigkeiten beim Atmen. Mr. MacDermain ist starker Raucher, zwei Schachteln sind sein Tagespensum. Er ist mit einer deutschen Frau seit 20 Jahren verheiratet, sehr glücklich, wie er sagt. Kinder hat das Ehepaar keine. James MacDermain hat eine eigene Art von Humor, und diesen Humor setzt er immer wieder ein, um zu überspielen, wie schlecht es ihm eigentlich geht. Dieses charakteristische Verhalten ist mit der Selbstbeherrschung zu erklären, die in Schottland, Großbritannien und Nordirland als sehr wichtig angesehen wird. Fast das gesamte Personal kann sehr gut mit seinem Sarkasmus umgehen und empfindet den Schotten als sehr lebhaft und sympathisch. Nur Sr. Iris hat Probleme mit seiner etwas ruppigen Art. Als Nebenerkrankung wird in der Patientenakte eine seit 9 Jahren bestehende Hypertonie aufgeführt, die mit dem Medikament Isoptin® mit 80 mg behandelt wird. Seine derzeitigen Vitalzeichen: 150/90 mmHg Blutdruck, Puls 80 Schläge pro Minute; seine Größe und sein Gewicht sind ebenfalls eingetragen: 1,73 m und 90 kg. Des Weiteren erfahren Sie aus den Unterlagen, dass der Patient lange in einer Firma gearbeitet hat, die sich mit der Herstellung von Lacken beschäftigt hat. Wegen seiner COLD ist er allerdings früher in Rente gegangen als eigentlich vorgesehen war. Zu seinen Hobbys zählen Gartenarbeit und der Umgang mit seinen Tieren: einer Katze, einem Hund und ein paar Hühnern. Herr MacDermains Frau berichtet Ihnen, dass ihr Mann leider immer weniger im Garten arbeiten könne, da ihm dazu die Luft fehle.

1. Wofür steht die Abkürzung COLD? (Themenbereich: 1; Differenzierungsbereich: 1; Schwierigkeitsgrad: a; Punktzahl: 1; Zeit: 2)
2. Beschriften Sie die folgende Zeichnung! (Tb: 1; Db: 1; Sg: A; Pz: 3; Z: 2)

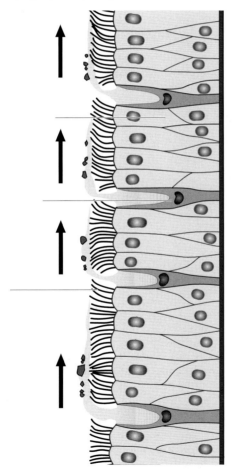

Abb. 2.13 ▪ Die Atemwege sind von einer dünnen Schleimschicht überzogen, durch die Schwebeteilchen aus der Lunge heraustransportiert werden.

3. Beschreiben Sie, was bei einem Lungenemphysem genau passiert! (Tb:1 ; Db: 1; Sg: A; Pz: 2; Z: 3)
4. Ab welchem Zeitpunkt kann man von einer chronischen Bronchitis sprechen? (Tb: 1; Db: 1; Sg: A; Pz: 1; Z: 2)
5. Welche Ursache für das Lungenemphysem steht bei Herrn MacDermain im Vordergrund? (Tb: 1; Db: 1; Sg: B; Pz: 1; Z: 2)
6. Zu welcher Medikamentengruppe gehört Isoptin® mite 80 mg? Beschreiben Sie die Wirkung und zwei mögliche Nebenwirkungen! (Tb: 1; Db: 1; Sg: A; Pz: 4; Z: 2)
7. Welche drei Prophylaxen sind bei dem Patienten angebracht? Begründen Sie! (Tb: 1, 2; Db: 1; Sg: B; Pz: 6; Z: 4)
8. Welche fünf Informationen benötigen Sie noch, um einen Pflegeplan für ihn zu erstellen? (Tb: 1; Db: 1; Sg: B; Pz: 5; Z: 3)
9. Beschreiben Sie stichpunktartig fünf Pflegeprobleme von Herrn MacDermain und kategorisieren Sie diese nach aktuellen, potentiellen, generellen und individuellen Pflegeproblemen! (Tb: 1, 2, 6; Db: 1; Sg: B; Pz: 10; Z: 6)
10. Welche Ressourcen hat Herr MacDermain laut des Fallbeispiels (drei Angaben)? (Tb: 1; Db: 1; Sg: B; Pz: 3; Z: 3)
11. Herr MacDermain hat einen Blutdruck von 150/90 mmHg. Ab welchen Werten spricht man von einer Hypertonie? (Tb: 1; Db: 1; Sg: A; Pz: 1; Z: 2)
12. Beurteilen Sie das Fallbeispiel, indem Sie vier wichtige Punkte, die eine Übergabe enthält, benennen und beurteilen, ob es bei Herrn MacDermain hierzu noch etwas zu ergänzen gibt! (Tb: 1, 2, 6; Db: 1; Sg: B; Pz: 8; Z: 5)
13. Welche drei Therapiestrategien stehen bei dem Lungenemphysem im Vordergrund? (Tb: 1; Db: 1; Sg: A; Pz: 3; Z: 3)
14. Am späten Abend finden Sie Ihren Patienten mit akuter Luftnot vor.
    – Woran erkennen Sie akute Luftnot (zwei Angaben)? (Tb: 1; Db: 1; Sg: A; Pz: 2; Z: 2)
    – Welche Maßnahmen leiten Sie ein? Nennen Sie fünf! (Tb: 2; Db: 1; Sg: B; Pz: 5; Z: 3)
    – Welche Ihrer genannten Maßnahmen hat höchste Priorität? (Tb: 2; Db: 1; Sg: B; Pz: 1; Z: 2)
15. Welche Medikamentengruppen werden bei Patienten mit COLD gegeben und welche Wirkung haben sie? (Tb: 1; Db: 1; Sg: A; Pz: 2; Z: 2)
16. Wer in Schottland seine Selbstbeherrschung verliert, wird schnell für krank erklärt. Welche Vorstellungen von Gesundheit/Krankheit sind

noch üblich? Nennen Sie zwei Aspekte! (Tb: 1, 6; Db: 1; Sg: B; Pz: 2; Z: 3)
17. In Schottland gibt es eine Besonderheit, die die Beziehung zwischen dem Arzt und dem Patienten betrifft. Welche? (Tb: 1, 6; Db: 1; Sg: B; Pz: 1; Z: 2)
18. Errechnen Sie den BMI, den täglichen Kalorienbedarf und die tägliche Flüssigkeitsmenge für Herrn MacDermain! (Tb: 1; Db: 1; Sg: B; Pz: 3; Z: 2)
19. Sr. Iris kommt mit Herrn MacDermain nicht zurecht und möchte seltener seiner Zimmergruppe zugeteilt werden – eine Teambesprechung steht an.
    – Was bedeutet Kommunikation? (Tb: 1, 2; Db: 1; Sg: A; Pz: 2; Z: 3)
    – Welche vier Kommunikationsregeln können eine Teambesprechung verbessern? (Tb: 1; Db: 2; Sg: A; Pz: 4; Z: 2)
    – Welche Aspekte müssen angesprochen werden und wie sollte die Besprechung gestaltet werden (jeweils zwei Angaben)? (Tb: 1; Db: 2; Sg: B; Pz: 4; Z: 3)
20. Erstellen Sie einen Pflegeplan zu einem Pflegeproblem der ATL „atmen"! (Tb: 1, 2, 6; Db: 1; Sg: B; Pz: 8; Z: 10)
21. „Lachen ist die beste Medizin" – dieses Motto bestimmt die Arbeit der Humortherapeuten. Herr MacDermain besitzt ebenfalls eine besondere Form von Humor, die ihm anscheinend hilft, mit seiner Situation zurechtzukommen.
    – Was ist eigentlich Humor? (Tb: 1, 7; Db: 1; Sg: A; Pz: 2; Z: 5)
    – Beschreiben Sie die Unterschiede zwischen Humor und Lachen! (Tb: 1, 6; Db: 1; Sg: A; Pz: 2; Z: 2)
    – Nennen Sie zwei Humortheorien! (Tb: 1, 7; Db: 1; Sg: A; Pz: 2; Z: 2)
    – Welche psychologische Funktion hat das Lachen? (Tb: 1, 7; Db: 1; Sg: A; Pz: 2; Z: 2)
    – Was passiert physiologisch gesehen beim Lachen (zwei Angaben)? (Tb: 1, 7; Db: 1; Sg: A; Pz: 3; Z: 2)
    – Wie kann man im Fall von Herrn MacDermain therapeutischen Humor nutzen? Geben Sie zwei konkrete Beispiele! (Tb: 1, 2, 67; Db: 1; Sg: B; Pz: 2; Z: 2)
22. Ihr Frühdienst geht zu Ende – es ist Zeit für die Übergabe an den Spätdienst. Nennen Sie fünf Qualitätsmerkmale, die eine gute Dienstübergabe ausmachen! (Tb: 1, 7; Db: 1; Sg: A; Pz: 2; Z: 2)

Tab. 1.19 Gesamtauswertung Fallbeispiel 19

Tb 1	Tb 2	Tb 6	Tb 7	Db 1	Db 2	Sg A	Sg B	Sg C	Pz	Z
29	10	6	7	29	0	17	14	0	98	90
55,7%	19,2%	11,5%	13,4%	100%	0%	55,0%	45,2%	0%		

2.1.20 Fallbeispiel 20 „Karla Unzen"

- Empfohlenes Ausbildungsjahr: 2
- Art der Erkrankung: Bandscheibenvorfall, Morbus Crohn
- Pflegeschwerpunkte: Umgang mit chronischen Erkrankungen, Pflege von Patienten mit Schmerzen, OP-Vorbereitung, Mobilisation
- Zugehörige ATLs: „sich bewegen", „ausscheiden"
- Schwerpunkte der Bezugswissenschaften: Kommunikation, Beratung
- Zeitaufwand: 90 min

Karla Unzen ist eine aktive Frau von 39 Jahren. Wegen ihrer Hilfsbereitschaft ist sie in ihrem Freundeskreis sehr beliebt. Gestern hat sie sich am Umzug ihrer besten Freundin beteiligt und viele Kisten getragen. Dabei hatte sie plötzlich Schmerzen im Bereich des unteren Rückens und konnte sich kaum noch bewegen. Die ganze Nacht hat sie unter Schmerzen gelitten und heute Morgen hat ihr Mann sie schließlich ins Krankenhaus gebracht. Frau Unzen erzählt Ihnen, dass ihr Mann Schwierigkeiten hatte, sie aus dem Bett ins Auto zu verfrachten – sie selbst konnte sich gar nicht mehr bewegen. Beim weiteren Aufnahmegespräch erfahren Sie, dass die Patientin zusätzlich einen bekannten Morbus Crohn hat, der aufgetreten ist, als sie 31 Jahre alt war. Frau Unzen hat eine sportliche Figur, wiegt 62 kg bei einer Körpergröße von 1,74 m. Die Vitalzeichen sind im Normbereich: 120/60 mmHg und Puls 80 Schläge pro Minute. Die Patientin hat vorläufig Bettruhe – etwas anderes ist aufgrund der

Schmerzen auch nicht möglich. Laut Arztanordnung soll sie als Schmerzmedikation 1 Ampulle Dipidolor® i. m. erhalten, außerdem steht Wärmetherapie auf dem Plan. Weitere Untersuchungen sind für den Tag geplant, um eine sichere Entscheidungsgrundlage für den weiteren Therapieverlauf zu gewinnen.

1. Beschriften Sie die folgende Abbildung eines Bandscheibenvorfalles! (Themenbereich: 1; Differenzierungsbereich: 2; Schwierigkeitsgrad: a; Punktzahl: 6; Zeit: 2)

Bandscheibenvorfall

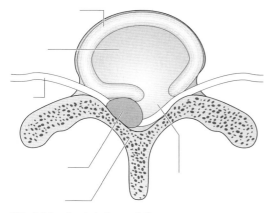

Abb. 2.14 • Bandscheibenvorfall.

2. Frau Unzen hat einen Bandscheibenvorfall erlitten. Erklären Sie, was genau das ist und wie es dazu kommen kann! (Tb: 1; Db: 2; Sg: A; Pz: 2; Z: 3)
3. Welches generelle Pflegeproblem trifft auf Frau Unzen zu? (Tb: 1, 6; Db: 1; Sg: B; Pz: 1; Z: 2)
4. Die eingeleitete Therapie ist als konservative Therapie zu erkennen. Welche wichtige Maßnahme zur konservativen Therapie ist im Text nicht genannt worden? (Tb: 2; Db: 2; Sg: B; Pz: 1; Z: 2)
5. Mit der Hilfe welcher Untersuchung kann ein Bandscheibenvorfall diagnostiziert werden? (Tb: 1; Db: 2; Sg: A; Pz: 1; Z: 2)
6. Nennen Sie jeweils zwei Indikationen und Kontraindikationen zur Wärmetherapie! (Tb: 1; Db: 1; Sg: A; Pz: 4; Z: 3)
7. Zu welcher Medikamentengruppe gehört das Dipidolor®, welche Wirkung und welche zwei Nebenwirkungen hat es? (Tb: 1; Db: 1; Sg: A; Pz: 4; Z: 3)
8. Das Medikament soll bei Frau Unzen intramuskulär verabreicht werden. Nennen Sie vier weitere Möglichkeiten, ein Medikament zu verabreichen! (Tb: 1; Db: 1; Sg: A; Pz: 4; Z: 3)
9. Definieren Sie Morbus Crohn! (Tb: 1; Db: 2; Sg: A; Pz: 1; Z: 2)
10. Welche drei Symptome sind typisch für das Krankheitsbild Morbus Crohn? (Tb: 1; Db: 2; Sg: A; Pz: 3; Z: 3)
11. Wie sieht die medikamentöse Behandlung des Morbus Crohn aus? (Tb: 1; Db: 1; Sg: A; Pz: 1; Z: 2)
12. Frau Unzen muss operiert werden. Welches Ereignis, das in der Zwischenzeit bei der Patientin eingetreten ist, macht eine Bandscheibenoperation unumgänglich? (Tb: 1; Db: 2; Sg: B; Pz: 1; Z: 2)
13. Sie bereiten Frau Unzen für die bevorstehende Operation vor. Welche drei Aufgaben erledigen Sie? (Tb: 1, 2; Db: 2; Sg: B; Pz: 3; Z: 2)
14. Nennen Sie die Schritte des Pflegeprozesses nach Fiechter/Meier! (Tb: 1, 6; Db: 1; Sg: A; Pz: 6; Z: 3)
15. Erstellen Sie einen Pflegeplan zu einem Pflegeproblem der ATL „sich bewegen" für die Zeit nach der Operation! (Tb: 1, 2, 6; Db: 2; Sg: B; Pz: 8; Z: 10)
16. Frau Unzen kommt aus dem OP in den Aufwachraum zur Überwachung. Welche zwei Kriterien werden vom Personal vor Ort kontrolliert? (Tb: 1, 2; Db: 1; Sg: B; Pz: 2; Z: 2)
17. Sie holen Frau Unzen aus dem Aufwachraum ab. Welche drei Informationen benötigen Sie bei der Übergabe vom Pflegepersonal? (Tb: 1; Db: 1; Sg: A; Pz: 3; Z: 3)
18. Am dritten Tag nach der Operation darf Frau Unzen duschen. Da sie sich noch etwas unsicher fühlt, begleiten Sie sie. Frau Unzen lacht über die orangeroten Verfärbungen der Desinfektionsmittel aus dem OP. Was raten Sie ihr, um diese wieder loszuwerden (zwei Angaben)? (Tb: 1, 2; Db: 1; Sg: B; Pz: 2; Z: 2)
19. Nachdem Frau Unzen geduscht hat, wollen Sie einen Verbandwechsel der OP-Wunde vornehmen. Zählen Sie die fünf benötigten Materialien auf! (Tb: 1; Db: 1; Sg: A; Pz: 5; Z: 3)
20. Gehört die Wunde von Frau Unzen zu den aseptischen oder septischen Wunden? (Tb: 1; Db: 1; Sg: A; Pz: 1; Z: 2)
21. Beschreiben Sie zehn Handlungsschritte, die Sie beim Verbandwechsel durchführen! (Tb: 2; Db: 1; Sg: B; Pz: 10; Z: 6)
22. Welche Gefahr besteht für die Patientin, wenn Sie unsteril arbeiten? (Tb: 1; Db: 1; Sg: A; Pz: 1; Z: 2)
23. Frau Unzens Mann war zu Besuch. Die Patientin wirkt danach aufgebracht und unruhig. Sie un-

terhalten sich mit ihr und erfahren, dass es Probleme mit der Schwiegermutter gibt. Am nächsten Tag berichtet Ihnen die Patientin, dass Sie einen akuten Schub ihres Morbus Crohn durchleidet.
- Stresssituationen können den Krankheitsverlauf verschlechtern. Welche Faktoren können ebenfalls Auswirkungen auf die Erkrankung haben? Nennen Sie zwei! (Tb: 1; Db: 2; Sg: A; Pz: 2; Z: 3)
- Welche zwei Komplikationen könnten auf Frau Unzen zukommen? (Tb: 1; Db: 2; Sg: A; Pz: 2; Z: 3)
- Nennen Sie fünf pflegerische Maßnahmen, die den akuten Schub des Morbus Crohn lindern können! (Tb: 2; Db: 2; Sg: B; Pz: 5; Z: 3)

24. Erstellen Sie einen Pflegeplan zu einem Pflegeproblem der ATL „ausscheiden"! (Tb: 1, 2, 6; Db: 2; Sg: C; Pz: 8; Z: 10)
25. Frau Unzen soll entlassen werden. Im Rahmen der Bandscheibenbehandlung muss sie über den weiteren Verlauf aufgeklärt und beraten werden. Welche fünf Informationen geben Sie ihr? (Tb: 1, 2, 7; Db: 2; Sg: B; Pz: 5; Z: 3)
26. Ihr Frühdienst geht zu Ende – es ist Zeit für die Übergabe an den Spätdienst. Nennen Sie fünf Qualitätsmerkmale, die eine gute Dienstübergabe ausmachen! (Tb: 1; Db: 1; Sg: A; Pz: 5; Z: 3)

Tab. 1.20 Gesamtauswertung Fallbeispiel 20

Tb 1	Tb 2	Tb 6	Tb 7	Db 1	Db 2	Sg A	Sg B	Sg C	Pz	Z
2	9	4	1	14	14	17	10	1	97	90
64 %	23 %	10,2 %	2,6 %	49,9 %	49,9 %	60,7 %	35,7 %	3,5 %		

2.1.21 Fallbeispiel 21 „Torin Karan"

- Empfohlenes Ausbildungsjahr: 2
- Art der Erkrankung: Frakturen; Fixateur externe
- Pflegeschwerpunkte: Kinderkrankenpflege, multikulturelle Pflege, Pflege bei Fieber, Wundversorgung
- Zugehörige ATLs: „für Sicherheit sorgen", „kommunizieren"
- Schwerpunkte der Bezugswissenschaften: Rollenkonflikte, Beziehungsarbeit, psychologische Betreuung, Emotionen
- Zeitaufwand: 90 min

Die kleine Torin, eine sechsjährige Türkin, kommt auf Ihre Station. Sie hatte einen Autounfall – ein Autofahrer hat bei Schneeregen nicht mehr rechtzeitig bremsen können und das Mädchen erfasst. Diagnose: geschlossene Oberschenkelfraktur des rechten Beines und offene Trümmerfraktur des rechten Unterschenkels. Außerdem sind am Rücken und an den Armen große Hämatome durch den Aufprall entstanden. Torin hat starke Schmerzen und ist verängstigt – sie war noch nie im Krankenhaus. Eigentlich spricht sie sehr gut deutsch, aber zurzeit weigert sie sich, Kontakt zum Pflegepersonal aufzunehmen – wenn sie etwas sagt, dann auf Türkisch. Torin hat noch drei weitere Geschwister, die alle jünger sind als sie, deshalb hat ihre Mutter kaum Zeit, sie in der Klinik zu besuchen. Torins Vater ist berufstätig und versorgt die Familie. Da es in türkischen Familien üblich ist, sich im Krankheitsfall gegenseitig zu unterstützen, ist eine Tante von Torin oft da. Unglücklicherweise scheinen sich die beiden nicht besonders gut zu verstehen.

Die Oberschenkelfraktur wurde intraoperativ mit einem Marknagel versorgt, die Wunde wurde mit zwei Drainagen mit Sog verschlossen und die Trümmerfraktur mit der Anlage eines Fixateur externe. Torin betrachtet immer wieder diese Vorrichtung und will sie berühren; wenn sie darauf angesprochen wird, zieht sie sich sofort zurück. Zur Schmerzbehandlung bekommt das Mädchen Ben-u-ron® Zäpfchen für Kinder; problematisch ist zurzeit, dass es einer hohen Überredungskunst bedarf, um die Medikamente zu verabreichen – bisher durfte nur Sr. Klara Torin die Zäpfchen geben.

1. Was unterscheidet die Mehrfragmentfraktur von einer Trümmerfraktur, wie sie das Mädchen aus dem Fallbeispiel aufweist? (Themenbereich: 1; Differenzierungsbereich: 1; Schwierigkeitsgrad: a; Punktzahl: 2; Zeit: 2)
2. Frakturen können unterschiedlich eingeteilt werden. Im Fallbeispiel tauchen eine offene

und eine geschlossene Fraktur auf. Welche Unterscheidung gibt es noch? (Tb: 1; Db: 1; Sg: A; Pz: 2; Z: 2)
3. Wie nennt man die Versorgung einer Fraktur mit z. B. einem Marknagel? (Tb: 1; Db: 1; Sg: A; Pz: 1; Z: 2)
4. Definieren Sie Fixateur externe! (Tb: 1; Db: 1; Sg: A; Pz: 1; Z: 2)
5. Nennen Sie die drei R-Grundsätze, die bei jeder Frakturbehandlung im Vordergrund stehen! (Tb: 1; Db: 1; Sg: A; Pz: 3; Z: 3)
6. Das Medikament, das Torin verabreicht wird – zu welcher Medikamentengruppe gehört es? (Tb: 1; Db: 1; Sg: A; Pz: 1; Z: 2)
7. Würden Sie eine Medikamentenänderung vorschlagen? Begründen Sie Ihre Antwort! (Tb: 1, 2; Db: 1; Sg: B; Pz: 2; Z: 3)
8. Mit welcher Komplikation müssen Sie in Bezug auf den Krankheitsverlauf speziell bei Torin rechnen? (Tb: 1; Db: 1; Sg: B; Pz: 1; Z: 2)
9. Welche zwei Komplikationen können außerdem bei der Bruchheilung auftreten? (Tb: 1; Db: 1; Sg: A; Pz: 2; Z: 3)
10. Welche drei Pflegeschwerpunkte stehen bei Torin im Vordergrund? Ordnen Sie diese den ATLs zu! (Tb: 1, 2, 6; Db: 1; Sg: B; Pz: 6; Z: 4)
11. Sie kommen am nächsten Morgen in das Zimmer von Torin. Das Mädchen ist weiterhin introvertiert – wie können Sie intervenieren (drei Angaben)? (Tb: 2; Db: 1; Sg: B; Pz: 3; Z: 3)
12. Kontrollieren Sie den erstellten Pflegeplan zu einem Pflegeproblem der ATL „für Sicherheit sorgen" auf seine Richtigkeit und formulieren Sie eine kurze Beurteilung! (Tb: 1, 2, 6; Db: 1; Sg: C; Pz: 8; Z: 10)

Pflegeproblem: Infektionsgefahr
Ressource: keine
Pflegeziel: Vermeiden von Infektionen
Pflegemaßnahmen: 1 × tgl. Verbandwechsel und Dokumentation

13. Welche Fraktur gehört zu den typischen kindlichen Frakturformen? (Tb: 1; Db: 1; Sg: A; Pz: 1; Z: 2)
14. Im Rahmen der multikulturellen Pflege sind bei Torin einige Besonderheiten zu beachten:
    – Welche Vorstellung herrscht zur Ursache von Krankheiten in der türkischen Kultur? (Tb: 1, 7; Db: 1; Sg: A; Pz: 1; Z: 2)
    – Innovatives Kochen ist in der Türkei verpönt. Welche Speise wird immer gemieden? (Tb: 1, 7; Db: 1; Sg: A; Pz: 1; Z: 2)
    – Torin senkt immer den Blick, wenn Ärzte und/oder Pflegepersonen mit ihr sprechen. Was kann das bedeuten? (Tb: 1, 7; Db: 1; Sg: B; Pz: 1; Z: 2)
    – In der moslemischen Religion muss der Fastenmonat Ramadan von allen eingehalten werden, aber es gibt Personengruppen, die eine Ausnahme machen dürfen. Nennen Sie zwei! (Tb: 1, 7; Db: 1; Sg: A; Pz: 2; Z: 3)
    – Der Schmerz hat bei türkischen Menschen eine besondere Bedeutung. Welche? (Tb: 1, 7; Db: 1; Sg: A; Pz: 1; Z: 2)
15. Beschreiben Sie den Aufbau des Knochens! (Tb: 1; Db: 1; Sg: A; Pz: 6; Z: 4)
16. Welches ist die häufigste Komplikation bei einem Fixateur externe? (Tb: 1; Db: 1; Sg: A; Pz: 1; Z: 2)
17. Welche Pflegemaßnahme ergreifen Sie bei der Behandlung mit dem Fixateur externe bei Torin? Nennen Sie vier! (Tb: 2; Db: 1; Sg: B; Pz: 4; Z: 3)
18. Wie können Sie den Krankenhausaufenthalt für Torin angenehmer gestalten (zwei Angaben)? (Tb: 1, 2; Db: 1; Sg: B; Pz: 2; Z: 3)
19. Nennen Sie vier Regeln des aseptischen Verbandwechsels! (Tb: 1, 2; Db: 1; Sg: A; Pz: 4; Z: 3)
20. Definieren Sie Emotionen! (Tb: 1; Db: 1; Sg: A; Pz: 1; Z: 2)
21. Welche zwei Funktionen haben Emotionen? (Tb: 1; Db: 1; Sg: A; Pz: 2; Z: 3)
22. Erklären Sie die drei Komponenten der Emotion: die subjektive, die physiologische und die Verhaltenskomponente! (Tb: 1; Db: 1; Sg: A; Pz: 3; Z:)
23. Torin reagiert auf den Krankenhausaufenthalt mit Angst und Apathie. Welche Reaktionen auf die veränderte Situation wären noch möglich? Nennen Sie zwei! (Tb: 1, 2; Db: 1; Sg: B; Pz: 2; Z: 3)
24. Um Torin ihre Situation zu erleichtern, brauchen Sie dringend Informationen über ihre Lebensgewohnheiten. In einem Gespräch mit der Mutter wollen Sie folgende Dinge erfahren (nennen Sie vier!): (Tb: 1; Db: 1; Sg: B; Pz: 4; Z: 3)
25. Nach einigen Tagen des Krankenhausaufenthaltes stellen Sie bei Torin erhöhte Temperaturen fest: 37,9 °C. In den nächsten Stunden steigt unter Schüttelfrost die Temperatur stetig an. Was könnte der Grund dafür sein? (Tb: 1; Db: 1; Sg: B; Pz: 1; Z: 2)
26. Torin hat inzwischen hohes Fieber. Welche Pflegemaßnahmen sind wichtig? Nennen Sie fünf und begründen Sie diese ausführlich! (Tb: 2; Db: 1; Sg: B; Pz: 10; Z: 8)

Tab. 1.21 Gesamtauswertung Fallbeispiel 21

Tb 1	Tb 2	Tb 6	Tb 7	Db 1	Db 2	Sg A	Sg B	Sg C	Pz	Z
27	8	2	5	27	0	18	11	1	79	90
64,3%	19%	4,8%	11,9%	100%	0%	59,9%	36,6%	3,3%		

2.1.22 Fallbeispiel 22 „Edith Dersow"

- Empfohlenes Ausbildungsjahr: 2
- Art der Erkrankung: Ischämischer Insult, Diabetes mellitus, Aphasie
- Pflegeschwerpunkte: Pflege nach dem Bobath-Konzept, Urininkontinenz, Entlassungsplanung
- Zugehörige ATLs: „sich bewegen", „ausscheiden", „Essen und Trinken"
- Schwerpunkte der Bezugswissenschaften: Kommunikation
- Zeitaufwand: 90 min

Am Donnerstag ist die Patientin Edith Dersow auf Ihre Station, die Innere Abteilung, eingeliefert worden, mit Verdacht auf einen ischämischen Insult. Frau Dersow lebt alleine in ihrer Wohnung, sie wurde bisher zweimal täglich von ihrer Tochter besucht, die direkt gegenüber wohnt. Nach den Untersuchungen in der Ambulanz konnte die Diagnose „Ischämischer Insult mit stark ausgeprägter Hemiparese rechts in Arm und Bein und Aphasie" gesichert werden. Zu Frau Dersows Grunderkrankungen gehört ein Diabetes mellitus, der seit 20 Jahren besteht und mit Insulin eingestellt worden ist. Seit dem ischämischen Insult kann die 78-Jährige den Stuhlgang nicht mehr kontrollieren, was ihr sehr unangenehm ist. Sie war in ihrem Leben immer sehr selbständig und hat nur äußerst ungern Hilfe in Anspruch genommen. Vor einem Jahr ist ihr Mann verstorben, sie spricht aber nie über seinen Tod. Die Tochter erwähnt Ihnen gegenüber, dass sie den Verlust wohl noch nicht verarbeitet hat. Frau Dersow hat einen ausgeprägten Bewegungsdrang und ist unruhig, seitdem sie sich kaum alleine fortbewegen kann. Sie braucht Hilfe, um sich an die Bettkante zu setzen und kann sich nicht alleine das Essen zubereiten. Auf die Körperpflege legt die Patientin besonderen Wert, die Tochter hat bereits ihre speziellen Cremes und Lotionen mitgebracht, damit sich ihre Mutter auch wohlfühlt. Frau Dersow darf laut Arztanordnung mobilisiert werden, es bestehen keine Bedenken. Krankengymnastik und Ergotherapie sind bereits angemeldet worden.

1. Um sich anatomische Grundkenntnisse ins Gedächtnis zu rufen, beschriften Sie bitte die folgende Abbildung! (Themenbereich: 1; Differenzierungsbereich: 1; Schwierigkeitsgrad: a; Punktzahl: 6; Zeit: 4)

Hirninnenseite

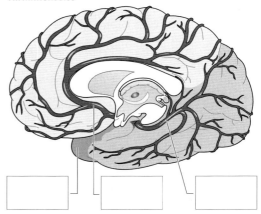

Hirnaußenseite

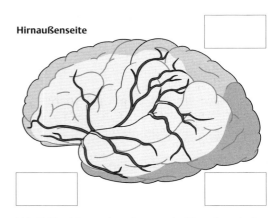

Abb. 2.15 • Hirnarterien, oben von der Hirnaußenseite betrachtet, unten von der Innenseite.

2. Definieren Sie den ischämischen Insult! (Tb: 1; Db: 2; Sg: A; Pz: 1; Z: 2)
3. Was unterscheidet eine Hemiplegie von einer Hemiparese? (Tb: 1; Db: 2; Sg: A; Pz: 2; Z: 2)
4. Nennen Sie die drei Ursachen eines ischämischen Insultes! (Tb: 1; Db: 2; Sg: A; Pz: 3; Z: 3)
5. Welche Risikofaktoren können die Gefahr eines ischämischen Insultes heraufbeschwören? Nennen Sie vier! (Tb: 1; Db: 2; Sg: A; Pz: 4; Z: 3)
6. Definieren Sie Diabetes mellitus! (Tb: 1; Db: 1; Sg: A; Pz: 1; Z: 2)
7. Welche Spätkomplikationen könnten auf Frau Dersow zukommen? Nennen Sie vier! (Tb: 1; Db: 1; Sg: A; Pz: 4; Z: 2)
8. Frau Dersow kann wegen der Aphasie nur noch verwaschen und undeutlich sprechen – oftmals bleibt sie aus Frustration über diese Situation einfach stumm. Erstellen Sie einen Pflegeplan zu einem Pflegeproblem der ATL „kommunizieren"! (Tb: 1, 2, 6; Db: 2; Sg: B; Pz: 8; Z: 10)
9. Wie wichtig Kommunikation ist, wird den Menschen meist erst dann bewusst, wenn es Probleme damit gibt.
   – Welche zwei Formen der Kommunikation gibt es? (Tb: 1, 2; Db: 1; Sg: A; Pz: 2; Z: 2)
   – Welche vier Kommunikationsregeln sind im Alltag und vor allem bei Besprechungen von Bedeutung? (Tb: 1, 2; Db: 1; Sg: A; Pz: 4; Z: 3)
10. Frau Dersow hat zurzeit zusätzliche Probleme mit ihrem Diabetes mellitus – der Blutzucker ist heute Morgen auch wieder höher als gewohnt.
    – Beschreiben Sie in zehn Handlungsschritten, wie Sie beim Messen des Blutzuckers vorgehen! (Tb: 2; Db: 1; Sg: B; Pz: 6; Z: 4)
    – Wie muss Insulin gelagert werden? (Tb: 1; Db: 1; Sg: A; Pz: 1; Z: 2)
    – Nennen Sie zwei Aspekte, die Sie beim Vorbereiten einer Insulin-Injektion beachten müssen! (Tb: 1; Db: 1; Sg: A; Pz: 2; Z: 2)
    – Beschreiben Sie die fünf R-Regeln! (Tb: 1; Db: 1; Sg: A; Pz: 5; Z: 2)
11. Kontrollieren Sie den Pflegeplan zu einem Pflegeproblem der ATL „Essen und Trinken" auf seine Schwachpunkte und schreiben Sie eine kurze Beurteilung mit Verbesserungsvorschlägen! (Tb: 1, 2, 6; Db: 1; Sg: C; Pz: 8; Z: 10)

Pflegeproblem: Patientin kann nicht selbständig essen und trinken
Ressource: Patientin kann schlucken
Pflegeziel: selbständige Nahrungsaufnahme
Pflegemaßnahmen: 5 × tgl. Mahlzeiten anreichen und vorbereiten

12. Welche drei Ressourcen hat Frau Dersow? (Tb: 1; Db: 1; Sg: B; Pz: 3; Z: 2)
13. Beschreiben Sie, welche vier Aspekte Sie bei der Ganzkörperpflege besonders beachten! (Tb: 1, 2; Db: 1; Sg: B; Pz: 4; Z: 3)
14. Seit dem ischämischen Insult leidet Frau Dersow unter Urininkontinenz.
    – Welche Pflegemaßnahmen können ihr helfen, wieder selbständiger zu werden und sich wohlzufühlen? Nennen Sie drei! (Tb: 2; Db: 1; Sg: B; Pz: 3; Z: 3)
    – Nennen Sie drei verschiedene Arten und Ursachen der Urininkontinenz! (Tb: 1; Db: 1; Sg: A; Pz: 6; Z: 4)
    – Welche Ursache könnte die Urininkontinenz von Frau Dersow haben? (Tb: 1; Db: 1; Sg: B; Pz: 1; Z: 2)
15. Frau Dersow hat einen Blasenkatheter gelegt bekommen.
    – Nennen Sie vier mögliche Indikationen für die Anlage eines Blasenkatheters! (Tb: 1; Db: 1; Sg: A; Pz: 4; Z: 2)
    – Welche Indikation kam für Frau Dersow in Frage? (Tb: 1; Db: 1; Sg: B; Pz: 1; Z: 2)
    – Die Anlage eines Blasenkatheters bringt immer die Gefahr einer Harnwegsinfektion mit sich. Welche drei Pflegemaßnahmen können dazu beitragen, diese zu verhindern? (Tb: 2; Db: 1; Sg: A; Pz: 3; Z: 3)
    – Die Harnwegsinfektion gehört zu den häufigsten nosokomialen Infektionen. Was bedeutet nosokomial? (Tb: 1; Db: 1; Sg: A; Pz: 1; Z: 2)
    – Welche zwei Infektionen gehören neben der Harnwegsinfektion zu den häufigsten nosokomialen Infektionen? (Tb: 1; Db: 1; Sg: A; Pz: 2; Z: 2)
    – Nennen Sie drei Infektionsquellen, die zu einer nosokomialen Infektion führen können! (Tb: 1; Db: 1; Sg: A; Pz: 3; Z: 3)

Tab. 1.22 Gesamtauswertung Fallbeispiel 22

Tb 1	Tb 2	Tb 6	Tb 7	Db 1	Db 2	Sg A	Sg B	Sg C	Pz	Z
26	8	5	2	24	5	20	8	1	100	90
63,2 %	19,4 %	12,2 %	4,9 %	82,8 %	17,3 %	69 %	27,6 %	3,5 %		

16. Frau Dersow soll in absehbarer Zeit entlassen werden. Mit großer Wahrscheinlichkeit wird sie künftig pflegebedürftig bleiben, weshalb die häusliche Versorgung sichergestellt werden muss. Sie haben die Aufgabe, eine Entlassungsplanung für Frau Dersow zu erstellen.
    – Nennen Sie fünf Ziele der Entlassungsplanung! (Tb: 1, 6; Db: 1; Sg: A; Pz: 5; Z: 2)
    – Welche Aspekte müssen Sie in einer Entlassungsplanung grundsätzlich berücksichtigen? Nennen Sie fünf! (Tb: 1, 6; Db: 1; Sg: A; Pz: 5; Z: 3)
    – Welche Aspekte müssen bei Frau Dersow spezielle Beachtung finden (zwei Angaben)? (Tb: 1, 6; Db: 1; Sg: B; Pz: 2; Z: 3)

2.2 Muster einer schriftlichen Prüfung nach gesetzlichen Vorgaben

2.2.1 Klausur 1: „Harald Walder" – Schwerpunkt Themenbereich 1

- Empfohlenes Ausbildungsjahr: 3 (Abschlussprüfung)
- Art der Erkrankung: Herzinfarkt, KHK
- Pflegeschwerpunkte: Pflege von Patienten mit Herzinfarkt, Prophylaxen, Intensivpflege, Pflegeprozess
- Zugehörige ATLs: „ruhen und schlafen", „für Sicherheit sorgen"
- Schwerpunkte der Bezugswissenschaften: Beratung und Anleitung, Entspannungsstrategien
- Zeitaufwand: 120 min

Heute Morgen wurde der 49-jährige Harald Walder mit dem Rettungswagen in die Ambulanz des Krankenhauses gebracht. Seine Frau hat den Krankenwagen gerufen, als ihr Mann nach dem Frühstück über Schmerzen im linken Brustbereich klagte. Er hatte die Schmerzen schon seit einigen Stunden gehabt und ein Medikament, das er wegen einer Angina-Pectoris nimmt, hatte nicht geholfen. Im Krankenhaus wird sofort ein EKG geschrieben und Blut abgenommen. Mit Verdacht auf Herzinfarkt wird Herr Walder schließlich zur weiteren Behandlung auf Ihre Station – die innere Intensivstation – verlegt. Da in dieser Situation ein Aufnahmegespräch für den Patienten zu belastend ist, unterhalten Sie sich mit seiner Frau. Im Gespräch erfahren Sie, dass Herr Walder bereits seit einigen Jahren an einer KHK leidet und bei Bedarf Nitrospray nimmt. Zum Missfallen seiner Frau hat er das Rauchen nicht eingestellt – er raucht ca. 20 Zigaretten am Tag, da er viel Stress im Büro hat: Herr Walder ist Leiter einer Personalverwaltung. Der Patient hat einen Blutdruck von 100/60 mmHg, Puls von 96 Schlägen pro Minute. Sein Körpergewicht liegt bei 125 kg bei einer Körpergröße von 1,75 m. Zu seinen Hobbys gehören Literatur und das regelmäßige Lesen der Tageszeitung.

1. Um sich anatomische Grundkenntnisse ins Gedächtnis zu rufen, beschriften Sie bitte die folgende Zeichnung! (Themenbereich: 1; Differenzierungsbereich: 1; Schwierigkeitsgrad: a; Punktzahl: 5; Zeit: 3)

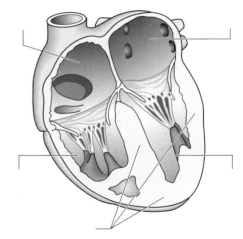

Abb. 2.16 • Das Herz ist ein starker Hohlmuskel, der als Saug- und Druckpumpe den gesamten Organismus mit Blut versorgt.

2. Welche Risikofaktoren könnten bei Herrn Walder zur Entstehung des Herzinfarktes beigetragen haben? Nennen Sie vier! (Tb: 1; Db: 1; Sg: B; Pz: 4; Z: 3)
3. Es gibt drei verschiedene Arten des Herzinfarktes. Wie heißen sie? (Tb: 1; Db: 1; Sg: A; Pz: 3; Z: 3)

4. Definieren Sie Herzinfarkt! (Tb: 1; Db: 1; Sg: A; Pz: 1; Z: 2)
5. Errechnen Sie den BMI für Herrn Walder! Welche Konsequenz ziehen Sie aus dem Ergebnis? (Tb: 1, 2; Db: 1; Sg: B; Pz: 2; Z: 2)
6. Herr Walder leidet unter dem typischen retrosternalen Schmerz. Welche Begleitsymptome sind für einen Herzinfarkt ebenfalls typisch? Nennen Sie vier! (Tb: 1; Db: 1; Sg: A; Pz: 4; Z: 3)
7. Welche Besonderheit in Bezug auf die Symptome tritt bei ca. 15 % der Patienten (überwiegend bei Diabetikern) auf? (Tb: 1; Db: 1; Sg: A; Pz: 1; Z: 2)
8. Im Krankenhaus wird Blut abgenommen. Auf welchen Wert wird das Blut kontrolliert und was beschreibt dieser Wert? (Tb: 1; Db: 1; Sg: A; Pz: 2; Z: 3)
9. Zu welcher Medikamentengruppe gehört das Nitrolingual®-Spray, welche Wirkung und welche zwei Nebenwirkungen hat es? (Tb: 1; Db: 1; Sg: A; Pz: 4; Z: 3)
10. Herr Walder leidet bereits seit einiger Zeit an der koronaren Herzkrankheit (KHK). Eine Komplikation dieser Erkrankung ist der Herzinfarkt. Nennen Sie drei weitere Komplikationen! (Tb: 1; Db: 1; Sg: A; Pz: 3; Z: 3)
11. Beschreiben Sie den Unterschied zwischen einer stabilen und einer instabilen Angina pectoris! (Tb: 1; Db: 1; Sg: A; Pz: 2; Z: 2)
12. Auf Ihrer Station werden bei Herrn Walder die Vitalzeichen per Monitor überwacht und es wird eine systemische Lysetherapie durchgeführt. Welche Beobachtungsschwerpunkte sind während der Lysetherapie neben den Vitalzeichen von Bedeutung? Nennen Sie drei! (Tb: 1; Db: 1; Sg: A; Pz: 3; Z: 3)
13. Gegen die starken Schmerzen erhält Herr Walder das Medikament Morphin Merck. Zu welcher Arzneimittelgruppe gehört es, welche Wirkung und welche zwei Nebenwirkungen hat es? (Tb: 1; Db: 1; Sg: A; Pz: 4; Z: 3)
14. Herr Walder hat die ersten kritischen Stunden überstanden. Jetzt können Sie ein Aufnahmegespräch nachholen.
    – Wozu dient ein Aufnahmegespräch? Nennen Sie drei Ziele! (Tb: 1, 2; Db: 1; Sg: A; Pz: 3; Z: 3)
    – Die Umgebung und die Gesprächssituation sind ausschlaggebend für ein gutes Aufnahmegespräch. Welche fünf Aspekte müssen Sie hierzu beachten? (Tb: 1, 2; Db: 1; Sg: A; Pz: 5; Z: 3)
    – Welche fünf Informationen sind für Sie für die weitere Pflege von Herrn Walder besonders wichtig? (Tb: 1; Db: 1; Sg: B; Pz: 5; Z: 4)
15. Erstellen Sie einen Pflegeplan zu einem Pflegeproblem der ATL „ruhen und schlafen"! (Tb: 1, 2, 6; Db: 1; Sg: B; Pz: 8; Z: 10)
16. Kontrollieren Sie den erstellten Pflegeplan zu einem Pflegeproblem der ATL „für Sicherheit sorgen" auf mögliche Schwächen und schreiben Sie eine kurze Beurteilung mit Verbesserungsvorschlägen! (Tb: 1, 2, 6; Db: 1; Sg: C; Pz: 8; Z: 10)

Pflegeproblem: Infektionsgefahr
Ressource: keine
Pflegeziel: verhindern einer Infektion
Pflegemaßnahmen: 1 × tgl. Wechseln des Pflasterverbandes des ZVK

17. Welche vier Prophylaxen müssen bei Herrn Walder zum Einsatz kommen? Begründen Sie! (Tb:1 ; Db: 1; Sg: B; Pz: 8; Z: 10)
18. Wählen Sie eine der genannten Prophylaxen aus und planen Sie ausreichende Maßnahmen zu dieser Prophylaxe für Herrn Walder! (Tb: 1, 2; Db: 1; Sg: B; Pz: 6; Z: 4)
19. Welche zwei Ressourcen können Sie bei Ihrem Patienten erkennen? (Tb: 1; Db: 1; Sg: B; Pz: 2; Z: 3)
20. Herr Walder hat die erste Zeit gut überstanden und es geht ihm von Tag zu Tag immer besser. Am liebsten würde er wieder zur Arbeit gehen, denn den ganzen Tag „rumliegen" liegt ihm überhaupt nicht, berichtet er Ihnen morgens bei der Körperpflege. „Kann ich mich nicht lieber selbst waschen oder duschen gehen?" fragt Herr Walder Sie. Wie reagieren Sie? (Tb: 1, 2, 6; Db: 1; Sg: B; Pz: 1; Z: 3)
21. Im weiteren Krankheitsverlauf verlagern sich die Schwerpunkte der Pflege auf die Mobilisation und die Beratung für die zukünftige Lebensgestaltung. Nennen Sie vier Ziele einer Frühmobilisation! (Tb: 1; Db: 1; Sg: A; Pz: 4; Z: 3)
22. Der Mobilisationsstufenplan enthält verschiedene Phasen der Mobilität und einen beispielhaften Trainingsverlauf für Patienten mit einem Herzinfarkt. So ist in der ersten Stufe die Bettruhe mit entlastender Körperpflege das Programm der Wahl. Wie heißen die weiteren fünf Stufen? (Tb: 1; Db: 1; Sg: A; Pz: 5; Z: 3)
23. Herr Walder ist bereits bei Stufe 2 angelangt, als er während der Mobilisation leichte Atemnot und eine Tachykardie verspürt. Wie reagieren

Sie und welche Langzeitmaßnahme ist angezeigt? (Tb: 1, 2; Db: 1; Sg: B; Pz: 2; Z: 3)
24. Nennen Sie die sechs Schritte des Pflegeprozesses nach Fiechter/Meier! (Tb: 1, 6; Db: 1; Sg: A; Pz: 6; Z: 4)
25. Welche Aufgaben hat die Pflegewissenschaft? Nennen Sie fünf! (Tb: 1, 6; Db: 1; Sg: A; Pz: 5; Z: 4)
26. Was bedeutet Qualitätsmanagement? (Tb: 1, 7; Db: 1; Sg: A; Pz: 1; Z: 2)
27. Das Pflegequalitätssicherunggesetz (PQsG) vom 01.01.2002 besagt, dass die Qualität der Pflege kontinuierlich überprüft und sich weiterentwickeln soll. Benennen Sie zwei Maßnahmen des PQsG! (Tb: 1, 7; Db: 1; Sg: A; Pz: 2; Z: 3)
28. Herr Walder hat sich nach seinem Herzinfarkt wieder erholt und soll nach seinem Aufenthalt im Krankenhaus weitere Maßnahmen zur Rehabilitation in einer speziellen Klinik erhalten. Sie haben die Aufgabe, Herrn Walder umfassend zu beraten!
    - Nennen Sie vier Stufen der Beratung! (Tb: 2, 6; Db: 1; Sg: A; Pz: 2; Z: 3)
    - Herr Walder kann sich unter „Rehabilitation" nichts vorstellen. Erklären Sie ihm, was in den nächsten Wochen auf ihn zukommt! (Tb: 1; Db: 2; Sg: B; Pz: 2; Z: 3)
    - Wegen des erlittenen Herzinfarkts ist es für Herrn Walder notwendig, seine zukünftige Lebensgestaltung zu überdenken. Welche Anregungen geben Sie ihm mit auf den Weg? Nennen Sie vier! (Tb: 1, 2; Db: 1; Sg: B; Pz: 4; Z: 3)
29. Ihr Dienst geht zu Ende und die Übergabe an die nächste Schicht steht an. Welche Qualitätsmerkmale kennzeichnen eine gute Übergabe? (Tb: 1, 7; Db: 1; Sg: A; Pz: 5; Z: 4)

Tab. 1.23 : Gesamtauswertung Klausur 1

Tb 1	Tb 2	Tb 6	Tb 7	Db 1	Db 2	Sg A	Sg B	Sg C	Pz	Z
32	10	6	4	32	1	21	11	1	122	120
61,4 %	19,2 %	11,5 %	7,7 %	96,9 %	3,0 %	63,6 %	33,3 %	3 %		

2.2.2 : Klausur 2: „Eva Hoffmann" – Schwerpunkt Themenbereich 2

- Empfohlenes Ausbildungsjahr: 3 (Abschlussprüfung)
- Art der Erkrankung: Pneumothorax, Lungenembolie
- Pflegeschwerpunkte: Umgang mit der Bülau-Drainage, Pneumonieprophylaxe, zentraler Venenkatheter, Verabreichung von Sauerstoff
- Zugehörige ATLs: „für Sicherheit sorgen", „atmen", „Sinn finden"
- Schwerpunkte der Bezugswissenschaften: Beratung und Anleitung, Kommunikation, Angst
- Zeitaufwand: 120 min

Die 20-jährige Hochleistungssportlerin Eva Hoffmann trainiert für die Olympiaauswahlmannschaft in einem Trainingszentrum. Ihre Disziplin ist der Marathonlauf. Nach einem ausgedehnten Trainingstag klagt sie gegenüber einer Teamkameradin über ungewöhnliche Luftnot. Da die Kameradin sie aber beruhigt und vermutet, die Beschwerden kämen wohl vom anstrengenden Training, beschließt sie, den Mannschaftsarzt erst am nächsten Morgen bei weiter bestehenden Beschwerden aufzusuchen. Gegen vier Uhr morgens erwacht Eva mit einem Gefühl der Panik und stärkster Luftnot, dazu hat sie starke Schmerzen im Brustkorb und Husten. Aufgeregt weckt sie ihre Zimmernachbarin, die sofort den Notarzt anruft. Im Krankenhaus wird nach einer Röntgenuntersuchung des Thorax ein Spontanpneumothorax festgestellt. In der Ambulanz wird Eva mit einer mobilen Bülau-Drainage versorgt und auf die Aufnahmestation verlegt, wo die Bülau-Drainage an den Druckluftanschluss angeschlossen wird. Nachdem Eva zwei Tage lang bei eingeschränkter Bettruhe fast beschwerdefrei ist, tritt am dritten Tag erneut eine akute Dyspnoe mit Thoraxschmerz auf. Als die Gesundheits- und Krankenpflegerin Sabine auf das Klingeln hin das Zimmer betritt, fällt ihr sofort die zyanotische Färbung der Lippen und die Unruhe der Patientin auf. Bei der Kontrolle der Vitalzeichen stellt sie einen Blutdruck von 80/60 mmHg und einen arhythmischen Puls von 120 fest. Sie zählt 24 Atemzüge pro Minute. Sofort alarmiert sie den Stationsarzt, der die Patientin auf die Intensivstation verlegt. Dort stellt man fest, dass es sich nicht um ein Rezidiv des Spontanpneumothorax handelt, sondern um eine akute Lungenembolie. Eva bekommt einen zentralen Venenkatheter gelegt, über den eine Lysetherapie eingeleitet wird, sie bekommt außerdem über eine Maske für eine halbe Stunde 10 l Sauerstoff pro Minute verabreicht und hat für die nächsten Tage strenge Bettruhe einzuhalten. Für die Patientin bricht eine Welt zusammen; sie war noch nie zuvor im Krankenhaus und kann mit ihrer jetzigen lebensbedrohlichen Situation nicht umgehen. Bei einem nächtlichen Kontrollgang findet die Nachtschwester Frau Hoffmann weinend im Bett, sie wirkt ängstlich, übererregt und äußert tiefe Hoffnungslosigkeit. Am nächsten Tag wünscht der Trainer ein Gespräch mit dem Stationsarzt, um herauszufinden, ob Eva noch in der Lage ist, in dieser Saison am Training teilzunehmen und ob die Olympiateilnahme im nächsten Jahr gefährdet ist.

1. Um sich anatomische Grundkenntnisse ins Gedächtnis zu rufen, beschriften Sie bitte die folgende Abbildung! (Themenbereich: 1; Differenzierungsbereich: 1; Schwierigkeitsgrad: a; Punktzahl: 6; Zeit: 4)

2. Nennen Sie drei Risikofaktoren, die eine Lungenembolie begünstigen können! (Tb: 1; Db: 1; Sg: A; Pz: 3; Z: 2)
3. Die Patientin erleidet eine Lungenembolie. Wenn Sie die beschriebenen Symptome beachten, können Sie den Schweregrad der Lungenembolie einschätzen. Um welchen Schweregrad handelt es sich? (Tb: 1; Db: 1; Sg: B; Pz: 1; Z: 3)
4. Nennen Sie zwei Symptome der Lungenembolie, die nicht im Fallbeispiel beschrieben worden sind! (Tb: 1; Db: 1; Sg: B; Pz: 2; Z: 2)
5. Was muss beim Transport der Patientin auf die Intensivstation beachtet werden? (Tb: 1, 2; Db: 1; Sg: B; Pz: 1; Z: 2)
6. Nennen Sie zwei für die Patientin notwendige Prophylaxen, die Sie durchführen müssen und begründen Sie! (Tb: 2; Db: 1; Sg: B; Pz: 4; Z: 4)
7. Frau Hoffmann wird mit einer Lysetherapie behandelt. Welche pflegerischen Aspekte müssen bedacht werden? Nennen Sie drei! (Tb: 2; Db: 1; Sg: B; Pz: 3; Z: 3)
8. Beschreiben Sie, was bei der Entstehung eines Pneumothorax passiert! (Tb: 1; Db: 1; Sg: A; Pz: 4; Z: 3)
9. Mit welchen Untersuchungsmethoden kann ein Pneumothorax festgestellt werden? Nennen Sie drei! (Tb: 1; Db: 1; Sg: 1; Pz: 3; Z: 3)
10. Die Patientin leidet unter Luftnot. Welche Grade der Dyspnoe kennen Sie? Nennen und beschreiben Sie sie! (Tb: 2; Db: 1; Sg: A; Pz: 8; Z: 6)
11. Sie stellen bei Frau Hoffmann eine Normabweichung bei der Atemfrequenz fest. Wie lautet der Fachbegriff dieser Normabweichung und was ist der Normwert der Atemfrequenz eines Erwachsenen? (Tb: 2, 7; Db: 1; Sg: A; Pz: 2; Z: 3)
12. Nennen Sie drei Hilfsmittel, um der Patientin Sauerstoff zuzuführen! (Tb: 1, 2; Db: 1; Sg: A; Pz: 3; Z: 3)
13. Leider haben Sie keinen Wandanschluss für die Versorgung der Patientin mit Sauerstoff. Sie nutzen die transportable Sauerstoffflasche. Die Patientin Eva Hoffmann erhält 10 Liter O_2 pro Minute. In der Flasche sind 10l Rauminhalt und 80 bar Druck. Wie viele Stunden reicht der Sauerstoff in der Flasche für die Patientin? (Tb: 1, 2; Db: 1; Sg: A; Pz: 1; Z: 3)
14. Nennen Sie zwei Probleme, die Eva Hoffmann in Bezug auf das Atmen hat! (Tb: 2; Db: 1; Sg: B; Pz: 2; Z: 3)
15. Formulieren Sie zu den obengenannten Problemen die Ziele, die Sie mit der Patientin erreichen wollen! (Tb: 2; Db: 1; Sg: B; Pz: 2; Z: 3)

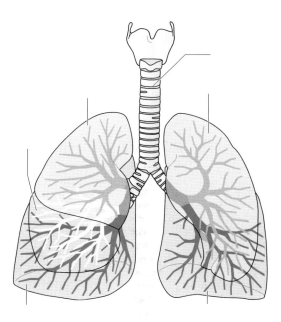

rechte Lunge   linke Lunge

Abb. 2.17 ▪ Lunge und Atemwege bilden eine verästelte Struktur, wie ein umgekehrter Baum.

16. Welche pflegerischen Maßnahmen wollen Sie ergreifen, um die genannten Ziele zu erreichen? (Tb: 2; Db: 1; Sg: B; Pz: 2; Z: 3)
17. Sie assistieren dem Arzt beim Legen der Bülau-Drainage. Welche Hinweise geben Sie der Patientin in Bezug auf das Atmen? Nennen Sie drei! (Tb: 2; Db: 1; Sg: B; Pz: 3; Z: 3)
18. Nennen Sie die fünf Möglichkeiten der Gefühlsarbeit in der Pflege nach A. Strauss! (Tb: 2, 6; Db: 1; Sg: A; Pz: 5; Z: 2)
19. Welche dieser fünf Möglichkeiten ist bei Frau Hoffmann geeignet? Begründen Sie und nennen Sie drei Verhaltensweisen, die die Pflegeperson demnach einhalten muss! (Tb: 2, 6; Db: 1; Sg: B; Pz: 5; Z: 2)
20. Der Trainer von Frau Hoffmann möchte gerne Näheres zum Krankheitsverlauf Ihrer Patientin wissen. Wie reagieren Sie? (Tb: 7; Db: 1; Sg: B; Pz: 1; Z: 3)
21. Erstellen Sie einen Pflegeplan zu einem Pflegeproblem der ATL „für Sicherheit sorgen"! (Tb: 1, 2, 6; Db: 1; Sg: C; Pz: 8; Z: 10)
22. Frau Hoffmann zeigt bei Ihrem nächtlichen Rundgang sichtbare Zeichen der Angst.
    – Definieren Sie Emotionen! (Tb: 7; Db: 1; Sg: A; Pz: 1; Z: 3)
    – Welche zwei Funktionen haben Emotionen? (Tb: 7; Db: 1; Sg: A; Pz: 2; Z: 3)
    – Erklären Sie die drei Komponenten der Emotion: die subjektive, die physiologische und die Verhaltenskomponente! (Tb: 7; Db: 1; Sg: A; Pz: 3; Z: 3)
    – Was ist eigentlich Angst? Erklären Sie! (Tb: 1, 7; Db: 1; Sg: A; Pz: 1; Z: 3)
    – Beschreiben Sie, wie die Angst beim Menschen entsteht! (Tb: 1, 7; Db: 1; Sg: A; Pz: 1; Z: 3)
    – Man nimmt an, dass es unmöglich ist, Angst völlig zu beseitigen. Welche Strategien können Sie anwenden, um Frau Hoffmann die Situation zu erleichtern? Nennen Sie drei! (Tb: 2, 7; Db: 1; Sg: B; Pz: 3; Z: 3)
23. Kontrollieren Sie den erstellten Pflegeplan zu einem Pflegeproblem der ATL „Sinn finden" und schreiben Sie eine kurze Beurteilung mit möglichen Verbesserungsvorschlägen! (Tb: 1, 2, 6; Db: 1; Sg: C; Pz: 8; Z: 10)
24. Fassen Sie fünf Pflegeprobleme Ihrer Patientin zusammen und ordnen Sie diese jeweils den ATLs und den Arten der Pflegeprobleme zu (aktuell, generell, potentiell, individuell)! (Tb: 2, 6, 7; Db: 1; Sg: B; Pz: 15; Z: 12)
25. Frau Hoffmann soll entlassen werden. Formulieren Sie sieben Verhaltensregeln, die Ihre Patientin in der nächsten Zeit ihrer Gesundheit zuliebe einhalten muss! (Tb: 2, 7; Db: 1; Sg: B; Pz: 7; Z: 8)

Fallbeispiel und Klausur entstanden in Zusammenarbeit mit Katrin Haake, Lehrerin für Pflegeberufe, Schleswig

Tab. 1.24 Gesamtauswertung Klausur 2

Tb 1	Tb 2	Tb 6	Tb 7	Db 1	Db 2	Sg A	Sg B	Sg C	Pz	Z
14	18	5	10	29	0	15	14	2	111	120
29,7 %	38,2 %	10,6 %	21,2 %	100 %	0 %	48,3 %	45,1 %	6,5 %		

2.2.3 Klausur 3: „Heidi Elsbach" – Schwerpunkt Themenbereich 3 (6 und 7)

- Empfohlenes Ausbildungsjahr: 3 (Abschlussprüfung)
- Art der Erkrankung: Koxarthrose, postthrombotisches Syndrom
- Pflegeschwerpunkte: Prophylaxen, Mobilisation, Umgang mit chronischen Erkrankungen, physikalische Maßnahmen
- Zugehörige ATLs: „sich waschen und kleiden", „sich bewegen"
- Schwerpunkte der Bezugswissenschaften: Beratung und Anleitung, Kommunikation
- Zeitaufwand: 90 min

Heidi Elsbach ist 66 Jahre alt und leidet seit längerem unter Arthrose. Vor drei Tagen wurde sie operiert – sie hat eine Hüfttotalendoprothese des rechten Beines erhalten. Vor drei Jahren hat sie bereits auf Ihrer Station gelegen und einen Kniegelenksatz am linken Bein erhalten. Außerdem leidet sie unter einem postthrombotischen Syndrom, da sie nach der letzten Operation vier Thrombosen durchlitten hat. Im Moment leidet sie unter Schmerzen, die ihre Bewegungsmöglichkeiten zusätzlich einschränken.

Frau Elsbach ist eine freundliche, offene Patientin, die gerne einen ausgiebigen Plausch hält. Sie ist Floristin und in diesem Beruf noch tätig, hat aber bereits ihre Rente im Blick. Ihr Ehemann, mit dem sie seit 43 Jahren verheiratet ist, umsorgt sie liebevoll und kommt jeden Tag zu Besuch. Frau Elsbachs Hobby ist das Stricken und sie liebt es, mit ihrem Hund spazierenzugehen.

Die OP-Wunde ist soweit unauffällig, die Wundheilung scheint problemlos zu verlaufen und die zwei Redon-Drainagen werden höchstwahrscheinlich nach der Visite gezogen.

1. Um sich anatomische Grundkenntnisse ins Gedächtnis zu rufen, beschriften Sie bitte folgende Abbildung! (Themenbereich: 1; Differenzierungsbereich: 1; Schwierigkeitsgrad: a; Punktzahl: 8; Zeit: 5)

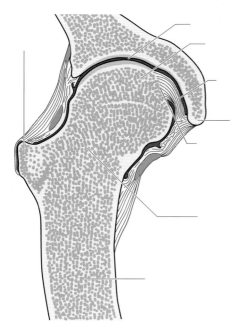

Abb. 2.18 ▪ Das Kugelgelenk der Hüfte.

2. Welche Arten von Ressourcen gibt es? Nennen Sie vier! (Tb: 6; Db: 1; Sg: A; Pz: 4; Z: 4)
3. Welche vier Ressourcen von Frau Elsbach können Sie im Text deutlich erkennen und zu welcher Art gehören die einzelnen Ressourcen? (Tb: 2, 6; Db: 1; Sg: B; Pz: 4; Z: 4)
4. Nennen Sie vier Arten von Pflegeproblemen! (Tb: 6; Db: 1; Sg: A; Pz: 4; Z: 4)
5. Zählen Sie fünf Pflegeprobleme von Frau Elsbach auf und ordnen Sie diese den jeweiligen ATLs und Arten der Pflegeprobleme zu! (Tb: 2, 6; Db: 1; Sg: B; Pz: 15; Z: 10)
6. Kontrollieren Sie den erstellten Pflegeplan zu einem Pflegeproblem der ATL „sich bewegen" und schreiben Sie eine kurze Beurteilung mit Verbesserungsvorschlägen! (Tb: 1, 2, 6; Db: 1; Sg: C; Pz: 8; Z: 12)

Pflegeproblem: Thrombosegefahr
Ressourcen: keine
Pflegeziel: verhindern einer Thrombose
Pflegemaßnahmen: 24 h Tragen von Anti-Thrombosestrümpfen

7. Sie wechseln bei Ihrer Patientin den Verband, die Wunde sieht allgemein unauffällig aus.
   - Auf welche Merkmale beobachten Sie die Wunde? Nennen Sie vier! (Tb: 1, 2; Db: 1; Sg: A; Pz: 4; Z: 3)
   - Welche Daten müssen in einer professionellen Wunddokumentation aufgeführt werden? Nennen Sie vier! (Tb: 6; Db: 1; Sg: A; Pz: 4; Z: 3)
8. Sie begleiten die Visite in Ihrer Zimmergruppe und erfahren, dass die Drainagen bei Frau Elsbach gezogen werden können.
   - Diese Aufgabe wird an Sie delegiert. Wie verhalten Sie sich? (Tb: 2, 6; Db: 1; Sg: B; Pz: 1; Z: 3)
   - Was muss vor bzw. beim Ziehen der Drainage beachtet werden? Nennen Sie zwei Aspekte! (Tb: 1, 6; Db: 1; Sg: A; Pz: 2; Z: 3)
   - Woran kann man erkennen, dass eine liegende Drainage gezogen werden kann? (Tb: 1; Db: 1; Sg: A; Pz: 1; Z: 2)
9. Frau Elsbach darf inzwischen mobilisiert werden und auch die Wunddrainagen sind bereits entfernt worden. Erstellen Sie einen Pflegeplan zu einem Pflegeproblem der ATL „sich waschen und kleiden"! (Tb: 1, 2, 6; Db: 1; Sg: C; Pz: 8; Z: 12)
10. Physikalische Maßnahmen sind besonders geeignet, um Schmerzen und andere Beschwerden zu lindern.
    - Nennen Sie neben der Schmerzlinderung vier weitere Ziele der physikalischen Therapie! (Tb: 2, 7; Db: 1; Sg: A; Pz: 4; Z: 3)
    - Beschreiben Sie die Kältetherapie, zwei Formen der Anwendung und jeweils zwei Indikationen und Kontraindikationen! (Tb: 2, 7; Db: 1; Sg: A; Pz: 8; Z: 4)
    - Beschreiben Sie die Wärmetherapie, zwei Formen der Anwendung und jeweils zwei Indikationen und Kontraindikationen! (Tb: 2, 7; Db: 1; Sg: A; Pz: 8; Z: 4)

- Welche der beiden Therapien könnte bei Frau Elsbach besser helfen? Begründen Sie! (Tb: 2, 6; Db: 1; Sg: B; Pz: 2; Z: 4)
11. „Der Pflegeprozess ist ein Problemlösungs- und Beziehungsprozess". Erklären Sie, was genau mit diesem Satz gemeint ist! (Tb: 1, 6; Db: 1; Sg: A; Pz: 1; Z: 3)
12. Erklären Sie den Begriff „Pflegemodell"! (Tb: 2, 6; Db: 1; Sg: A; Pz: 2; Z: 4)
13. Nennen Sie ein bedürfnisorientiertes Pflegemodell! (Tb: 1, 6; Db: 1; Sg: A; Pz: 1; Z: 3)
14. Welches der folgenden Modelle (Dorothea Orem/Hildegard Peplau) würden Sie in der Pflege von Frau Elsbach einsetzen? Begründen Sie! (Tb: 2, 6; Db: 1; Sg: B; Pz: 4; Z: 5)
15. Nennen Sie zwei Erhaltungsziele, die Sie bei Frau Elsbach erreichen müssen! (Tb: 1, 7; Db: 1; Sg: B; Pz: 2; Z: 4)
16. Was passiert, wenn Sie Erhaltungsziele aufgrund von Versäumnissen nicht erreichen? (Tb: 7; Db: 1; Sg: A; Pz: 1; Z: 3)
17. Erstellen Sie zur Entlassung Ihrer Patientin ein Informationsblatt, auf dem zehn Tipps und Verhaltensgrundsätze aufgelistet sind, die dazu dienen, eine Luxation der Hüfte und Schmerzen zu vermeiden! (Tb: 1, 6; Db: 2; Sg: B; Pz: 10; Z: 8)

Tab. 1.25 Gesamtauswertung Klausur 3

Tb 1	Tb 2	Tb 6	Tb 7	Db 1	Db 2	Sg A	Sg B	Sg C	Pz	Z
10	12	15	5	22	1	14	7	2	106	120
23,8 %	28,6 %	35,7 %	11,9 %	95,5 %	4,34 %	48,0 %	24,0 %	8,7 %		

3 Klausurlösungen

3.1	Fallbeispiel 1 „Erna Hinz" ▪ 62		3.15	Fallbeispiel 15 „Michael Lenhaupt" ▪ 80
3.2	Fallbeispiel 2 „Katja Feller" ▪ 63		3.16	Fallbeispiel 16 „Karl-Heinz Buschke" ▪ 82
3.3	Fallbeispiel 3 „Frank Hauptmann" ▪ 64		3.17	Fallbeispiel 17 „Klara Gudburg" ▪ 84
3.4	Fallbeispiel 4 „Rita Pollbrack" ▪ 65		3.18	Fallbeispiel 18 „Carolin Rechters" ▪ 85
3.5	Fallbeispiel 5 „Esther Rulter" ▪ 67		3.19	Fallbeispiel 19 „James MacDermain" ▪ 87
3.6	Fallbeispiel 6 „Axel Thiessen" ▪ 68		3.20	Fallbeispiel 20 „Karla Unzen" ▪ 89
3.7	Fallbeispiel 7 „Georg Grunert" ▪ 69		3.21	Fallbeispiel 21 „Torin Karan" ▪ 90
3.8	Fallbeispiel 8 „Bernd Gruber" ▪ 70		3.22	Fallbeispiel 22 „Edith Dersow" ▪ 92
3.9	Fallbeispiel 9 „Anne Hilberg" ▪ 72		3.23	Klausur 1: „Harald Walder", Schwerpunkt Themenbereich 1 ▪ 94
3.10	Fallbeispiel 10 „Tim Erichsen" ▪ 73		3.24	Klausur 2: „Eva Hoffmann", Schwerpunkt Themenbereich 2 ▪ 96
3.11	Fallbeispiel 11 „Vera Hartmann" ▪ 75			
3.12	Fallbeispiel 12 „Patrick Brehmer" ▪ 77		3.25	Klausur 3: „Heidi Elsbach", Schwerpunkt Themenbereich 3 ▪ 98
3.13	Fallbeispiel 13 „Anton Mitkowski" ▪ 78			
3.14	Fallbeispiel 14 „Torsten Hermeister" ▪ 79			

In diesem Kapitel finden Sie die gesamten Lösungen der Fallbeispiele 1–22 und der Klausur 1–3. Die Lösungen sind ausführlich gestaltet worden, aber dennoch müssen Sie überprüfen, ob eine hier nicht aufgeführte Lösung nicht ebenfalls richtig sein könnte.

3.1 Fallbeispiel 1 „Erna Hinz"

1. Beschriftung der Abbildung „Herz":

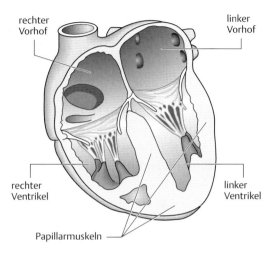

rechter Vorhof
linker Vorhof
rechter Ventrikel
linker Ventrikel
Papillarmuskeln

Abb. 3.1 ▪ Das Herz ist ein starker Hohlmuskel, der als Saug- und Druckpumpe den gesamten Organismus mit Blut versorgt.

2. Linksherzinsuffizienz.
3. Global- und Rechtherzinsuffizienz.
4. Zusätzliche Nebenerkrankungen; Mobilität: Was kann Frau Hinz?; Sozialanamnese: Freunde, Bekannte; Beschäftigungen, Gewohnheiten: Lange schlafen, früh aufstehen, Hobbys, die als Ressourcen nützen können.
5. *Thromboseprophylaxe*: das Thromboserisiko steigt durch das Einlagern von Flüssigkeit im Gewebe (dadurch verringert sich der Flüssigkeitsbestand im intravasalen System) und durch die Bettruhe; *Pneumonieprophylaxe*: die Bettruhe und die bereits vorhandenen Atembeschwerden erhöhen die Gefahr einer Pneumonie.
6. **Thromboseprophylaxe.** *Pflegeproblem*: Thrombosegefahr; *Pflegeziel*: Erhalten und Fördern des venösen Rückstroms; *Pflegemaßnahmen*: 4 × tgl. (8:00, 13:00, 17:00, 20:00 Uhr) Durchführen der Kontaktatmung (regt den Rückfluss durch die Saug-Druckfunktion des Zwerchfells an); 4 × tgl. (8:00, 13:00, 16:00, 18:30 Uhr) passive Bewegungsübungen der Knöchel-, Knie- und Hüftgelenke; bei jeder Pflegemaßnahme den körperlichen Zustand der Patientin beobachten, bei Beschwerden Maßnahme unterbrechen und dokumentieren; Kontraindiziert sind: Antithrombosestrümpfe, Kompressionsverbände, Hochlagern der Beine, Ausstreichen der Beinvenen, Flüssigkeitszufuhr darf nicht zu hoch sein, und die aktive Mobilisation ist zur Zeit noch nicht indiziert. **Pneumonieprophylaxe.** *Pflegeproblem*: Pneumoniegefahr; *Pflegeziel*: optimale Belüftung der Lunge, Sekrete können abgehustet werden; *Pflegemaßnahmen*: 2 × tgl. (9:00 / 19:00 Uhr) Atemstimulierende Einreibung von mindestens 15 min Dauer mit Pflegelotion (bevorzugt patienteneigene Pflegeutensilien); 4 × tgl. (Patientin übt selbst) Atemübungen à 10 Serien mit dem Triflow-Atemgerät; 2 × tgl. morgens, abends und bei Bedarf Frischluftzufuhr, Patientin vor Zugluft schützen und Patientin zum tiefen Einatmen auffordern; Kontraindiziert: zunächst die Mobilisation und übermäßige Flüssigkeitszufuhr.
7. Nykturie, entsteht durch horizontale Lage: Ödeme können besser abfließen, Patient scheidet verstärkt aus.
8. Verhindern der potentiellen Pflegeprobleme: Thrombosegefahr, Pneumoniegefahr; Größtmögliche Selbständigkeit der Patientin fördern – im Hinblick auf die Weiterversorgung im häuslichen Bereich.
9. Ruhe- und Belastungs-EKG, Echokardiographie, Sonographie des Abdomens, Röntgen-Thorax, Spirometrie, Rechtsherz- bzw. Linksherzkatheterisierung, Anamnese und körperliche Untersuchung, Labordiagnostik.
10. – Entstehung eines Lungenödems;
    – Verständigung des Arztes über Notruf, Patientin in Herzbettlagerung bringen, hochdosiert Sauerstoff verabreichen (ca. 10 l über Maske), Beruhigung der Patientin – bei der Patientin bleiben, Vitalzeichenkontrolle alle fünf bis zehn Minuten, Notfallkoffer und Absauggerät bereitstellen lassen, nach Arztanordnung Medikamente richten (Morphine, Diuretika, Dobutamin, Nitrate);
    – Verlegung der Patientin auf die Intensivstation.
11. Der Patientin Gesprächsbereitschaft vermitteln, Verständnis für ihre Gefühle zeigen, der Patientin vermitteln, dass solche Gefühle in Ordnung sind und in schwierigen Lebenssituationen dazugehören, Anbieten professioneller Hilfe durch den Seelsorger.
12. Es sind einige Korrekturen notwendig: *Pflegeproblem*: konkreter beschreiben, wo der Grund

für das Problem liegt; besser wäre z. B. „Patientin vergisst die regelmäßige Einnahme ihrer Tabletten." *Ressource*: „Patientin kann die Tabletten selbst zu sich nehmen", „Patientin ist kooperativ." *Pflegeziel*: das formulierte Ziel ist kein Ziel, sondern eine Maßnahme, besser wäre: „Der Medikamentenspiegel wird aufrechterhalten." *Pflegemaßnahmen*: sind nicht konkret genug: Uhrzeit fehlt. „2 × tgl. (8:00 und 18:00 Uhr) der Patientin die Tabletten bereitstellen, bei der Patientin bleiben, bis sie diese selbst eingenommen hat."

13. Ja, Frau Hinz sollte sich Hilfe suchen. Ihre Tochter könnte dadurch entlastet werden und die regelmäßige Medikamenteneinnahme wäre gewährleistet, was eine Linderung der Erkrankung nach sich ziehen könnte. Natürlich sollte ansonsten die größtmögliche Selbständigkeit von Frau Hinz erhalten bleiben.

14. Patienten werden mit Namen genannt, Begriffe und Worte aus der Pflegefachsprache werden verwendet, es wird über Pflegemaßnahmen berichtet, über die Reaktion auf Pflegemaßnahmen wird berichtet, Variationen von pflegerischen Interventionen werden benannt, Eindrücke werden als Ich-Aussagen charakterisiert.

3.2 Fallbeispiel 2 „Katja Feller"

1. Beschriftung der Abbildung „Bowman-Kapsel":

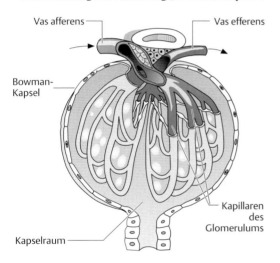

Abb. 3.2 ▪ Jedes Nierenkörperchen besteht aus einer Kapsel (Bowman-Kapsel) und einem Netz aus Kapillarschlingen (Glomerulum).

2. Eine Glomerulonephritis ist eine Entzündung der Glomeruli (Nierenkörperchen), die meist beide Nieren befällt. Die Entzündung kann diffus oder auch herdförmig auftreten.
3. Akutes Nierenversagen, Übergang in ein chronisches Leiden
4. Erzählen Sie mir bitte etwas zu Ihrer Krankengeschichte! – Unter welchen aktuellen körperlichen Beschwerden leiden Sie zurzeit? – Wie sieht Ihre berufliche Situation aus? – Womit beschäftigen Sie sich in Ihrer Freizeit am liebsten? – Können Sie etwas von diesen Beschäftigungen im Krankenhaus umsetzen? – Wie würden Sie Ihre Schlafgewohnheiten beschreiben? – Wie sieht Ihre Ernährung aus? – Haben Sie Abneigungen/Allergien gegen bestimmte Nahrungsmittel? – Wie würden Sie Ihre seelische Verfassung beschreiben? – Wie sieht Ihre familiäre Situation aus?
5. Einen ruhigen Raum wählen, Patienten und Besucher hinausbitten, Patienten über den Sinn des Gespräches informieren, offene Fragen stellen, Zeitpunkt des Gespräches planen (keine Untersuchungen, keine Essenszeit), Patienten fragen, ob noch Informationsbedarf besteht, Aussagen des Patienten zusammenfassen.
6. Otitis media = Mittelohrentzündung – Tonsillitis = Entzündung der Tonsillen (Gaumenmandeln)
7. *Pflegeproblem*: Gefahr des Nierenversagens – *Ressource*: kann man nicht generalisieren – *Pflegeziel*: frühzeitiges Erkennen von Komplikationen – *Pflegemaßnahmen*: 1 × tgl. morgens vor dem Frühstück/nach dem Ausscheiden Kontrollieren des Körpergewichts; 24 h Ein- und Ausfuhrkontrolle; der Patientin einen Toilettenstuhl zur Verfügung stellen – jeder Urinabgang muss auf Farbe, Geruch, Beimengungen kontrolliert und beobachtet werden; 2 × tgl. Beobachtung der Beine, Arme, Hände, Augenlider auf periphere Ödeme
8. Proteinurie, Leukozyturie, evtl. Zeichen eines beginnenden Nierenversagens, bei ca. 50 % der Patienten können Hypertonie, Dyspnoe, akutes Linksherzversagen mit Lungenödem auftreten.

9. Gesprächsbereitschaft vermitteln, Seelsorge anbieten/anmelden, Kontakt zu Selbsthilfegruppen herstellen, psychologische Beratungsgespräche anbieten, Informationen über die Folgen der Dialysepflicht geben, Aufklären über die Dialysepflicht, Angehörige miteinbeziehen.
10. Abhängigkeit von der Technik, Beschränkung der Berufstätigkeit, familiäre Probleme durch das dauernde Kranksein des einen Partners und das Angebundensein des anderen Partners, große Einschränkungen in den Freizeitaktivitäten: Urlaub ist an Orte mit Feriendialysezentren gebunden, der Dialysepatient darf nie unkontrolliert essen und trinken.
11. *Wasserhaushalt*: sehr große Mengen Eiweiß können durch die Kapillarveränderungen der Glomeruli ausgeschieden werden – es kommt zum Eiweißverlust im Blut; *Blutdruckveränderungen*: auf die Regulationsstörungen der Niere kann der Körper mit einem Bluthochdruck reagieren – dies kann die Patientin an geröteter Gesichtsfarbe und Kopfschmerzen erkennen; *Thrombosegefahr*: durch den Eiweißverlust und die Bettruhe kommt es zu einen verlangsamten Rückfluss der venösen Gefäße; *Infektionsgefahr*: das Immunsystem ist durch die Entzündung und die ausgeschiedenen Eiweiße geschwächt und dadurch anfälliger für Infektionen.
12. Tägliche Gewichtskontrollen, Qualitative Urinbestimmungen, 24-Stunden-Sammelurin, Ein- und Ausfuhrkontrollen.

3.3 Fallbeispiel 3 „Frank Hauptmann"

1. Psychischer Befund (Anamnese entsprechend psychiatrischer Psychopathologie und Diagnoseschlüssel), Elektroenzephalogramm, neurologische Untersuchung.
2. *Denkstörung:* Zeichnet sich aus durch das Entstehen neuer Wortschöpfungen, Gedankenabrisse, Blockaden beim Denken und mangelndes Abstraktionsvermögen; *Ich-Störung:* Patienten mit dieser Störung haben das Gefühl, ihre eigenen Gedanken seien „von außen" gemacht oder „gesteuert". Sie befürchten, dass andere Menschen ihre Gedanken lesen könnten; *Depersonalisation:* Der Patient erlebt den Körper oder Teile davon als fremd oder zu einer anderen Person gehörig; *Depressive Verstimmung:* niedergeschlagene, gedrückte, traurige und hoffnungslose Stimmung – sollte nicht mit normaler Traurigkeit verwechselt werden.
3. Diazepam® gehört zu den Psychopharmaka, Anwendungsgebiet sind z. B. Angstzustände, Muskelverspannungen, Schlafstörungen u. a. und zu den Nebenwirkungen gehören Muskelschwäche, Kopfschmerzen, Artikulationsstörungen, Abhängigkeit, Bewegungs- und Gangunsicherheit, Müdigkeit, Verwirrtheit usw.
4. Dragees, Kapseln, Zäpfchen, Tees, Granulate und Pulver
5. Ebenfalls zu den Psychopharmaka
6. Richtiger Patient, richtiger Zeitpunkt, richtige Applikationsart, richtige Dosierung, richtiges Medikament
7. Psychotherapie, Soziotherapie, Musik- und Kunsttherapie, Ergotherapie
8. ATL „für Sicherheit sorgen"
9. Herr Hauptmann darf nicht alleine gelassen werden – eine ständige Sichtkontrolle ist notwendig, beim Essen muss die Fixierung gelöst werden, falls der Patient aspiriert, Teilfixierungen sollten unterlassen werden, da sie gefährlich werden könnten.
10. Situation des Patienten verstehen, Beobachtung des Patienten, Umgang mit Wahnvorstellungen oder Halluzinationen des Patienten, bei der medikamentösen Therapie unterstützen.
11. Herr Hauptmann darf in seinen Wahnvorstellungen nicht bestätigt werden, die Wahnvorstellungen sollten aber auch auf keinen Fall korrigiert werden, auf die Angst des Patienten sollte eingegangen werden, im täglichen Umgang sollte immer wieder überprüft werden, ob Äußerungen realistisch oder wahnhaft sind, bei einer tragfähigen Beziehung zwischen Patient und Pflegeperson wird der Patient mit Hilfe der Medikamente seine Interpretation des Erlebten verändern.
12. Für diesen Fall wurde vom Gesetzgeber das Unterbringungsrecht geschaffen. Demnach darf ein Patient, der dringend behandlungsbedürftig ist, gegen seinen Willen in anerkannten Einrichtungen untergebracht werden. Voraussetzung dafür ist eine akute Selbstgefährdung des Patienten und die Gefährdung der Umgebung durch den Patienten – dies war bei Herrn Hauptmann

der Fall. Das Gesetz wurde mit dieser Handlung also nicht gebrochen.

13. In unserer Gesellschaft „gibt Leistung den Ton" an. Wenn jemand keine Leistung erbringen kann, stehen eventuell körperliche oder psychische Beschwerden dahinter. Die psychischen Beschwerden werden leider allzu oft als Simulation oder Motivationslosigkeit gedeutet, da die Beschwerden nicht immer sichtbar sind. Viele Menschen haben Angst vor psychisch kranken Menschen, sie fühlen sich unsicher und überfordert mit der Situation. Oft nehmen psychisch kranke Menschen die Rolle eines Außenseiters an.

14. Aseptische Wunden werden immer vor septischen Wunden versorgt, mit unsterilen Handschuhen wird der alte Verband entfernt, Wischrichtung bei der Desinfektion der Wunde wird von innen nach außen eingehalten, bei jedem Wischen einen neuen sterilen Tupfer verwenden.

3.4 Fallbeispiel 4 „Rita Pollbrack"

1. Beschriftung der Abbildung „weibliche Brust":

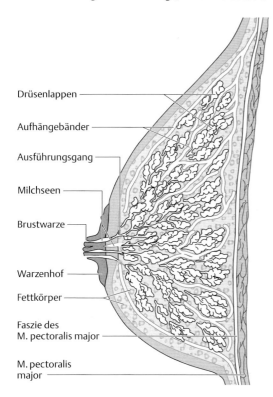

Drüsenlappen
Aufhängebänder
Ausführungsgang
Milchseen
Brustwarze
Warzenhof
Fettkörper
Faszie des M. pectoralis major
M. pectoralis major

Abb. 3.3 • Die äußere Form der weiblichen Brust entsteht hauptsächlich durch die starke Entwicklung des Unterhautfettgewebes, in geringem Umfang auch durch die Brustdrüse.

2. Bei der Schnellschnittoperation wird eine Probe des Tumorgewebes entnommen und zur Untersuchung ins Labor gebracht. Die Patientin bleibt in der Zeit, in der das OP-Team auf das Ergebnis wartet, in der Narkose. Anschließend wird entschieden, ob die Brust amputiert wird oder nicht. Der Vorteil dieser Operation besteht darin, dass das Risiko von zwei Vollnarkosen auf eine reduziert wird. Bei der anderen Methode findet eine Probeentnahme in Vollnarkose statt. Die Patientin wacht im Aufwachraum auf und erfährt in den folgenden Tagen, ob eine erneute Operation erforderlich ist – wenn der Tumor bösartig ist, muss erneut operiert werden.

3. Es entwickelt sich am häufigsten im oberen äußeren Quadranten (48 %).

4. Rasur der Achsel im betroffenen Bereich, psychische Betreuung am Vortag und evtl. für den weiteren Verlauf unter Absprache mit der Patientin planen, Einüben von postoperativen Maßnahmen, wie z. B. Bewegungsübungen zur Thromboseprophylaxe.

5. ATL „sich als Mann, Frau, Kind fühlen und verhalten": Patientin wird in ihrer Rolle als Frau gestört.

6. Psychische Betreuung durch Pflegekraft oder auch Seelsorge, beruhigende Maßnahmen z. B. ASE, Entspannungsübungen.

7. Zustand der Patientin: Vitalzeichen, Wundzustand – Kontrolle des Verbandes und vorhandener Drainagen, Menge und Art der verabreichten Medikamente, Infusionen und weitere Anordnungen, Bewusstseinszustand, Blasentätigkeit, Schmerzsituation der Patientin, Verlauf der Operation, Besonderheiten im OP oder Aufwachraum.

8. Isotone Lösung = gleich großer osmotischer Druck wie Plasma

9. Lymphödemprophylaxe, Pneumonieprophylaxe, Thromboseprophylaxe

10. *Thromboseprophylaxe*: Ausstreichen der Beinvenen, Anlegen von Anti-Thrombosestrümpfen;

Pneumonieprophylaxe: Atemstimulierende Einreibung, V-Lagerung; *Lymphödemprophylaxe*: Bewegungsübungen im Wasser, Hochlagern des betroffenen Armes.

11. – Die Nebenwirkungen sind abhängig vom Wirkstoff der jeweiligen Therapie – übliche Nebenwirkungen sind: Hämatologische Nebenwirkungen, z. B. Störungen der Blutgerinnung; Übelkeit und Erbrechen; Schleimhautschäden und Haarausfall; Schädigung der Keimdrüsen; Organtoxizitäten; Nebenwirkungen im Bereich der Mundhöhle.
    – Das hängt von mehreren Faktoren ab, z. B.: *Art der Erkrankung*: onkologische Erkrankungen gehören zu den chronischen Erkrankungen, die meist auch über eine längere Zeit therapiert werden müssen; je nachdem, aus welchen Zellen sich der Tumor entwickelt hat, kann die Therapie langsamer oder schneller beendet sein. *Art der Medikamente*: Einige können innerhalb kurzer Zeit verabreicht werden, andere müssen auf mehrere Einzelgaben verteilt werden. *Zeitpunkt der Ansprechbarkeit eines Tumors auf die Medikamente*: bei einigen Tumorarten müssen unterschiedlich lange behandlungsfreie Intervalle eingehalten werden, um eine optimale Wirksamkeit zu erreichen.
    – Unter einer Chemotherapie versteht man die Behandlung mit Substanzen, die das Krebswachstum hemmen sollen. Diese Substanzen greifen im Körper in das Zellwachstum ein: wenn sich eine Zelle teilt, ist sie besonders empfänglich für Störungen. Aber auch reife Zellen werden durch die Substanzen in ihrem Stoffwechsel gestört und das „Zellgift" tut seine Wirkung. Das Chemotherapeutikum kann jedoch nicht zwischen normalen Zellen und Krebszellen unterscheiden, weshalb auch die gesunden Zellen angegriffen werden – die Nebenwirkungen entstehen. Da Krebszellen sich aber schneller teilen und einen höheren Stoffwechsel haben sind sie empfänglicher für die Substanzen als die normalen Zellen.
12. Als Pflichtversicherte hat sie einen Anspruch auf Haushaltshilfe, wenn im Haushalt ein Kind lebt, das bei Beginn der Haushaltshilfe das zwölfte Jahr noch nicht vollendet hat – dies ist bei Frau Pollbrack der Fall.
13. Ja, nach einer Brustkrebserkrankung wird der Frau auf Antrag eine Schwerbehinderung von 50 % für fünf Jahre zuerkannt. Bei einem Verlust der Brust werden zusätzlich 10–30 % berücksichtigt.
14. Hygienische Händedesinfektion; Mit unsterilen Handschuhen den alten Verband lösen; Wunde desinfizieren und reinigen – Wischrichtung von innen nach außen; Wundbeobachtung, Anlegen des neuen Verbandes nach Abwurf der Handschuhe und erneuter Händedesinfektion; Nachsorge und Dokumentation
15. *Pflegeproblem*: das angegebene Problem ist nicht konkret genug beschrieben, eine Pflegekraft, die die Patientin zum ersten Mal versorgen soll, kann sich kein genaues Bild machen. Besser wäre: Patientin kann ihren linken Arm durch notwendige Schonung nicht übermäßig belasten, braucht Hilfe bei der Körperpflege: Waschen der rechten Oberkörperhälfte, der Beine und des Rückens. *Ressource*: die Ressource ist ebenfalls zu ungenau, besser wäre: Patientin kann sich Gesicht, linken Arm/Oberkörperhälfte und den Intimbereich selbst waschen. *Pflegeziel*: das formulierte Pflegeziel ist eher eine Maßnahme; das Ziel sollte folgendermaßen lauten: Patientin fühlt sich wohl und gepflegt, linker Arm ist entlastet. *Pflegemaßnahmen*: die Angaben beschreiben nicht die konkrete Handlungsweise der Pflegekraft; besser wäre: 1 × tgl. morgens und bei Bedarf Hilfestellung bei der Körperpflege, Übernahme der rechten Oberkörperhälfte, der Beine und des Rückens.

3.5 Fallbeispiel 5 „Esther Rulter"

1. Beschriftung der Abbildung „Blinddarm":

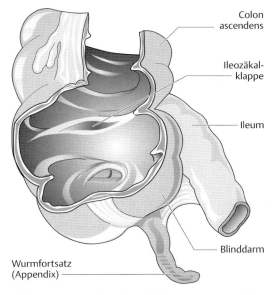

- Colon ascendens
- Ileozäkalklappe
- Ileum
- Blinddarm
- Wurmfortsatz (Appendix)

Abb. 3.4 ▪ Unterhalb der Ileozäkalklappe endet ein Teil des Dickdarms blind (Blinddarm).

2. Peritonitis, perityphlitischer Abszess
3. Tachykardie, Hypotonie, Kaltschweißigkeit
4. Übelkeit, Erbrechen, Appetitlosigkeit
5. Bestehende Allergien gegen Nahrungsmittel oder Medikamente; welche Beschäftigungen Esther im Krankenhaus helfen könnten; ob sie unter Ängsten/Heimweh leidet und welche Maßnahmen helfen; welche Schlafgewohnheiten sie hat, was sie nicht essen mag.
6. Eine Appendektomie ist ein Routineeingriff, die Gefahr schwerwiegender Komplikationen ist gering, Qualifikation der Station und des operierenden Arztes hervorheben.
7. Der „Schlauch" am Handgelenk führt Ihrer Tochter die Flüssigkeit zu, die sie benötigt und die zurzeit nicht durch Getränke aufgenommen werden kann. Diese werden direkt in die Blutbahn eingeschleust. Der andere „Schlauch" ist eine sogenannte Drainage. Diese liegt in der Operationswunde und führt die entstehenden Flüssigkeiten wie Blut und Wundsekrete ab, damit es nicht zu einer Stauung kommen kann. Mit der Hilfe einer Drainage kann man auch mögliche Nachblutungen erkennen. Die Drainage wird nach ein paar Tagen entfernt.
8. Die Bezugsperson und das Kind können sich besser auf eine Maßnahme vorbereiten; das Kind wird zur Mitarbeit motiviert, in dem es versuchen kann, zu verstehen was geschieht; wenn die Bezugsperson gut informiert ist, kann sie eigene Ängste abbauen und dem Kind Schutz und Sicherheit bieten; wenn die Bezugsperson sicher ist, hat das Kind die Chance, Ängste zu reduzieren und Vertrauen aufzubauen.
9. Infektionsprophylaxe
10. Ich erkläre Ihr, dass ich als Erstes eine Händedesinfektion durchführen muss, damit sie keine Entzündung bekommt. Dann ziehe ich Handschuhe an, um mich vor den Wundsekreten und Keimen zu schützen und entferne den alten Verband vorsichtig. Die Wunde wird jetzt mit einem Desinfektionsmittel besprüht, um Keime abzutöten und die Wunde zu reinigen. Danach muss ich genau beobachten, wie die Wunde aussieht: ob sie gerötet, geschwollen, warm ist. Außerdem muss ich wissen, ob die Wunde schmerzt. Anschließend desinfiziere ich mir noch mal die Hände und lege einen neuen Verband an.
11. Markierung der Drainagen mit Datum, Uhrzeit und Mengenmarkierung bei Aufnahme; weitere Beobachtungen dokumentieren; Positionierung der Drainage: Ableitungsschläuche müssen sicher fixiert sein, Pat. zum Umgang mit den Drainagen anleiten, z. B. bei Toilettengängen, dem Patienten seinen Aktionsradius mit den liegenden Drainagen erläutern (damit er sich freier im Bett bewegen kann); Beobachtung von Schmerzäußerungen des Patienten: Drainage könnte abgeknickt sein, Fixierung zu straff, Sekretstau; Beurteilung und Dokumentation des abgeleiteten Wundsekrets: Fördermenge, Geruch, Konsistenz und Farbe müssen regelmäßig beobachtet und dokumentiert werden.
12. – Das Ziehen von Drainagen ist eine ärztliche Tätigkeit, kann jedoch delegiert werden. Im eigenen Ermessen entscheide ich, ob ich genügend Erfahrung und Fachkompetenz im Ziehen von Drainagen habe.
    – Das Ziehen der Drainage kann sehr schmerzhaft sein, daher sollten evtl. vorher Analgetika verabreicht werden (nach Arztanordnung). Die Annaht der Drainage muss steril durchtrennt werden und das Nahtmaterial sollte nicht in der Wunde verbleiben (bei normalem Material, das sich nicht in der Wunde auflöst).
    – Die Fördermenge der Drainage bleibt unter 50 ml/24 h.

3.6 Fallbeispiel 6 „Axel Thiessen"

1. Hepatitis ist eine akute oder chronische Entzündung des Leberparenchyms.
2. Hepatitis A (Immunisierung möglich), Hepatitis B (Immunisierung möglich), Hepatitis D (Immunisierung möglich), Hepatitis E (Immunisierung nicht möglich).
3. Parenteral, perinatal, sexuell
4. Die Erkrankung von Herrn Thiessen muss dem Gesundheitsamt namentlich gemeldet werden.
5. Körperliche Schonung durch Bettruhe, Linderung der Oberbauchbeschwerden durch warme Auflagen oder Wickel, Überwachung der medikamentösen Therapie.
6. Grippeähnliche Symptome, Fieber, Muskelschmerzen, Gelenkschmerzen, Schwäche
7. Kühlende Einreibungen und Waschungen, Abduschen mit kühlem Wasser, juckreizstillendes Gel oder Puder, Verabreichen von Antihistaminika.
8. – Die Isolierung ist eine einschneidende prophylaktische Hygienemaßnahme, die dazu dient, die Verbreitung von pathogenen Keimen zu verhindern. Mitpatienten, Mitarbeiter, Besucher und Umgebung sollen vor einer Infektion geschützt werden.
   – Die Standardisolierung ist angebracht, da Herr Thiessen unter starken Diarrhoen leidet.
   – Einmalschutzkittel und Schutzhandschuhe beim Umgang mit Körpersekreten, Blut und Ausscheidungen; sichere und direkte Entsorgung aller potentiell infektiösen Materialien; Separate Nasszelle/Toilette für den Patienten; Sorgfältige Händedesinfektion.
9. *Pflegeproblem*: das Pflegeproblem ist zu vage formuliert, besser wäre: Patient leidet unter Appetitlosigkeit und Druckschmerz im Oberbauch; *Ressource*: Patient kann selbständig essen und trinken; *Pflegeziel*: das Pflegeziel ist im Prinzip korrekt, könnte besser formuliert und ergänzt werden: ausreichende Nahrungs- und Flüssigkeitszufuhr und Lindern der Oberbauchbeschwerden; *Pflegemaßnahmen*: sind im Pflegeplan ungenügend beschrieben, korrekt wäre: 5 × tgl. Anbieten von kleineren Mahlzeiten, möglichst leichte Vollkost, Wünsche des Patienten sollen berücksichtigt werden, 2,5 l Flüssigkeitszufuhr, 3 × tgl. und bei Bedarf warme Bauchwickel für den Oberkörper.
10. Vitalzeichen, Haut (Hautturgor und Hautfarbe), Ausscheidung (Farbe, Konsistenz), Körpertemperatur, Körpergewicht.
11. – Durch die Schutzkittel und Handschuhe entsteht eine deutliche Grenze zwischen ihm und der Umwelt – es wird klar, dass ein gewisser Abstand eingehalten werden muss. Herr Thiessen könnte sich möglicherweise als „nicht normal" oder „aussätzig" fühlen.
    – Gesprächsbereitschaft vermitteln, psychologische Beratung anbieten, Telefonat mit dem Sohn ermöglichen.

3.7 Fallbeispiel 7 „Georg Grunert"

1. Beschriftung der Abbildung „Kehlkopf":

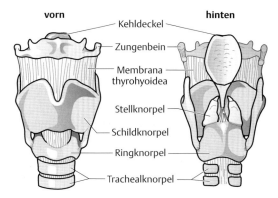

Abb. 3.5 • Der Kehlkopf bildet einen Verschlussmechanismus zwischen Luftröhre und Rachenraum.

2. Das Larynxkarzinom ist eine bösartige Geschwulst im Kehlkopf. Zwei Drittel der Larynxkarzinome finden sich in der Stimmritze (Glottiskarzinome), ein Drittel befindet sich im oberhalb der Stimmritze liegenden Teil des Larynx (supraglottische Larynxkarzinome). Selten entstehen Karzinome unterhalb der Stimmritze (subglottische Karzinome).
3. Hoher Alkohol- und Zigarettenkonsum
4. Schluckbeschwerden, Atemnot mit inspiratorischem Stridor, kloßige Sprache, Ohrenschmerzen, blutiger Auswurf.
5. Bei der indirekten Laryngoskopie wird mittels eines Instruments der Kehlkopf inspiziert und die Stimmlippenbeweglichkeit geprüft. Bei der direkten Laryngoskopie wird der Kehlkopf mit einem Endoskop unter Narkose untersucht, wobei auch Probebiopsien entnommen werden können – dies ist auch der Grund, weshalb Herr Grunert sich dieser Untersuchung unterziehen sollte.
6. *Chordektomie*: Bei dieser Operation werden die Stimmlippen entfernt, der Patient behält eine Heiserkeit zurück. Diese OP kann nur dann durchgeführt werden, wenn sich der Tumor auf die Stimmlippen beschränkt. *Kehlkopfteilresektion*: Bei dieser OP werden nur die betroffenen Teile des Kehlkopfes entfernt – meist kann eine eingeschränkte Stimmbildung erhalten bleiben. *Laryngektomie*: Bei dieser OP wird der gesamte Kehlkopf entfernt – Luft- und Speiseweg werden getrennt und der abgesetzte Stumpf der Luftröhre als Tracheostoma in die Halshaut eingenäht. Der Verlust der Sprache ist die einschneidendste Veränderung für den Patienten.
7. Gespräche mit Betroffenen organisieren/anbieten, psychologische Beratung ermöglichen, Gesprächsbereitschaft zeigen, optimale Aufklärung über die Operation durch den operierenden Arzt.
8. ATL „kommunizieren", ATL „Sinn finden", ATL „für Sicherheit sorgen"
9. Verlauf und Komplikationen der Operation, Wundzustand – Beurteilen des Wundverbandes und evtl. Drainagen, angeordnete Medikation und Infusion, Vitalzeichen, Bewusstseinslage des Patienten, Blasentätigkeit.
10. Da bei Herrn Grunert ein ausgedehnter Eingriff stattfand, bleibt der Patient in den ersten 24 h intubiert und wird auf der Intensivstation versorgt. Spezifische Pflegemaßnahmen sind: Überwachung des Sauerstoffgehalts im Blut und der Atemfunktion, Ernährung über Magensonde, Versorgung von Wunddrainagen, Tracheostomapflege.
11. *Elektroakustische Sprechhilfe*: Dieser Apparat erzeugt Schallschwingungen, die in den Mund übertragen werden, wenn sich der Patient das Gerät an die Halshaut hält. Durch Sprechbewegungen kann damit eine leise Ersatzstimme erzeugt werden. *Ösophagusersatzstimme*: Das Erlernen dieser Stimme führt zu einem besseren Ergebnis als die o.g. Sprechhilfe. Der Patient muss lernen, Luft in den Magen zu verschlucken und diese anschließend zum Sprechen willkürlich in den Rachen zu pressen. Die Tonerzeugung erfolgt durch die Schwingungen der Schleimhautfalten.
12. – In der ersten Phase: Verneinung und Isolierung;
    – 1. Phase: Verneinung und Isolierung; 2. Phase: Zorn und Auflehnung; 3. Phase: Verhandeln mit dem Schicksal; 4. Phase: Depression; 5. Phase: Innere Ruhe;
    – 1. Phase: Verhalten des Patienten akzeptieren, sprechen lassen und zuhören. 2. Phase: Ruhig bleiben und nicht gereizt reagieren. 3. Phase: Billigen Sie dem Sterbenden Hoffnung zu, aber unterstützen Sie keine Illusionen. 4. Phase: Unterstützen mit beruhigendem Auftreten, Trauer des Patienten zulassen. 5. Phase: letzte Wünsche und Anweisungen des Patienten

schriftlich festhalten, in Kontakt mit dem Patienten bleiben.
13. *Pflegeproblem*: Patient setzt sich mit dem Sterben auseinander, hat einerseits noch Hoffnung auf Genesung, andererseits Angst vor dem Sterben. *Ressource*: Lebensgefährtin unterstützt den Patienten, kommt jeden Tag zu Besuch. *Pflegeziel*: Patient akzeptiert die momentane Situation, kann Gefühle zulassen und darüber sprechen. *Pflegemaßnahmen*: Gesprächsbereitschaft zeigen, Angehörige über den Sterbeprozess informieren und richtige Verhaltensweisen in der jeweiligen Phase, psychologische Beratung anbieten/Seelsorge anbieten, Literatur anbieten (diskret und auf die passende Situation achten), Hoffnungen zulassen, aber keine Illusionen unterstützen, Ruhe ausstrahlen, dem Patienten Ruhephasen zugestehen, wenn er sie braucht.
14. – Palliativ ist vom lateinischen „pallium" abgeleitet = umhüllen, Mantel bzw. Hülle geben. Diese Art der Pflege orientiert sich intensiv an den momentanen Bedürfnissen und den vorhandenen Fähigkeiten des Patienten.
    – Exzellente Schmerz- und Symptomkontrolle; Einbeziehen der psychischen, sozialen und seelsorgerischen Bedürfnisse der Patienten und ihrer Angehörigen (während der Krankheit, im Sterben und in der Zeit danach); Akzeptanz des Todes als Teil des Lebens, Kompetenz in Kommunikation und Ethik.

3.8 Fallbeispiel 8 „Bernd Gruber"

1. Beschriftung der Abbildung „Pankreas".

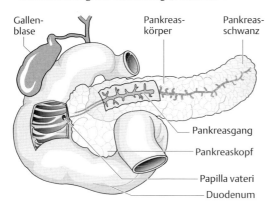

Abb. 3.6 • Das Pankreas (Bauchspeicheldrüse) ist ein retroperitoneales Organ. Die Drüse hat eine langgestreckte Form und zieht quer über zwei Drittel des Oberbauches.

2. Die Pankreatitis ist eine Entzündung der Bauchspeicheldrüse, die mit einer Selbstandauung (Autodigestion) des Organs durch aktivierte Pankreasenzyme einhergeht.
3. Übelkeit, Erbrechen, Obstipation, Meteorismus, evtl. Fieber
4. Für diesen Fall wurde vom Gesetzgeber das Unterbringungsrecht geschaffen. Demnach darf ein Patient, der dringend behandlungsbedürftig ist, gegen seinen Willen in anerkannten Einrichtungen untergebracht werden. Voraussetzung dafür ist eine akute Selbstgefährdung des Patienten und die Gefährdung der Umgebung durch den Patienten.
5. Laboruntersuchungen, Sonographie, CT, evtl. ERCP.
6. Ateminsuffizienz (Schocklunge), Sepsis, Kreislauf- und akutes Nierenversagen, Milzvenen- und Pfortaderthrombose, Verbrauchskoagulopathie (Blutungen).
7. Herr Gruber ist zum Alkoholentzug auf die vorige Station gekommen – das bedeutet, dass er bis vor kurzem noch regelmäßig Alkohol zu sich genommen hat und nun seit Stunden/Tagen nicht mehr. Von einem Delirium tremens spricht man, wenn der Patient körperliche Beschwerden zeigt, die ihren Ursprung im Alkoholentzug haben. Diese Symptome können folgendermaßen aussehen: Tremor, Schweißausbrüche, ausgeprägte Unruhe bis zu Angst- und Panikzuständen, Desorientiertheit, Bewusstseinsstörungen und Störungen der Wahrnehmungsfähigkeit, z. B. Halluzinationen.
8. *Ödematöse Pankreatitis*: tritt am häufigsten auf und verläuft meist komplikationslos – ödematöse Schwellungen der Bauchspeicheldrüse und Fettgewebsnekrosen der näheren Umgebung treten auf. *Hämorrhagisch-nekrotisierende Pankreatitis*: sie verläuft schwer und endet häufig tödlich – es kommt zu Blutungen mit ausgedehnten Nekrosen auch angrenzender Organe.
9. Die Alkoholkrankheit ist die somatische, psychische und soziale Schädigung durch Alkohol mit psychischer und körperlicher Abhängigkeit sowie mit Auftreten des Alkoholentzugssyndroms bei Abstinenz.
10. Starker Wunsch oder Zwang, Alkohol zu konsumieren; verminderte Kontrolle des Beginns, der

Beendigung und der Menge des Alkoholkonsums; Toleranzsteigerung (zunehmende Menge Alkohol wird vertragen); Dosissteigerung; Zunehmende Vernachlässigung anderer Interessen und Verpflichtungen; Intoxikation

11. Der Patient wird über die Maßnahme aufgeklärt und informiert; das durchgängigere Nasenloch wird für die Sondenlage gewählt; die korrekte Sondenlänge wird ermittelt (Strecke von der Nasenspitze bis zum Ohrläppchen bis zum epigastrischen Winkel), richtige Lage wird mit Fettstift markiert; Blutdruck und Puls werden kontrolliert und dokumentiert; Einmalhandschuhe werden angezogen; Nasenschleimhaut mit Lokalanästhetikum versorgen, Einwirkzeit beachten; gleitfähig gemachte Sonde wird 10 cm oberhalb der Spitze gefasst und vorsichtig waagerecht am unteren Boden des Nasengangs eingeführt; Patient wird aufgefordert, den Kopf nach vorn zu beugen und zu schlucken (Unterstützung durch Trinken möglich); den Patienten zur ruhigen und gleichmäßigen Atmung auffordern; Sonde bis zu Markierung vorschieben; Lage der Sonde kontrollieren; Fixierung der Sonde; Nachbereitung.
12. Bauchdeckenentspannende Lagerung, Kühlung des Oberbauches durch Kühlelemente.
13. *Intensität*: der Patient könnte mit Hilfe einer numerischen Skala seinen Schmerz beschreiben: 0 – bedeutet keine Schmerzen, 10 bedeutet stärkster Schmerz. *Qualität*: Beschreiben der Schmerzen nach den 15 Adjektiven des McGill-Schmerzfragebogens, z. B. schwach, klopfend, schießend, nagend usw.
14. *Pflegeproblem*: Patient leidet unter starken Schmerzen im Oberbauchbereich, die gürtelförmig in den Rücken und Schultern ausstrahlen. *Ressource*: Patient kann seine Schmerzen äußern und beschreiben. *Pflegeziel*: Linderung der Schmerzen. *Pflegemaßnahmen*: Beobachten der Schmerzsituation mit Hilfe eines Schmerztagebuches – Patienten anleiten, dieses zu führen; Kontrollieren des Tagebuches auf Schmerzhöhepunkte zu bestimmten Zeiten; 3 × tgl. Kühlung des Oberbauches mit Hilfe von Kühlelementen, nach spätestens 10 min wieder entfernen; den Patienten zur bauchdeckenentspannenden Lagerung anleiten.

15. – Angst gehört zu den Emotionen und wird meist sehr vielschichtig erlebt. Das Wort „Angst" kommt aus dem Lateinischen und bedeutet „eng" – also eine Emotion, bei der man sich beengt, beunruhigt und angespannt fühlt. Die Ursache der Angst ist ein befürchtetes Unheil oder eine drohende Gefahr (die nicht immer real sein muss).
 – Die Angst löst im Körper einen biochemischen Vorgang aus, der vor allem durch die Wirkung von Hormonen dominiert wird: Im Zentralen Nervensystem (ZNS) werden durch psychische Belastungen zwei parallel verlaufende Reaktionsketten in Gang gesetzt, die auch als Stressreaktion bezeichnet werden. In der ersten Reaktionskette wird der Hypothalamus aktiviert, der ein Hormon ausschüttet, das in der Hypophyse zur Freisetzung eines weiteren Hormons führt. Dieses wiederum stimuliert die Ausschüttung von Glukokortikoiden in der Nebenniere. Die zweite Reaktionskette bewirkt in Sekundenschnelle eine Ausschüttung von Adrenalin und Noradrenalin über den Sympathikus. Die zweite Reaktionskette beeinflusst kurzfristig alle Organfunktionen, die für das Überleben wichtig sind: Erhöhung der Schlagfrequenz und Kontraktionskraft des Herzens, Erweiterung der Bronchien, höhere Durchblutung der Skelettmuskulatur, Freisetzung von Glukose in der Leber zur Energieversorgung. Denkvorgänge werden zugunsten vorprogrammierter Reflexhandlungen blockiert, wodurch sich z. B. auch das Phänomen des Gedankenblocks in einer Prüfung erklären lässt.
 In einer realen, existenzbedrohenden Gefahrensituation sind diese körperlichen Vorgänge notwendig und lebenswichtig (vgl. Schäffler/Schmidt 1995, S. 186).
 – Informationen und ehrliche Antworten auf alle Fragen geben; ein Gespräch über die Zeit nach dem Krankenhausaufenthalt führen, den Patienten ermuntern, sich Ziele zu formulieren; Entspannungstraining (Autogenes Training, Muskelentspannung nach Jacobsen) zur Unterstützung anbieten.

3.9 Fallbeispiel 9 „Anne Hilberg"

1. Beschriftung der Abbildung „Nervenzelle":

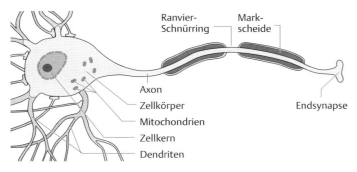

Abb. 3.7 • Nervenzellen leiten elektrische Impulse im Körper weiter.

2. Die Multiple Sklerose ist eine Erkrankung des zentralen Nervensystems. Hierbei entstehen viele verschiedene (multiple) Entzündungsherde, die anschließend narbig (sklerotisch) verheilen. Dadurch ist die Reizleitung der betroffenen Neuronen gestört.
3. Die genauen Ursachen sind noch unklar, diskutiert werden allergene Ursachen, Viruserkrankungen und Autoimmunerkrankungen.
4. Schmerzattacken im Gesicht durch Störungen des N. Trigeminus.
5. *Schubförmig-remittierend*: die Symptome kommen schubförmig und verschwinden nach einer gewissen Zeit vollständig. *Schubförmig-progredient*: nach dem Schub bleiben von den Einschränkungen eine oder mehrere zurück. *Chronisch-progredient*: die Symptome verschlechtern sich fortschreitend, ohne dass eine Erholung durch eine schubfreie Zeit stattfindet.
6. Imurek® gehört zur Gruppe der Immuntherapeutika, dieses Medikament unterdrückt die Immunreaktion. Nebenwirkungen sind Übelkeit, Erbrechen, Diarrhoe, höhere Infektanfälligkeit, Schwindel, Haarausdünnung usw.
7. Richtiger Patient, richtiges Medikament, richtige Dosierung oder Konzentration, richtige Applikation, richtiger Zeitpunkt.
8. *Pflegeproblem*: Patientin kann sich nicht selbständig waschen: sie braucht Hilfe beim Führen der Arme/Hände zum Gesicht/Mund, Oberkörper, Arme, Beine, Rücken, Gesäß und Intimbereich müssen versorgt werden. *Ressource*: Patientin kann den Waschlappen halten und sich mit Hilfe das Gesicht waschen. *Pflegeziel*: Patientin fühlt sich wohl und gepflegt, kann in vier Tagen selbständig das Gesicht waschen. *Pflegemaßnahmen*: 2 × tgl. morgens und abends Hilfe bei der Ganzkörperpflege: Übernahme der Arme, Beine, des Rückens, des Gesäßes und des Intimbereiches, Patientin bei der Pflege des Gesichtes unterstützen – Arm leicht führen und Patientin motivieren, Beobachtung des Hautzustandes, bei Bedarf Hautpflege durchführen, eigene Utensilien der Patientin auf Wunsch benutzen.
9. Informationssammlung, Erkennen von Problemen und Ressourcen, Festlegen von Pflegezielen, Planen der Pflegemaßnahmen, Durchführen der Pflegemaßnahmen und Beurteilung der Wirkung der Pflege.
10. Führen eines Miktionsprotokolls, um Aufschluss über die Ausscheidungsgewohnheiten zu erlangen; danach kann ein gezieltes Blasentraining durchgeführt werden; Stärkung der Beckenbodenmuskulatur kann sich positiv auf den Schließmuskel auswirken; Durchführen des Blasenklopftrainings – das sogenannte Triggern ist besonders bei den neurogenen Blasenfunktionsstörungen geeignet (wie bei Frau Hilberg): durch das Triggern werden Reflexe ausgelöst, die eine Blasenentleerung ermöglichen und der Patientin, wenn sie die Technik erlernt hat, ihre Selbständigkeit wiedergeben kann.
11. Frau Hilberg wirkt lebenslustig, engagiert und ehrgeizig, ist eine „Kämpfernatur": Dies gehört zu den geistigen Ressourcen; Die Patientin hat mehrere Bücher geschrieben: intellektuelle Fähigkeiten gehören ebenfalls zu den geistigen Ressourcen; Frau Hilberg kann trotz der Spastiken einen Waschlappen in der Hand halten: körperliche Ressource.
12. Stechend, brennend, fließend, klopfend, bohrend, dumpf, schießend usw.
13. Pharmakotherapie, Methoden der physikalischen Medizin, psychologische Verfahren und Psychotherapie.
14. – Unter Transaktion versteht man das Verhalten, die Kommunikation zwischen zwei oder mehreren Menschen. Wenn eine Person auf eine andere trifft und mit dieser eine Kommu-

nikation beginnt, setzt sie einen Transaktionsstimulus. Reagiert die andere Person auf den Stimulus, so nennt man diesen Vorgang Transaktionsreaktion. Die Transaktionsanalyse beschäftigt sich mit der Untersuchung und Deutung dieser Vorgänge in zwischenmenschlichen Beziehungen.
- Eltern-Ich: fürsorglich, streng; Erwachsenen-Ich: objektiv, realistisch, abwiegend; Kind-Ich: trotzig, angepasst, ausgelassen.
- Die Ansprache des Kollegen kam aus der Ebene „Eltern-Ich" – tadelnd und zurechtweisend. Frau Hilberg hat dementsprechend aus der „Kind-Ich"-Ebene geantwortet – trotzig und beleidigt.
- Sein Anliegen kam aus der Eltern-Ich-Ebene, was in dieser Situation unangebracht war, da es die Entscheidungsfähigkeit der Patientin angezweifelt hat. Die Patientin ist eine erwachsene Frau, die selbständig über ihr weiteres Leben entscheiden kann und soll. Der Kollege hätte besser aus dem Erwachsenen-Ich zu der Patientin gesprochen, also neutral, sachlich und überlegt. So wäre das Gespräch anders verlaufen und Frau Hilberg hätte sich nicht angegriffen gefühlt.
15. Sätze nicht mit Vorwürfen beginnen lassen (Du hast ... usw.), sondern von sich und seinen Gefühlen sprechen: „Ich habe das Gefühl, dass ...". Worte wie „immer, nie, dauernd" usw. aus dem Gedächtnis streichen (sie wirken im Gespräch sehr konfliktfördernd). Den Kommunikationspartner ausreden lassen.

3.10 Fallbeispiel 10 „Tim Erichsen"

1. Beschriftung der Abbildung „Dünndarm":

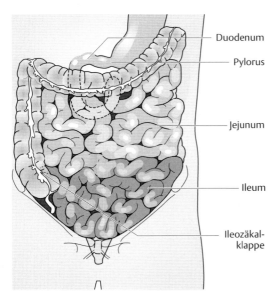

Abb. 3.8 ▪ Der Dünndarm ist der Teil des menschlichen Verdauungstraktes, der zwischen Magen und Dickdarm liegt.

2. Eine Salmonellose ist eine akute Infektion des Gastrointestinaltraktes durch die enteropathogenen Bakterien.
3. Zwischen 6 Stunden und 2 Tagen
4. *Pflegeproblem*: ist nicht konkret formuliert, besser wäre: „Tim leidet unter Bauchschmerzen".

Ressourcen: ein Patient ohne Ressourcen hat eigentlich Seltenheitswert; bei Tim kann die Ressource lauten: „achtet auf seine Schmerzen und reagiert darauf". *Pflegeziel*: das Ziel „Patient hat keine Schmerzen mehr" ist negativ formuliert und stellt ein Fernziel dar, besser: „Schmerzen sind gelindert". *Pflegemaßnahmen*: in einen Pflegeplan gehören Pflegemaßnahmen, die die ärztlichen Verordnungen unterstützen: 5 × tgl. kleine Mahlzeiten ermöglichen (leichte Kost, blähende Speisen meiden) ausreichende Flüssigkeitszufuhr von 2,5 l ermöglichen, Kontrolle über einen Einfuhrbogen, mehrmals tgl. bei Schmerzzuständen Wärmezufuhr durch Kartoffelwickel oder Wärmflasche ermöglichen, Beobachtung auf Verträglichkeit und Wirksamkeit der Methode, evtl. andere Methode einplanen.

5. – Das Wort Hygiene stammt aus dem Griechischen und bedeutet „gesund, munter, heilsam". Hygiene befasst sich mit der Gesunderhaltung des Menschen.
- Desinfektion bedeutet wörtlich „Entkeimung", d. h. durch bestimmte Methoden können Bereiche keimarm gemacht werden. Zu den physikalischen Desinfektionsmaßnahmen gehören die trockene Hitze, das Verbrennen, feuchte Hitze und das Pasteurisieren.
- Sterilisation ist die Abtötung bzw. Inaktivierung von sämtlichen Mikroorganismen, Viren und bakterielle Sporen. Die Sterilisation ist im Gegensatz zur Desinfektion eine absolute Keimfreiheit. Maßnahmen zur Sterilisation

sind z. B. Wasserdampf, Strahlen, Gassterilisation, Trockene Hitze durch den Heißluftsterilisator.
- Meldepflicht, Schutzimpfungen, Vorschriften zur Verhütung übertragbarer Krankheiten, Vorschriften zum korrekten Umgang mit verderblichen Speisen.
- Schutz von Patienten, Personal und Besuchern; die Ausbreitung von Erregern meldepflichtiger Krankheiten verhindern.
- Standardisolierung, strikte Isolierung, protektive (Umkehr-)Isolierung.
- Bei Tim ist die Standardisolierung angezeigt, da durch direkten Kontakt und Kontakt mit Sekreten eine Infektionsgefahr besteht, der aerogene Infektionsweg ist jedoch ausgeschlossen. Der Patient soll eine eigene Nasszelle/Toilette benutzen.

6. Schwierige Mutter-Kind-Beziehung = individuelles Pflegeproblem. Hält sich nicht an Anweisungen (spezielle Kostform) = aktuelles Pflegeproblem. Leidet unter Bauchschmerzen und Durchfällen = generelles Pflegeproblem bei Patienten mit Salmonellose. Aggressives Verhalten gegenüber Mitpatienten = aktuelles Pflegeproblem.

7. Aggression ist im Gegensatz zur Angst keine Emotion, sondern eine Verhaltensweise. Dennoch ist diese Verhaltensweise im Zusammenhang mit Emotionen zu sehen, da den aggressiven Verhaltensweisen oftmals emotionale Zustände vorausgegangen sind. Das Wort „Aggression" bedeutet wörtlich übersetzt „an etwas herangehen".

8. Dem Patienten die Möglichkeit geben, sich abzureagieren, z. B. durch Bewegungsangebote.
Aufzeigen von Grenzen – möglicherweise durch die Unterbringung in einem Einzelzimmer.

9. – Das Wort „Erziehung" kommt aus dem Lateinischen und bedeutet „herausführen" (lat.: educare). Erziehung ist die Unterstützung und Befähigung des erst abhängigen und hilflosen Kindes, um ihm das Zurechtkommen in der Welt, z. B. das Leben in der Gesellschaft, zu ermöglichen.
- Verhüten, dass etwas geschieht (Pflege und Fürsorge); Unterstützen des Kindes in seiner Entwicklung; Gegenwirken als Ausdruck der Verantwortung für das Kind; Loslassen bzw. Freigeben in die Welt.

3.11 Fallbeispiel 11 „Vera Hartmann"

1. Beschriftung der Abbildung „Vene":

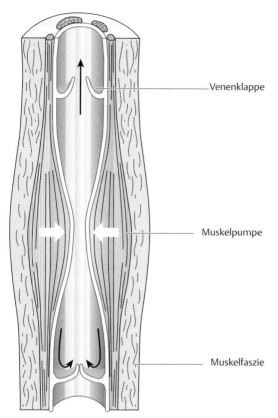

Venenklappe
Muskelpumpe
Muskelfaszie

Abb. 3.9 • In einer Vene wird das Blut durch Muskeln aktiv transportiert.

2. Als Varikosis wird das Krampfaderleiden bezeichnet. Krampfadern (Varizen) sind sackförmige oder zylindrisch erweiterte oberflächliche Venen vor allem der unteren Extremitäten.
3. Müdigkeits- und Schweregefühl in den Beinen, tast- und sichtbare Veränderungen, Schwellungen im Bereich des Knöchels, Schmerzen im Verlauf der betroffenen Venen (besonders im Stehen), bei Wärme nehmen die Beschwerden zu.
4. Thrombophlebitis, Blutungen aus verletzten Varizen, chronisch-venöse Insuffizienz.
5. Das Tragen von Kompressionsstrümpfen, „Laufen und Liegen" ist dem „Stehen und Sitzen" vorzuziehen.
6. Gegenseitiges Kennenlernen ermöglichen, Informationssammlung.
7. Informationen über Gewohnheiten/Hobbys und über Angehörige herausfinden und diese Informationen in das Aufnahmegespräch einfließen lassen; Aufnahmegespräch verschieben – evtl. muss sich die Patientin erst eingewöhnen und „warm werden"
8. Für diese Tätigkeit ist eine examinierte Pflegekraft nötig – der Hol- und Bringdienst hat diese Qualifikation meist nicht.
9. Messen der Fußpulse am rechten Bein und markieren der Messorte; Bereitlegen der gesamten Unterlagen, die für die Operation benötigt werden, z. B. Röntgenbilder, Aufklärung zur Anästhesie usw.; Einüben von postoperativen Pflegemaßnahmen, z. B. Maßnahmen der Thromboseprophylaxe.
10. Verlauf der Operation, Bewusstseinszustand der Patientin, Zeitpunkt der oralen Zufuhr von Flüssigkeit und Nahrung, Schmerzen, Drainagen und deren Füllmenge, Beurteilung des OP-Wundverbandes.
11. ATL „sich bewegen", „für Sicherheit sorgen"
12. Informationssammlung, Erkennen von Problemen und Ressourcen, Festlegen von Pflegezielen, Auswählen der Pflegemaßnahmen, Durchführung der Pflege, Beurteilung der Wirkung der Pflege.
13. *Pflegeproblem*: Patientin ist thrombosegefährdet. *Ressource*: Patientin war bis zum Krankenhausaufenthalt selbständig. *Pflegeziel*: Erhalten und Fördern des venösen Rückflusses. *Pflegemaßnahmen*: am OP-Tag abends erstmals mobilisieren (Bettkante, aufstehen, einige Schritte gehen), vorher Vitalzeichenkontrolle, Kompressionsverband nach Pütter 24 h, bei Bedarf erneuern, ausreichende Flüssigkeitszufuhr von 2,5 l täglich, Kontrolle durch Einfuhrbogen, 5 × tgl. Bewegungsübungen: jeweils eine Serie à 10 Übungsdurchgängen: Zehen einkrallen, Füße rechts und links kreisen, Zehenspitze zur Nase ziehen, Radfahren, ab dem 1. Tag postoperativ Mobilisation (zuerst mit Begleitung) zum Waschbecken, Toilettengänge usw.
14. – Als Abszess wird ein Eitergeschwür bezeichnet – eine Ansammlung von Eiter in einem nicht vorgebildeten, sondern durch Gewebeeinschmelzung entstandenen Hohlraum.
    – Nosokomeion ist griechisch und bedeutet Krankenhaus. Mit nosokomialer Infektion ist eine im Krankenhaus erworbene Infektion gemeint.

- Wundinfektion, Harnwegsinfektion, Atemwegsinfektion.
- Die Patientin könnte das Krankenhaus verklagen und Schadensersatz fordern – das bedeutet Prozesskosten, Rufschädigung und Rückgang der Belegung des Krankenhauses.
- *Einhalten der Hygienerichtlinien des Krankenhauses*: Hygienische Händedesinfektion vor und nach dem Betreten eines Patientenzimmers, vor Kontakt mit reinen Hilfsmitteln und nach dem Kontakt mit unreinen Hilfsmitteln; tragen von Einmalhandschuhen zum Selbstschutz und zum Schutz des Patienten. *Desinfektionsmaßnahmen zur Prophylaxe*: Reinigen der Nasszellen der Patienten nach Benutzung; richtiges Sterilisieren von Instrumenten; richtiger Umgang mit sterilem Material usw.

15. – Septische Wunden
    – Falls noch aseptische Wunden zu versorgen sind, werden diese vor den septischen versorgt, die richtige Wischrichtung zur Desinfektion der Wunde führt von außen zur Wunde hin (um die Keime nicht zu verteilen), mit den kontaminierten Handschuhen dürfen auf keinen Fall Salbentuben, Scheren usw. angefasst werden, die bei weiteren Patienten zum Einsatz kommen (bzw. müssen gründlich desinfiziert werden).
    – In welchem Wundheilungsstadium befindet sich die Wunde, sind Entzündungszeichen festzustellen, Geruch, Wundflüssigkeit, Aussehen der Wunde und Wundränder, Wundumgebung, Schmerzen des Patienten usw.

16. *Pflegeproblem*: das Problem ist zu ungenau formuliert, besser wäre: „Patientin leidet unter einer Infektion der OP-Wunde; es besteht die Gefahr der weiteren Ausbreitung der Keime". *Ressource*: ist nicht aussagekräftig genug, besser: „Patientin ist kooperativ und hat einen normalen Allgemeinzustand". *Pflegeziel*: ist nicht konkret formuliert und negativ beschrieben, besser: „Keimverminderung der Wunde und der Wundumgebung, Abheilen der OP-Wunde". *Pflegemaßnahmen*: Maßnahmen sind zu ungenau, Zeitangaben fehlen, Maßnahmen reichen nicht aus, besser: „2 × tgl. Spülen der Wunde mit Gemisch aus 10 ml NaCl 0,9 % und 2 ml Betaisadonna Lösung (nach Arztanordnung), Tamponieren der Wunde mit Mulltupfern und Betaisadonna Salbe (nach Arztanordnung), Beobachtung der Wunde und Dokumentation in der Wunddokumentation."

3.12 Fallbeispiel 12 „Patrick Brehmer"

1. Beschriftung der Abbildung „Haut":

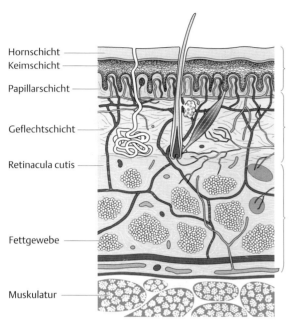

- Hornschicht
- Keimschicht
- Papillarschicht
- Geflechtschicht
- Retinacula cutis
- Fettgewebe
- Muskulatur
- Oberhaut
- Lederhaut
- Unterhautgewebe

Abb. 3.10 ▪ Eine großflächige Verbrennung schädigt nicht nur die Haut, sondern den gesamten Organismus.

2. Eine Verbrennung ist eine schwere Schädigung der Haut und zum Teil des Gewebes und kann nachhaltige Auswirkungen auf den gesamten Organismus haben. Die Verbrennungskrankheit ist von folgenden Faktoren abhängig: Ausmaß der Verletzung, Alter des Betroffenen, Lokalisation der verbrannten Areale und Ort, an dem sich der Betroffene verbrannt hat.
3. Volumenmangel durch Flüssigkeitsverschiebungen, Durst und Trockenheit der Mundschleimhäute, Infektion der Brandwunde und Allgemeininfektion (Septikämie), geschwächte Immunabwehr durch hohe Eiweißverluste, Verlust des Körpergewichtes.
4. Eiswasser könnte die Schocksymptomatik verstärken.
5. Volumenmangelschock, Überinfundierung, Allgemeininfektion, Infektion der Brandwunden, Unterernährung.
6. Die Neuner-Regel besagt, dass der Kopf und die Arme des Menschen ca. 9 % Fläche einnimmt, die Beine, der Rumpf hinten und vorne jeweils 18 % und die Genitale 1 %. Bei Herrn Brehmer ergibt das eine Fläche von 40,5 %.
7. Baxter-Formel: 4 ml Ringer-Laktat × kg Körpergewicht (KG) × % verbrannter Körperfläche
   Herr Brehmer: 4 ml × 72 kg × 40,5 % = 11 664 ml Ringer-Laktat
8. Medikamentengabe, Volumenausgleich, Diagnostik, Ausgleich des Elektrolyt-Haushaltes, Zufuhr von sauren bzw. basischen Stoffen zum Ausgleich des Säure-Basen-Haushaltes, Transfusion, Zufuhr von Energie und Eiweiß.
9. Offene Oberflächentherapie: das erforderliche Nachcremen kann leichter durchgeführt werden, dem Patienten bleiben schmerzhafte Verbandwechsel erspart.
   Geschlossene Oberflächentherapie: Patient kann besser mobilisiert werden.
10. Patient leidet unter Schmerzen.
11. – Vorurteile beruhen auf einer Bewertung von Menschen, Sachen oder Ideen, die meist negativ ausfällt und sich verfestigt hat. Selbst durch neue Erfahrungen und Erlebnisse lassen sich Vorurteile nur schwer bekämpfen.
    – Stereotype sind verallgemeinernde Aussagen und Einstellungen zu bestimmten Menschen, Gruppen oder Sachen, die wie bei einem Klischee immer wieder dasselbe Bild ergeben. So werden z. B. Angehörigen bestimmter Gruppen (z. B. Punks) dieselben Eigenschaften zugeschrieben: Punks sind asozial und aggressiv. Beispiel für Homosexualität: „Schwule sind eitel und achten immer auf ihr Äußeres". „Schwule sind die besten Freunde einer Frau".
12. Jeder Arbeitgeber zahlt in die gesetzliche Unfallversicherung ein, aus dem der Arbeitnehmer Leistungen in Anspruch nehmen kann, wie z. B. berufliche Rehabilitation, medizinische Rehabilitation, Umschulung.
13. *Pflegeproblem*: Gefahr der Exsikkose durch die starken Verbrennungen. Ressource: Patient kann Flüssigkeit zu sich nehmen. *Pflegeziel*: Auf-

rechterhalten des Wasser- und Elektrolythaushaltes. *Pflegemaßnahmen*: Ein- und Ausfuhrkontrolle, orale Flüssigkeitszufuhr von 2,5 l, parenterale Flüssigkeits- und Elekrolytzufuhr nach Arztanordnung.
14. Exsudative Phase, Proliferationsphase, Regenerationsphase.
15. Wundinfektionen, Wundhämatome, Wunddehiszenzen, Störungen der Bindegewebsneubildung.
16. – Pflegeperson ist emphatisch, hört ehrlich interessiert zu, unterbricht nicht vorschnell, ist während des Gesprächs ausschließlich für ihn da.
– Psychologische Beratungsgespräche, Offenes Gespräch über seine Gefühle und Ängste mit seinem Partner, Austausch mit anderen Patienten in einer Selbsthilfegruppe.
– Den Lebensgefährten über die Probleme von Menschen mit Verbrennungen aufklären und auf psychische Verarbeitungsmechanismen hinweisen, psychologische Beratung anbieten, gemeinsames Gespräch mit dem Patienten und dem Angehörigen ermöglichen (mit gegenseitigem Einverständnis).

3.13 Fallbeispiel 13 „Anton Mitkowski"

1. Das Parkinson-Syndrom ist eine Erkrankung der Basalganglien, die die unwillkürlichen Bewegungen steuern.
2. Beide Geschlechter sind inzwischen gleich häufig betroffen.
3. *Akinese*: Als Akinese wird die Verminderung und Verlangsamung der Bewegungen bezeichnet. Merkmale sind z. B. Störungen in der Feinmotorik (z. B. Kleidung zuknöpfen, Zähne putzen) und Reduzierung der Mimik. *Rigor*: Als Rigor wird der erhöhte Tonus der Muskulatur bezeichnet. Merkmale sind z. B. starke Schmerzen, das Zahnradphänomen (passive Bewegung ist ruckartig und abgehackt) und das Luftkissenphänomen (der Patient liegt auf dem Rücken, die Nackenmuskulatur ist so steif, dass sich der Kopf in der Luft befindet – wie auf einem unsichtbaren Kopfkissen). *Tremor*: Als Tremor wird das typische Zittern der Hand bezeichnet. Merkmale sind z. B. ein Nachlassen des Tremors während einer willkürlichen Bewegung und im Schlaf. Aufgrund des Erscheinungsbildes wird er auch als Pillendreh- oder Geldzähl-Tremor bezeichnet.
4. Antriebsmangel, Depression, Verlangsamung der höheren psychischen Vorgänge (Bradyphrenie).
5. Die Diagnose erfolgt meist klinisch – also aufgrund der Symptome.
6. Madopar gehört zu den Mitteln gegen extrapyranidale Störungen. Wirkung: Madopar verhindert, dass L-Dopa im Gehirn in Dopamin umgewandelt wird. Nebenwirkungen: Herzklopfen, Unruhe, Ängstlichkeit, Halluzinationen, Appetitlosigkeit, Übelkeit, Durchfall, Obstipation.
7. *Pflegeproblem*: Patient leidet unter der Starthemmung: er ist nicht in der Lage, den ersten Schritt zu machen. *Ressource*: Patient kann Hilfe gut annehmen. *Pflegeziel*: Patient kann bis zum (Datum) leichter den ersten Schritt machen. *Pflegemaßnahmen*: Anleiten des Patienten und seiner Frau, wie die Starthemmung überwunden werden kann: Stress vermeiden, erst einen Schritt zur Seite machen und dann weitergehen, Hochreißen der Beine (Storchengang), nicht die Türschwelle, den Rahmen oder den eigenen Fuß anschauen, sondern das Ziel; diese Übungen bei jedem Gang durchführen.
8. Sturzprophylaxe, Kontrakturprophylaxe
9. – a) Ein Konzept ist der kleinste Bestandteil einer Theorie – eine gedankliche Vorstellung von Dingen oder Ereignissen. Ein Modell ist eine vereinfachte Darstellung der Funktion eines Gegenstandes oder Ablaufes.
– b) 1. Kommunizieren; 2. Sich bewegen; 3. Vitale Funktionen des Lebens aufrechterhalten; 4. Sich pflegen; 5. Essen und trinken; 6. Ausscheiden; 7. Sich kleiden; 8. Ruhen und schlafen; 9. Sich beschäftigen; 10. Sich als Mann oder Frau fühlen und verhalten; 11. Für eine sichere Umgebung sorgen; 12. Soziale Bereiche des Lebens sichern; 13. Mit existentiellen Erfahrungen des Lebens umgehen.
– c) Interaktionsmodelle, Pflegeergebnismodelle.
10. Mangel an Pflegehilfsmitteln; Fehlende Kommunikation und Unterstützung zwischen den Kollegen; Hohe Verantwortung gegenüber den Pflegebedürftigen; Keine/fehlende ergonomische Arbeitsbedingungen; Unregelmäßige Ar-

beitszeiten; geringe Vorhersehbarkeit der Aufgaben z. B. in Notsituationen.
11. Unbeständigkeit, Stress und Veränderungen sind „Gift" für einen Patienten mit Parkinson und wirken sich negativ auf die Erkrankung aus.
12. – Die Beobachtung ist im Gegensatz zur bloßen Wahrnehmung ein bewusster, systematischer und zielgerichteter Vorgang. Wahrnehmung ist zunächst unbewusst und unspezifisch.
   – 1. Selektion und Fokussierung der Wahrnehmungsreize; 2. Suche nach vergleichbaren Merkmalen; 3. Fragestellungen und Interpretationen; 4. Überprüfung, z. B. durch Messen oder erfragen; 5. Bewertung; 6. Pflegerisches Handeln und Überprüfung der Wirkung.
   – Eigene körperliche und geistige Verfassung, Sympathie oder Antipathie zwischen Pflegefachkraft und Patient, das Fokussieren auf bestimmte Merkmale.
   – Krumm, verklemmt, verkrampft, locker, losgelöst, geduckt, abwartend, angespannt, aufrecht usw.
13. *Aufstehen*: Herr Mitkowski rutscht langsam mit dem Gesäß nach vorn an die Stuhlkante, zieht die Füße nach hinten, beugt den Oberkörper nach vorn, stützt sich mit den Händen ab, holt Schwung und steht so auf. *Tipps zum Gehen*: Wenn Herr Mitkowski steht, soll er die Knie durchdrücken, bevor er losgeht, beim Gehen die Schrittlänge beachten, möglichst Tippelschritte vermeiden, richtiges Abrollen (erst die Ferse aufsetzen) vermittelt einen sicheren Gang, beim Drehen nicht auf der Stelle, sondern einen kleinen Bogen machen. *Hilfsmittel*: Optische Reize auf dem Boden, Rhythmus und Musik, Gehwagen, verstellbarer Gehstock, Reichen einer Hand.
14. Evtl. sollten Möbelstücke weggeräumt werden, da räumliche Enge die Fallneigung erhöhen kann; Haltegriffe im Bad, in der Dusche, neben der Toilette sind notwendig; die zu bewältigenden Wege sollten kurz, nachts beleuchtet und mit Haltegriffen versehen sein; Türschwellen und andere Stolperfallen sind zu vermeiden; WC-Becken sollte erhöht sein – unterstützt den selbständigen Toilettengang.

3.14 Fallbeispiel 14 „Torsten Hermeister"

1. Offene/geschlossene Fraktur, direkte/indirekte Fraktur, dislozierte/nicht dislozierte Fraktur.
2. Reposition, Retention, Rehabilitation.
3. Ostitis/Osteomyelitis, Pseudarthrose, Sudeck-Syndrom, Fettembolie.
4. Rasur des OP-Gebietes, Unterlagen zusammenstellen (Röntgenbilder, Kurve, Akte, sonstige Untersuchungsergebnisse), Temperaturkontrolle.
5. Ein Patient mit einer Osteosynthese darf unter normalen Umständen aufstehen und sich belasten. Da Herr Hermeister aber noch eine zweite Fraktur hat, die nicht auf diese Weise versorgt werden kann, ist eine Mobilisation zurzeit nicht möglich.
6. *Pflegeproblem*: Patient hat Bettruhe wegen der Beckenfraktur, ist deswegen thrombose-, kontraktur- und dekubitusgefährdet. *Ressource*: Patient ist sportlich und hat deshalb gute Mikrozirkulation, ist motiviert, wieder gesund zu werden. *Pflegeziel*: venöser Rückfluss ist gewährleistet, physiologische Beweglichkeit ist gewährleistet, intakte Haut ist gewährleistet. *Pflegemaßnahmen*: Flüssigkeitszufuhr von 2,5 l täglich, Bewegungsübungen beider Beine: 5 × tgl. jeweils 20 Wiederholungen: Zehen einkrallen, Fußspitze zur Nase ziehen, Fußsohle gegen die Bettkante pressen (auf Schmerzen im Becken achten, Tragen von Anti-Thrombosestrümpfen, Hautpflege mit Baktolan-Lotion, 3 stdl. Lagerung (rechts-mitte-links), Führen eines Lagerungsplans.
7. Verlauf der Operation, Bewusstseinszustand des Patienten, Zeitpunkt der oralen Zufuhr von Flüssigkeit und Nahrung, Schmerzen, Drainagen und deren Füllmenge, Beurteilung des OP-Wundverbandes.
8. Bewusstseinszustand, Vitalzeichen: Puls, Blutdruck, Atmung, Kontrolle der laufenden Infusion/Infusionsmenge, Beobachtung der Drainagen auf Füllmenge, Aussehen der Flüssigkeit, Schmerzen des Patienten, Beobachtung des Wundverbandes auf Zeichen einer Nachblutung.
9. Die Pflegemaßnahmen von einem Pfleger übernehmen lassen (wenn möglich), offen über die Situation sprechen, mit einbeziehen der Angehörigen (evtl. Körperpflege auf die Besuchszeit seiner Frau verlegen, in Absprache mit dieser), Intimbereich durch den Patienten selbst waschen lassen, in dieser Zeit das Zimmer kurz verlassen.

10. Herr Hermeister ist ein sportlicher junger Mann – die Mikrozirkulation des Blutes ist deshalb höher und kann dazu beitragen, das Dekubitusrisiko zu senken.
11. Pflegeperson ist emphatisch, hört ehrlich interessiert zu, unterbricht nicht vorschnell, ist während des Gesprächs ausschließlich für ihn da.
12. Aseptische Wunde
13. Zeichen der Minderdurchblutung in den Zehen, Gefühlsstörungen, Durchbluten des Verbandes, Verband ist verrutscht und die Wunde liegt frei.
14. Benötigte Materialien auf Sterilität überprüfen (Datum auf der Verpackung, Beschädigung), Bereitstellen der richtigen Zusätze (Salben, Tinkturen usw.), Arztanordnung kontrollieren, Wunddokumentation der letzten Tage kontrollieren, Hilfsmittel zur Wundbeurteilung bereitstellen (z. B. Maßband, Fotodokumentation).
15. Thrombose-, Kontraktur-, Dekubitusgefahr: potentielle Pflegeprobleme. Schwierigkeiten, mit der Situation der Hilflosigkeit umzugehen und sich vom Personal pflegen zu lassen: individuelles Problem. Schmerzen: aktuelles Problem. Verarbeitung der Schocksituation: aktuelles Problem.
16. *Pflegeproblem*: Die Tatsache, dass der Patient eine Wunde hat, ist an sich noch kein Problem, erst durch die bestehende Infektionsgefahr wird die Wunde zu einem Pflegeproblem: Patient ist durch die OP-Wunde infektionsgefährdet. *Ressource*: Es gibt für fast jeden Patienten in jeder Situation eine Ressource, z. B.: „Patient hat eine gute Durchblutung, da er sehr sportlich ist". *Pflegeziel*: Das formulierte Ziel ist ein Fernziel, die Heilung der Wunde liegt noch in der Zukunft. Um dies zu erreichen, werden folgende Nahziele geplant: Infektionsfreiheit ermöglichen, Wundheilung beschleunigen. *Pflegemaßnahmen*: Pflegemaßnahmen müssen genauer beschrieben werden: 2 × tgl. steriler Verbandwechsel: Desinfektion mit Cutasept, Wischrichtung von innen nach außen, Wunde mit Pflaster versorgen, Wundbeobachtung und Dokumentation durchführen.

3.15 Fallbeispiel 15 „Michael Lenhaupt"

1. Beschriftung der Abbildung „Dickdarm":

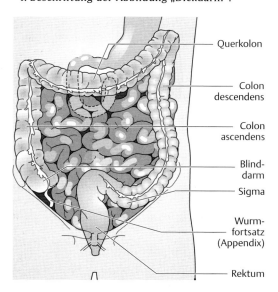

Abb. 3.11 • Der Dickdarm (lateinisch intestinum crassum) ist der letzte Teil des Verdauungstraktes beim Menschen.

2. Genaue Ursachen sind nicht bekannt, genetische Disposition kann nicht ausgeschlossen werden, Erkrankungen mit Tendenz zur malignen Ausartung (z. B. Colitis ulcerosa), fett- und fleischreiche Nahrung.
3. Wechsel zwischen Diarrhoe und Obstipation, Blutungen, schmerzhafter Stuhldrang (Tenesmus), Gewichtsverlust, Anämie, unwillkürlicher Abgang von Stuhl und Winden.
4. Hämokkult-Test, Laboruntersuchungen, digitale rektale Untersuchung, Sonographie, Computertomographie, Röntgenaufnahmen.
5. Metastasierung, Perforation mit Fistel- und Abszessbildung, Eindringen des Tumors in benachbarte Organe
6. BMI = Körpergewicht in kg/(Körpergröße in m)^2 = 65kg/3,3124 = 19,6
7. Hochkalorische Kost (z. B. Trinknahrung), Wunschkost – die Lieblingsspeisen erfragen und dem Patienten ermöglichen, Angehörige mit einbeziehen (Frau könnte selbstgebackenen Kuchen u.Ä. mitbringen).
8. Rasur des OP-Gebietes, Aufklärungsgespräch mit einem Stomatherapeuten ermöglichen (falls schon sicher ist, dass der Patient ein Stoma bekommen wird), präoperatives Einüben postoperativer Maßnahmen (z. B. Atemtechniken zur Pneumonieprophylaxe), Kostabbau (am Vortag flüssige Kost, abends nur noch Wasser und

Tee), Darmreinigung (Trinken spezieller Lösungen, orthograde Darmspülung).
9. *Pflegeproblem*: Durch die Bettruhe nach der Operation besteht Pneumoniegefahr. *Ressource*: Patient kann tief ein- und ausatmen. *Pflegeziel*: optimale Belüftung der Lunge ist gewährleistet, Sekrete können abgehustet werden. *Pflegemaßnahmen*: 2 × tgl. atemstimulierende Einreibung (ASE) nach der Morgen- und Abendpflege (15 min mit eigener Körperlotion im Liegen), 5 × tgl. Atemübungen mit dem Triflow (beim ersten Mal erklären und anleiten, dann den Patienten selbständig üben lassen). 2 × tgl. und bei Bedarf Frischluftzufuhr.
10. Verlauf der Operation, Bewusstseinszustand des Patienten, Zeitpunkt der oralen Zufuhr von Flüssigkeit und Nahrung, Schmerzen, Drainagen und deren Füllmenge, Beurteilung des OP-Wundverbandes.
11. – Stoma kommt aus dem griechischen und bedeutet „Mund, Öffnung".
    – Die Stomaanlage von Herrn Lenhaupt wird eine Sigmoidostomie sein – der Stuhl ist fest und blähungsreich.
    – Es gibt die Möglichkeit der Irrigation, d. h. der Patient kann durch das Einspülen von lauwarmem Leitungswasser die Darmperistaltik stimulieren – dies führt zu einer vollständigen Entleerung des Dickdarmes. Mit dieser Methode kann eine ausscheidungsfreie Zeit von 24 h erreicht werden – in dieser Zeit wird das Stoma mit einer Stomakappe abgedeckt und der Patient kann ein fast normales Leben führen.
    – Beraten und Anleiten des Patienten zur Selbstversorgung des Stomas, Stomaversorgung bei Komplikationen, Wundbeobachtung, Beobachtung der Ausscheidungen und der Umgebung des Stomas, Hautpflege.
    – Mechanische Hautirritation, toxisches Kontaktekzem, Mykose, Retraktion, Stomaprolaps, allergisches Kontaktekzem, parastomale Hernie, Kristallbildung bei Urostoma.
12. Vitalzeichen, Bewusstseinslage, Flüssigkeitsbilanz, Ausscheidungshäufigkeit, Ein- und Ausfuhr.
13. Wahrnehmung ist ein komplexer Vorgang, bei dem Reize über die Sinne aufgenommen werden. Dieser prozesshafte Vorgang kann bewusst oder unbewusst ablaufen. Beobachtung ist im Gegensatz zur Wahrnehmung ein systematischer und zielgerichteter Vorgang, der sich auf die Erfassung von bestimmten Phänomenen oder Merkmalen richtet.
14. – Die Infusion ist danebengelaufen – der Zugang ist nicht mehr durchgängig. Die Schmerzen können auf eine Thrombophlebitis hinweisen.
    – Die Infusion wird gestoppt, der Zugang entfernt, die Wunde beurteilt und wenn eine Thrombophlebitis besteht, bekommt der Patient nach Absprache mit dem Arzt einen Verband (Quarkauflage, Thrombophob o.Ä.).
    – Kochsalzlösung ist isotonisch.
    – Allergische Reaktion bis hin zum anaphylaktischen Schock, Luftembolie, Septikämie durch Einschwemmen von Bakterien, Inkompatibilität.
15. In der Psychologie werden zwei Phänomene beschrieben, die bei Herrn Lenhaupt zum Tragen gekommen sind: Verleugnung und Verdrängung. Diese gehören zu den Schutzmechanismen, die dazu dienen, unangenehme Realitäten und äußere Bedrohungen abzuwehren.
16. – Beobachtung der Fördermenge, Beobachtung der Austrittspforte, Schmerzen des Patienten in Zusammenhang mit der Drainage, das Anbringen der Drainagen unter Körperniveau.
    – Das Ziehen von Drainagen ist eine ärztliche Tätigkeit, kann jedoch delegiert werden. Im eigenen Ermessen entscheide ich, ob ich genügend Erfahrung und Fachkompetenz im Ziehen von Drainagen habe.
    – Das Ziehen der Drainage kann sehr schmerzhaft sein, daher sollten evtl. vorher Analgetika verabreicht werden (nach Arztanordnung). Die Annaht der Drainage muss steril durchtrennt werden und das Nahtmaterial sollte nicht in der Wunde verbleiben (bei normalem Material, das sich nicht in der Wunde auflöst).
    – Die Fördermenge der Drainage bleibt unter 50 ml/24 h.
17. *Pflegeproblem*: Gefahr einer aufsteigenden Infektion durch die liegende Drainage. *Ressource*: Patient kann Veränderungen spüren und Schmerzen äußern. *Pflegeziel*: Infektionsfreiheit der OP-Wunde. *Pflegemaßnahmen*: 1 × tgl. Verbandwechsel nach hygienischen Richtlinien durchführen, Reinigen der Wunde mit Cutasept, ggf. mit NaCl 0,9 % nach ärztlicher Anordnung, Manipulation an der Drainage vermeiden, Beobachtung der Eintrittstelle auf Entzündungszeichen und Dokumentation der Wundbeobachtung.
18. – Unter einer Chemotherapie versteht man die Behandlung mit Substanzen, die das Krebswachstum hemmen sollen. Diese Substanzen greifen im Körper in das Zellwachstum ein:

wenn sich eine Zelle teilt, ist sie besonders empfänglich für Störungen. Aber auch reife Zellen werden durch die Substanzen in ihrem Stoffwechsel gestört und das „Zellgift" tut seine Wirkung. Dem Chemotherapeutikum ist es jedoch nicht möglich, zwischen normalen Zellen und Krebszellen zu unterscheiden, weshalb auch die gesunden Zellen angegriffen werden – die Nebenwirkungen entstehen. Da Krebszellen sich aber schneller teilen und einen höheren Stoffwechsel haben, sind sie empfänglicher für die Substanzen als die normalen Zellen.
- Nein, für eine Chemotherapie ist ein anderer Zugang vorgesehen – ein zentralvenöser Zugang, damit die Gefäße durch das Medikament nicht gereizt werden.

- Die Nebenwirkungen sind abhängig vom Wirkstoff der jeweiligen Therapie – übliche Nebenwirkungen sind: Hämatologische Nebenwirkungen, z. B. Störungen der Blutgerinnung; Übelkeit und Erbrechen; Schleimhautschäden und Haarausfall; Schädigung der Keimdrüsen; Organtoxizitäten; Nebenwirkungen im Bereich der Mundhöhle.
19. Ein offenes Gespräch mit dem Ehemann führen und ihn fragen, wie er sich eine Unterstützung durch sie vorstellt, offen über die eigenen Gefühle sprechen, möglicherweise ist eine aktive Unterstützung gar nicht nötig – oftmals genügt es dem Patienten, dass die Angehörigen regelmäßig da sind und zuhören können.

3.16 Fallbeispiel 16 „Karl-Heinz Buschke"

1. Beschriftung der Abbildung „Dünndarm":

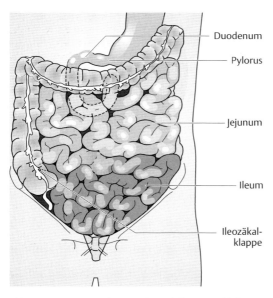

Abb. 3.12 ▪ Der Dünndarm ist der Teil des menschlichen Verdauungstraktes, der zwischen Magen und Dickdarm liegt.

2. Mechanischer Ileus (aufgrund der klingenden Darmgeräusche)
3. Meteorismus, Stuhl- und Windverhalt
4. Alarm auslösen, Arzt verständigen, Oberkörper hoch lagern, beengende Kleidung lockern, Fenster öffnen, den Patienten beruhigen.

5. Novalgin® wirkt gegen Schmerzen und Fieber; Nebenwirkungen sind: Hautreaktionen, Nierenfunktionsstörungen, Überempfindlichkeitsreaktion. Tramal® wirkt gegen Schmerzen; Nebenwirkungen sind: Schwitzen, Sedierung, zerebrale Krampfanfälle, Veränderung der Aktiviertheit, Übelkeit, Erbrechen.
6. Perforation des Darmes
7. Durch den hohen Innendruck können die Darmbakterien die Darmwand durchwandern und zu einer Peritonitis führen.
8. Zusammenstellen benötigter Unterlagen (Röntgenbilder, Akte usw.), Vorbereiten des Patienten: Prämedikation falls angeordnet, Operationshemd anziehen, evtl. Rasur des OP-Gebietes, Dokumentation der Vitalzeichen und Medikamentengabe aus der vorigen Notfallsituation.
9. Sie hat den gleichen osmotischen Druck wie das Blutplasma.
10. 1. Flächendesinfektion durchführen; 2. Hygienische Händedesinfektion; 3. Material zusammenstellen, auf Unversehrtheit und Haltbarkeit kontrollieren; 4. Hygienische Händedesinfektion; 5. Öffnung von Infusionsflasche entfernen; 6. Konus mit Desinfektionsmittel besprühen; 7. Spritze mit Kanüle verbinden und Ampullen aufziehen (bei jeder Ampulle eine neue Kanüle verwenden); 8. Flüssigkeit in den Konus injizieren; 9. Infusionsbesteck anbringen (Rad runterdrehen, Dorn einstechen, Kammer füllen, Rad aufdrehen, System entlüften); 10. Infusionsfla-

sche mit Datum, Uhrzeit, Medikamentenzugabe und Name/Zimmernummer des Patienten beschriften

11. Unter diesen Umständen kann dem Mitpatienten eine einfache Information über den Zustand gegeben werden, die natürlich diskret und ohne genaue Angaben zu dem Krankheitsbild des Patienten gemacht wird, z. B. „Ihr Mitpatient hat die Operation jetzt hinter sich".
12. Verlauf der Operation, Bewusstseinszustand des Patienten, Zeitpunkt der oralen Zufuhr von Flüssigkeit und Nahrung, Schmerzen, Drainagen und deren Füllmenge, Beurteilung des OP-Wundverbandes.
13. – Lokale Überwärmung, Aussehen der Wunde (Rötung), Schwellung, verhärteter Venenstrang.
    – Der Zugang muss entfernt werden und der Patient bekommt einen Verband mit kühlenden und schmerzhemmenden Elementen, z. B. Quarkauflage, Thrombophob-Salbe, nach Absprache mit dem Arzt.
    – Thrombophlebitis.
14. *Pflegeproblem*: Durch die Bettruhe ist der Patient thrombosegefährdet. *Ressourcen*: physiologische Beweglichkeit ist vorhanden. *Pflegeziel*: venöser Rückfluss ist gewährleistet. *Pflegemaßnahmen*: 24 h Tragen von Anti-Thrombosestrümpfen, 2 × tgl. morgens und abends Ausstreichen der Beinvenen (je 10 Durchgänge pro Bein), 2,5 l Flüssigkeitszufuhr (nach OP erst Nahrungskarenz), 2 × tgl. passive Bewegungsübungen (durch Bewegen der Gelenke: Knöchel, Knie, Hüftgelenk).
15. Thromboseprophylaxe, Pneumonieprophylaxe, Dekubitusprophylaxe.
16. *Thromboseprophylaxe*: 24 h Tragen von Anti-Thrombosestrümpfen, 2 × tgl. 10 Durchgänge Ausstreichen der Beinvenen beider Beine mit Lotion, 2 × tgl. passive Bewegungsübungen (Gelenke durchbewegen: Knöchel-, Knie-, Hüftgelenk), nach Bettruhe und bei mehr Belastungsmöglichkeiten Maßnahmen erweitern/steigern. *Pneumonieprophylaxe*: 2 × tgl. ASE mit eigener Lotion 15 min durchführen nach der Morgen/Abendpflege als Abschluss, danach den Patienten ruhen lassen, 5 × tgl. Atemübungen mit Triflow; jeweils 10 Durchgänge, den Patienten einmalig informieren und anleiten, 2 × tgl. 20 min und nach Bedarf atemvertiefende A-Lagerung. *Dekubitusprophylaxe*: 2 × tgl. Hautpflege der gefährdeten Areale: Steißbein, Fersen, Hüften, Schultern, bei jedem Lagerungswechsel gefährdete Areale auf Veränderungen beobachten und dokumentieren, 3-stdl. Lagerung 30°, rechte Seite, Mitte und linke Seite, ggf. Lagerungszeitraum nach Beobachtung der Areale anpassen.
17. – „To drain" kommt aus dem Englischen und bedeutet „trockenlegen, ableiten". In der Fachterminologie wird der Begriff Drainage für die Ableitung von Flüssigkeitsansammlungen aus Körperhöhlen oder Operationswunden eingesetzt.
    – Die präventive Anwendung: Drainage wird prophylaktisch z. B. zur Ableitung von Wundsekreten aus der OP-Wunde eingesetzt; der kurative Einsatz: Drainage wird mit einer therapeutischen Zielsetzung angewendet, z. B. zur Ableitung von Eiter.
    – Passive Drainagen benötigen im Gegensatz zu aktiven Drainagen (Saug- und Schlürfdrainagen) keine äußere Saugquelle, sondern funktionieren über die Schwerkraft oder durch ein Überlaufsystem.
    – Markierung der Drainage, Positionierung der Drainage, Beurteilung und Dokumentation des abgeleiteten Wundsekrets, Beobachtung von Schmerzen.
18. Bei einem Beratungsgespräch eine lösungsorientierte Technik anwenden, so dass der Patient selbst Ideen für die Lösung des Problems entwickeln kann, Adressen von Selbsthilfegruppen vermitteln, evtl. Gespräch mit der Seelsorge organisieren, Gründe des bisherigen Alleinseins zusammen mit dem Patienten „erforschen".
19. Volumenausgleich, bzw. parenterale Ernährung.
20. Medikamentengabe, Diagnostik, Ausgleich bzw. Aufrechterhaltung des Säure-Basen-Haushaltes, Ausgleich des Elektrolythaushaltes, Bluttransfusion.
21. Verband ist stark verschmutzt/durchgeblutet, Verband ist verrutscht, Verband ist zu eng.
22. Zustand der Wundränder, Wundumgebung, Wundheilungsphase, Aussehen des Wundsekretes, Schmerzen des Patienten, Größe der Wunde, Verbesserung/Verschlechterung des Wundzustands.
23. 1. Schaffen einer keimarmen Arbeitsfläche durch Flächendesinfektion; 2. Hygienische Händedesinfektion durchführen; 3. Materialien bereitstellen und auf Unversehrtheit überprüfen; 4. Hygienische Händedesinfektion; 5. Einmalhandschuhe anziehen, alten Verband entfernen, verwerfen; 6. Erneute hygienische Händedesinfektion; 7. Durchführen von Reinigungs-/Desinfektionsmaßnahmen der Wunde mit Hilfe der Non-Touch-Technik (mit Verbandsset oder sterilen Handschuhen); 8. Einbringen von Salben,

Tinkturen oder Ähnlichem; 9. Sterilen Verband anlegen und fixieren; 10. Dokumentation und Nachsorge.

24. *Pflegeproblem*: Infektionsgefahr ist als Problemformulierung zu ungenau, es muss beschrieben werden, an welchem Ort die Gefahr besteht: „Es besteht die Gefahr einer Wundinfektion der OP-Wunde". *Ressource*: Ressourcen sind meist vorhanden, z. B.: Patient akzeptiert Pflegemaßnahmen. *Pflegeziel*: das Pflegeziel ist negativ formuliert, besser: „Keimarme Wundumgebung fördern". *Pflegemaßnahmen*: Pflegemaßnahmen reichen nicht aus und sind zu ungenau formuliert: 1 × tgl. Verbandwechsel nach aseptischen Kautelen: Wunde wird mit Ringerlösung gereinigt, Durchführen einer Wundbeobachtung mit Hilfe eines Beobachtungsbogens, Wunddokumentation nach dem Verbandwechsel durchführen, Patient darauf aufmerksam machen, die Wunde bzw. den Verband möglichst nicht zu berühren.

3.17 Fallbeispiel 17 „Klara Gudburg"

1. Demenzen sind Hirnleistungsschwächen und Hirnleistungsstörungen. Es gibt unterschiedliche Demenzarten, die Alzheimer-Krankheit gehört zu den degenerativen Demenzen.
2. Amnesie, Aphasie, Apraxie, Agnosie
3. Periphere arterielle Verschlusskrankheit: einengende Prozesse der Aorta und der Extremitätenarterien. Diese Prozesse werden durch die Arteriosklerose verursacht und haben Durchblutungsstörungen zur Folge.
4. Stadieneinteilung nach Fontaine: Stadium I – Beschwerdefreiheit bei nachweisbarer Stenose. Stadium II – Belastungsschmerzen (Claudicatio intermittens). Stadium II a – schmerzfreie Gehstrecke > 200 Meter. Stadium II b – schmerzfreie Gehstrecke < 200 Meter. Stadium III – Ruheschmerz. Stadium IV – Nekrose, Gangrän, zusätzlich zum Ruheschmerz.
5. Die Commotio cerebri ist eine traumatisch verursachte, reversible Schädigung des Gehirns, wird auch als Gehirnerschütterung bezeichnet.
6. Retrograde Amnesie, Erbrechen und Übelkeit, Kopfschmerzen
7. Aortenaneurysma kann entstehen, Entwicklung der pAVK wird begünstigt, Koronare Herzkrankheit, Arteriosklerose.
8. Haldol® gehört zu den Psychopharmaka und wird bei akuten, psychotischen Syndromen mit Wahn, Halluzinationen, Denkstörungen und Ich-Störungen angewendet.
9. Adalat® wirkt blutdrucksenkend und zeigt Nebenwirkungen wie Hautveränderungen, Kopfschmerzen, Übelkeit, Parästhesien usw.
10. Fixierungen sind grundsätzlich nur zur Abwehr von Gefahren erlaubt – wenn der Patient sich selbst oder seine Mitmenschen gefährdet. Der Arzt muss die Fixierung anordnen, schriftlich begründen und dokumentieren. Im Fall von Frau Gudburg war eine Fixierung notwendig, da sie sich selbst gefährdet hat.
11. Ob Frau Gudburg regelmäßig Mittagsschlaf hält, ob sie bestimmte Rituale hat, ob es etwas gibt, mit dem sie beruhigt werden kann, wenn sie sehr aufgebracht ist, ob sie persönliche Dinge aus dem Heim mitbringen können, damit sich die Patientin wohler fühlt, seit wann die Patientin dement ist, welche Gewohnheiten sie in Bezug auf die Körperpflege hat.
12. Erklären der Vorgehensweise; Hinweisen auf möglicherweise auftretende unangenehme Empfindungen oder Schmerzen und mögliche Interventionen; Ermuntern, in angemessener Weise an der Maßnahme mitzuwirken – Fragen zu stellen und Gefühle zu äußern.
13. Die Wunde zeigt Entzündungszeichen.
14. Arzt informieren, Wunde reinigen und desinfizieren, neuen Verband anlegen, Dokumentation.
15. – Exsudationsphase
    – Verlust aller Hautschichten, Nekrose des subkutanen Gewebes bis auf die darunter liegende Faszie.
    – Hydrogele und Hydrokolloide sind gut geeignet – insgesamt gilt in der modernen Wundtherapie: lieber feucht als trocken!
16. Jede Pflegeeinrichtung ist verpflichtet, den Zustand eines Patienten zu erhalten, d. h. der Zustand sollte sich nicht durch unterlassene Hilfe verschlechtern. Die Einrichtungen sind verpflichtet, Gefahren, wie z. B. Dekubitus-, Thrombose-, Pneumonie-, Kontrakturgefahr vom Patienten durch entsprechende Maßnahmen abzuwenden. Wenn dies unterlassen wird, macht sich die Einrichtung strafbar.
17. *Pflegeproblem*: Patientin ist misstrauisch, reagiert auf Pflegemaßnahmen meist aggressiv. *Ressource*: Patientin kann hören, sprechen und

sehen. *Pflegeziel*: Patientin baut Vertrauen zum Personal auf und kann Pflegemaßnahmen akzeptieren. *Pflegemaßnahmen*: Kommunikation nach der Methode „Integrative Validation", immer wenn das Personal mit Frau Gudberg zusammenkommt: Gefühle werden wahrgenommen und gespiegelt, ruhiger Umgang mit der Patientin: Ruhe ausstrahlen, Empathie vermitteln.

18. Patienten werden mit Namen genannt, Begriffe und Worte aus der Pflegefachsprache werden verwendet, es wird über Pflegemaßnahmen berichtet, über die Reaktion auf Pflegemaßnahmen wird berichtet, Variationen von pflegerischen Interventionen werden benannt, Eindrücke werden als Ich-Aussagen charakterisiert.

19. Die Methode der integrativen Validation gestaltet den Umgang und die Kommunikation mit Menschen, die unter Demenz leiden. Diese Methode konzentriert und orientiert sich an den Ressourcen und der Erfahrungswelt der Menschen. Durch den hirnorganischen Abbauprozess und die damit verbundenen Verluste beschränken sich die Ressourcen auf Gefühle (Ärger, Trauer, Misstrauen) und Antriebe (Ordnungssinn, Fürsorge), die im Zentrum des Erlebens eines Menschen mit Demenz stehen. Diese Gefühle und Antriebe werden mit Hilfe der integrativen Validation benannt, für gültig und richtungweisend erklärt. Die Menschen mit Demenz fühlen sich verstanden und ernst genommen, bauen Vertrauen auf und fühlen sich in ihrer Identität gestärkt.

20. Jedes Stockwerk hat eine andere Farbe, farblich abgesetzte Türrahmen bieten ebenfalls Orientierungshilfen, im Aufzug sollten die Nummern mit den jeweiligen Stockwerksfarben versehen sein, Zahlen müssen groß geschrieben werden (2–3 cm), farbiges wechselndes Kalenderbild, groß geschriebene Gedichte von früher.

21. Bekannte Gegenstände von früher sichtbar am Nachtschrank aufstellen, gezielte Beobachtung der Gestik und Mimik der Patientin (so kann man gut erkennen, ob ein Gesprächsthema angenehm für die Patientin ist oder nicht), Informationen von den Töchtern einholen über Lebenslauf, geliebte Tätigkeiten usw. und diese gezielt einsetzen.

22. Einweisungsdiagnose und Krankheitsverlauf; Pflegeanamnese; Kontaktdaten der Angehörigen; Pflegeverlaufsbericht; Medikamentöse Behandlung.

3.18 Fallbeispiel 18 „Carolin Rechters"

1. Der Diabetes mellitus Typ 2 ist der sogenannte Altersdiabetes, der gehäuft im Alter auftritt und bei dem im Gegensatz zum Diabetes Typ 1 keine Insulinpflicht besteht, da die B-Zellen noch vermindert Insulin abgeben.

2. Schlecht heilende Wunden, wiederkehrende Harnwegsinfektionen, vermehrtes Durstgefühl, Leistungsminderung.

3. Hyperglykämie, Hypoglykämie

4. Retinopathie, Nephropathie, Polyneuropathie, Herzinfarkt, apoplektischer Insult, diabetischer Fuß

5. Bei einer Arthrose handelt es sich um eine degenerative Gelenkerkrankung, die Arthritis hingegen gehört zu den entzündlichen Gelenkerkrankungen.

6. Das Hauptproblem ist die Einsamkeit der Patientin – deshalb vermutlich die vielen Süßigkeiten, denn vorher kam sie gut mit ihrer Diabetes-Diät zurecht.

7. Initialphase: Benennen; Aktionsphase: Erleben; Integrationsphase: Reflektieren; Neuorientierungsphase: Erproben.

8. ATL „Sinn finden", ATL „für Sicherheit sorgen", ATL „Essen und Trinken"

9. Pro: Mikrozirkulation des Blutes wird angeregt und gefördert, Bewegung hilft, den Blutzuckerspiegel zu regulieren; Contra: Sport birgt ein Verletzungsrisiko und kann zur Hypoglykämie führen.

10. 1. Patient informieren; 2. hygienische Händedesinfektion; 3. Ohrläppchen inspizieren; 4. Einstichstelle mit Alkohol desinfizieren; 5. Gerät einschalten; 6. zügig die Lanzette einstechen; 7. den ersten Blutstropfen verwerfen; 8. zweiten Tropfen auf den Teststreifen aufnehmen; 9. mit einem Tupfer die Einstichstelle komprimieren; 10. Ergebnis mitteilen und dokumentieren.

11. Arzt informieren und weitere Handlungsschritte erfragen, Wert dokumentieren

12. Nüchtern 80 – 120 mg/dl

13. – Insulin ist eine Aminosäure und wird in den B-Zellen der Langer-Hans-Inseln der Bauchspeicheldrüse hergestellt.

- Euglukon® gehört zu den oralen Antidiabetika und wirkt hemmend auf die Glucoseneubildung, fördert die Insulinsekretion im Pankreas. Nebenwirkungen sind Gewichtszunahme und Hypoglykämie.
- Insulin steigert die Durchlässigkeit der Zellmembranen für Glukose; es steigert die Verbrennung von Glukose zur Energieerzeugung, wie auch die Überführung in die Speicherform Glykogen; es steigert außerdem die Durchlässigkeit der Zellmembranen für freie Fettsäuren.
- Die gewählte Einstichstelle soll frei von Hämatomen, Leberflecken und Verhärtungen sein, Einstichstelle soll täglich gewechselt werden, nach dem Einspritzen des Insulins soll die Nadel noch 10 Sekunden in der Haut verbleiben, damit das Insulin vollständig aufgenommen wird, die Injektion findet im Bauchbereich unterhalb des Bauchnabels halbmondförmig statt
- Die Einstichstelle auswählen: es darf nicht in Hämatome, Leberflecke, Wunden oder Verhärtungen injiziert werden; die Einstichstelle mit einem Desinfektionsmittel desinfizieren (Einwirkzeit beachten); die benötigte Insulinmenge am Pen einstellen; eine Hautfalte zwischen zwei Finger nehmen; die Kanüle im 90° Winkel einstechen, Insulin langsam injizieren; die Kanüle noch 10 Sekunden in der Hautfalte belassen, dann entfernen.
- Die Insulinpens werden nicht im Kühlschrank gelagert, da sich der Gummistopfen verziehen kann, Insulin wird vor dem Aufziehen vorsichtig in der Hand gerollt oder geschwenkt, es darf auf keinen Fall geschüttelt werden, da sonst die Insulinkristalle zerstört werden, Insulin wird in internationalen Einheiten (IE) verabreicht, Insulinflaschen enthalten meist 40 IE, dies ist auf der Packung mit U 40 gekennzeichnet.

14. *Pflegeproblem*: Patientin hat Schwierigkeiten, sich an ihre Diät zu halten, hat Appetit auf Süßspeisen aufgrund des Verlustes ihrer Freundin. *Ressourcen*: Patientin geht gerne spazieren. *Pflegeziele*: findet eine neue Beschäftigung, kann auf gesunde Süßspeisen ausweichen. *Pflegemaßnahmen*: Diätberatung anmelden bzw. durchführen. Dabei auf Wünsche und Bedürfnisse der Patientin eingehen, Vorlieben und Abneigungen berücksichtigen, Obst, Quarkspeisen und ähnlich süß schmeckende Speisen einplanen; Pflegeberatung zu ihrer aktuellen Situation (Gründe für ihr Verhalten aufdecken, mögliche Ressourcen freilegen und Veränderung planen).
15. *Pflegeproblem*: Patientin hat Schwierigkeiten, sich zu beschäftigen. *Ressource*: Ressource kann möglicherweise richtig sein, schränkt aber zu sehr auf Hobbys mit Bewegungsaspekten ein, besser: „Patientin kann ihr Bedürfnis äußern". *Pflegeziel*: das Pflegeziel ist unglücklich ausgedrückt, besser: „Patientin ist offen für neue Ideen und findet neue Beschäftigung". *Pflegemaßnahmen*: Die Maßnahmen zeigen keine Alternativen auf, bieten der Patientin keine Möglichkeit, selbst herauszufinden, was gut für sie ist. Besser: „Gesprächsbereitschaft zeigen, regelmäßig über verschiedene Hobbys sprechen, Beratung durchführen zu dem Thema, evtl. Kontakt zu Mitpatienten fördern, Beschäftigungsangebote machen: Bücherei, Zeitschriften anbieten".
16. - Die Mikrozirkulation des Blutes ist durch die Ablagerung von Zuckerkristallen gestört, außerdem können Neuropathien das rechtzeitige Erkennen einer Wunde verzögern.
    - Benutzen eines Handspiegels, um die Fußsohlen und Zehenzwischenräume zu inspizieren; Fußbad nicht wärmer als 37 °C und nicht länger als fünf Minuten; Füße und Zehenzwischenräume immer gründlich abtrocknen; PH-neutrale Waschzusätze benutzen; Möglichst Baumwolle und atmungsaktive Stoffe bevorzugen; barfuß gehen vermeiden; Pediküre von Spezialisten durchführen lassen; auf einengendes Schuhwerk mit Riemchen verzichten; auf stramme Socken verzichten; regelmäßige Hautpflege mit milden Lotionen.
17. - Mit dem Begriff „Gesellschaft" wird die Ganzheit des dauerhaft geordneten und strukturierten Zusammenlebens von Menschen innerhalb eines räumlichen Bereiches umschrieben.
    - Werte sind Maßstäbe für das soziale Handeln; Normen sind Verhaltens- und Handlungsregeln, die allgemein anerkannte Werte konkretisieren.
    - Frau Rechters und ihre Familie verhalten sich anders als von der Gesellschaft in ihrer Umgebung erwartet wird. Die Gesellschaft gibt generelle Werte und spezielle Normen vor, die mit der Verhaltens- und Handlungsweise dieser Familie scheinbar nicht übereinstimmen.

3.19 Fallbeispiel 19 „James MacDermain"

1. Chronic obstructive lung disease
2. Beschriftung der Abbildung „Atemwege":

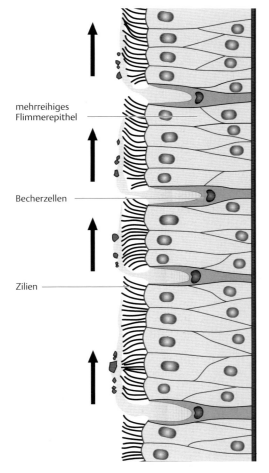

- mehrreihiges Flimmerepithel
- Becherzellen
- Zilien

Abb. 3.13 ▪ Die Atemwege sind von einer dünnen Schleimschicht überzogen, durch die Schwebeteilchen aus der Lunge heraustransportiert werden.

3. Das Lungenemphysem ist die Vergrößerung und die gleichzeitige Zerstörung der Lungenbläschen. Dieser Vorgang führt zum Verlust von Lungengewebe und Lungenelastizität. Dadurch kommt es zu einer exspiratorischen Obstruktion.
4. Wenn ein Patient in zwei aufeinander folgenden Jahren mehr als drei Monate hustet, spricht man von einer chronischen Bronchitis.
5. Das Rauchen
6. Isoptin® mite gehört zu der Gruppe der Betarezeptorenblocker, Calciumantagonisten und ACE-Hemmer, es wirkt blutdrucksenkend. Mögliche Nebenwirkungen sind Muskelschmerzen, Obstipation, Übelkeit, Schwindel, Nervosität usw.
7. *Pneumonieprophylaxe*: der Patient ist durch seine Erkrankung im besonderen Maße gefährdet. *Thromboseprophylaxe*: durch die eingeschränkte Mobilität ist eine Prophylaxe angezeigt. *Obstipationsprophylaxe*: Obstipation würde den Druck im Brustkorb erhöhen und könnte zur Atemnot führen; außerdem sollte der Patient sich nicht übermäßig anstrengen.
8. Welche eigenen Maßnahmen er gegen Luftnot einsetzt; mit welcher Tätigkeit er sich vom Rauchen ablenken könnte; was er gerne isst und trinkt und welche Abneigungen er hat
9. Schwierigkeiten beim Atmen bzw. Luftnot: aktuelles Pflegeproblem. Das Übergewicht des Patienten beeinflusst in negativer Weise seine Atemnot: potentielles Pflegeproblem. Nikotinabusus beeinflusst in negativer Weise seine Atemnot und das Fortschreiten der Erkrankung: potentielles Pflegeproblem. Gefahr einer Pneumonie: potentielles Pflegeproblem
10. Umgang mit seinen Tieren, Arbeit an der frischen Luft, guter Zusammenhalt mit seiner Frau, humorvoller Umgang mit eigener Erkrankung.
11. Ab einem Blutdruckwert von > 140 mmHg systolisch und > 90 mmHg diastolisch.
12. Persönliche Daten: Name, Alter, Geschlecht – werden genannt; Diagnose und Krankengeschichte – werden genannt; Sozialanamnese – wird genannt; Pflegeanamnese – ist lückenhaft, es fehlt die Benennung seiner Defizite, seiner Ressourcen und die Beschreibung der Pflegeschwerpunkte
13. Die Behandlung richtet sich nach der Grundproblematik und umfasst antiasthmatische Therapiekonzepte, Sauerstoffgabe bei Atemnot, Verbesserung der Atem- und Hustentechniken, Verabreichen von schleimlösenden Medikamenten.
14. – Patient aktiviert die Atemhilfsmuskulatur, ist zyanotisch, Angst drückt sich in der Mimik und Gestik aus, Nasenflügelatmung ist zu erkennen.
    – Beengende Kleidung lockern und Fenster öffnen, den Patienten nicht allein lassen, Hilfe

über die Patientenrufanlage holen, evtl. Verabreichen von Bedarfsmedikation, für atmungserleichternde Position sorgen.
- Hilfe über die Rufanlage holen.
15. Antiasthmatika wirken entkrampfend und entspannend auf die verengten Atemwege.
16. Ein Mensch ist entweder gesund oder krank, dazwischen gibt es nichts. Krankheit wird mit einem bösen Tier verglichen, das nur darauf wartet, angreifen zu können.
17. Der Arzt entscheidet allein, was gut für den Patienten ist. Der Patient hat nicht das Recht, über Risiken medizinischer Verfahren aufgeklärt zu werden.
18. BMI = 30; Kalorienbedarf = 1 kcal pro kg Körpergewicht/Stunde = 2160 kcal; Flüssigkeitsbedarf = 30 ml pro kg Körpergewicht = 2700 ml.
19. – Menschen verständigen sich auf unterschiedlichen Ebenen miteinander: eine Geste, ein Blick oder das Zusammenspiel beider und unsere Sprache geben uns die Möglichkeit, miteinander zu kommunizieren. Der Begriff Kommunikation bedeutet also das Austauschen von Informationen auf der verbalen und/oder nonverbalen Ebene.
- *Eindeutigkeit*: sprachliche Mitteilungen können durch nonverbale Signale falsch verstanden werden; wichtig ist, sich so eindeutig wie möglich auszudrücken und gegebenenfalls auch nonverbale Signale zu erklären. *Rückmeldung*: zum gegenseitigen Verständnis ist eine Rückmeldung wichtig, sie kann positive wie auch negative Aspekte enthalten. *Sachlichkeit*: vor allem bei der Äußerung von Kritik ist Sachlichkeit besonders wichtig, kritisiert werden sollte die Sache an sich und nicht die Persönlichkeit des Gegenübers. *Metakommunikation*: durch die Metakommunikation (Kommunikation über die Kommunikation) kann Distanz zur laufenden Kommunikation entstehen und Kommunikationsstörungen können gemeinsam von einer anderen Ebene betrachtet und verbessert werden:
- *Aspekte*: Schwester Iris sollte das Wort ergreifen und von ihren Erlebnissen und Gefühlen berichten; Alle Teilnehmer sollten mögliche Bedenken offen äußern; *Gestaltung*: Damit jeder Teilnehmer der Besprechung die Gelegenheit hat, etwas zum Thema und zu seiner Befindlichkeit das Thema betreffend zu sagen, könnte mit einer Blitzlichtrunde begonnen werden. Ein Moderator sollte die Besprechung leiten.

20. *Pflegeproblem*: es besteht die Gefahr einer Pneumonie. *Ressource*: Patient ist kooperativ. *Pflegeziel*: optimale Belüftung der Lungenflügel, Sekrete können gut abgehustet werden. *Pflegemaßnahmen*: 2 × tgl. morgens und abends nach der Pflege atemstimulierende Einreibung von 15 min Dauer unter Verwendung von patienteneigener Lotion, 3 × tgl. und bei Bedarf Frischluftzufuhr, tgl. 2,5 l Flüssigkeitszufuhr, 3 × tgl. Atemgymnastik mit Triflow®, jeweils 10 Durchgänge.
21. – „Humor is reason gone mad" lautet die Definition des amerikanischen Komikers Groucho Marx (Humor ist Vernunft, die verrückt wurde). Humor ermöglicht dem Menschen, die Realität hinter sich zu lassen und in die ungeregelte Welt des Kindes (in uns) einzutreten. Humor ist ein menschliches Phänomen, das sich durch sämtliche Lebensphasen hindurchzieht.
- Lachen kann in erster Linie als körperliche Reaktion beschrieben werden – als Reaktionsmuster auf bestimmte Reize wie z. B. humorvolle Bemerkungen, aber auch Peinlichkeit und Gruppendruck. Der Humor ist eher als Gefühl und kognitives Phänomen zu betrachten und kann auch als Geisteshaltung angesehen werden. Grundsätzlich lässt sich sagen, dass Humor und Lachen eng miteinander verwandt sind.
- Inkongruenztherapie, Erleichterungstherapie, Überlegenheitstheorie
- Menschen, die viel lachen, kommen im sozialem Umfeld besser an. Sie können leichter Kontakte zu Mitmenschen aufbauen und wirken einfallsreicher auf andere. Das Gehirn lachender Menschen wird besser mit Sauerstoff und Glückshormonen versorgt – dies trägt wiederum zu einem wachsenden Selbstvertrauen bei.
- Nasenlöcher weiten sich, Augenmuskel wird angespannt und aktiviert im Gehirn positive Gefühle, beim Lachen werden 17 Gesichtsmuskeln angespannt, die Ein- und Ausatmung vervielfacht sich, die Stimmbänder werden in Schwingung gesetzt, der Brustkorb gezerrt, das Zwerchfell „hüpft" und massiert die Eingeweide, Spannungen werden gelöst.
- Der Patient hat viel Humor und versteht es schon fast selbst, diesen einzusetzen. Sinnvoll könnte das Führen eines Humortagebuchs sein, in dem der Patient seine witzigsten/komischsten Erlebnisse im Stationsalltag festhält und diese mit seinen Angehörigen oder

Bettnachbarn teilt. Möglich wäre auch eine Humorgruppe, die fest auf der Station eingerichtet wird. Ziel dieser Gruppe ist es, Humor trotz Gesundheitsbeeinträchtigung zu erleben. Herr MacDermain wäre bestimmt ein gutes Gruppenmitglied, der anderen den Einstieg in die Gruppe durch seine humorvolle Art durchaus erleichtern könnte.

22. Patienten werden mit Namen genannt, Begriffe und Worte aus der Pflegefachsprache werden verwendet, es wird über Pflegemaßnahmen berichtet und über die Reaktion auf Pflegemaßnahmen, Variationen von pflegerischen Interventionen werden benannt, Eindrücke werden als Ich-Aussagen charakterisiert.

3.20 Fallbeispiel 20 „Karla Unzen"

1. Beschriftung der Abbildung „Bandscheibenvorfall":

Bandscheibenvorfall

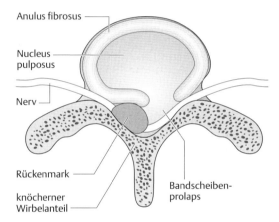

Abb. 3.14 • Bandscheibenvorfall

2. Ein Bandscheibenvorfall ist die Verlagerung des Gewebes des zentralen Gallertkerns der Bandscheibe. Die Verlagerung oder der Austritt des Gewebes in den äußeren Ring verursacht Schmerzen, da sich an dieser Stelle die Nerven befinden.
3. Patienten mit einem Bandscheibenvorfall leiden generell unter Schmerzen.
4. Lagerung auf dem Stufenbett
5. Myelographie, Computertomographie
6. *Wärmetherapie*. Indikationen: Muskelverspannungen, Bauchschmerzen (verkrampft); Kontraindikationen: Blutungen, Entzündungen. *Kältetherapie*. Indikationen: Entzündungen, Kopf-schmerzen; Kontraindikationen: Blasenentzündung, arterielle Verschlusskrankheit
7. Dipidolor® gehört zu den Narkoanalgetika und wirkt gegen starke Schmerzen. Nebenwirkungen sind Sedierung, Schwindel, Kopfschmerzen, Atemdepression, Bradykardie usw.
8. Oral, subkutan, intravenös, sublingual, rektal, intraossär
9. Morbus Crohn gehört zu den chronisch entzündlichen Darmerkrankungen und kann alle Abschnitte des Ösophagus und Magen-Darm-Kanals betreffen.
10. Krampfartige Schmerzen, hohe Stuhlfrequenz, breiige Durchfälle (2- bis 5-mal pro Tag), Bauchschmerzen
11. Die Therapie ist symptomatisch ausgerichtet und besteht u. a. in der Gabe von Glukokortikoiden und Immunsuppressiva.
12. Neurologische Ausfälle durch den Bandscheibenvorfall.
13. Zurechtlegen der benötigten Papiere (Akte, Röntgenbilder usw.), Rasur des OP-Gebietes, präoperative Einübung postoperativer Maßnahmen = Erklären der richtigen Aufstehtechnik.
14. Informationssammlung, Erkennen von Problemen und Ressourcen, Festlegen von Pflegezielen, Auswählen von Pflegemaßnahmen, Durchführung der Pflege, Beurteilung der Wirkung der Pflege.
15. *Pflegeproblem*: Patientin ist thrombosegefährdet. *Ressource*: Patientin war bis zum Krankenhausaufenthalt selbständig. *Pflegeziel*: Erhalten und Fördern des venösen Rückflusses. *Pflegemaßnahmen*: am OP-Tag abends erstmals mobilisieren (Bettkante, aufstehen, einige Schritte gehen), vorher Vitalzeichenkontrolle, 24 h Tragen von Anti-Thrombosestrümpfen, ausreichende Flüssigkeitszufuhr von 2,5 l täglich, Kontrolle durch Einfuhrbogen, 5 × tgl. Bewegungsübungen: jeweils eine Serie à 10 Übungsdurchgängen: Zehen einkrallen, Füße rechts und links kreisen, Zehenspitze zur Nase ziehen, Radfahren, ab dem 1. Tag postoperativ Mobilisation (zuerst mit Begleitung) zum Waschbecken, Toilettengänge usw.

16. Bewusstsein, Vitalzeichen: Puls, Blutdruck, Atmung
17. Verlauf der Operation, Bewusstseinszustand der Patientin, Zeitpunkt der oralen Zufuhr von Flüssigkeit und Nahrung, Schmerzen, Drainagen und deren Füllmenge, Beurteilung des OP-Wundverbandes
18. Möglichst mit sehr warmem Wasser und Seife oder mit Waschbenzin.
19. Unsterile Handschuhe, Desinfektionsspray zur Hautdesinfektion, Pflaster, Händedesinfektionsmittel, Abwurf.
20. Aseptische Wunde
21. 1. Schaffen einer keimarmen Arbeitsfläche durch Flächendesinfektion; 2. Hygienische Händedesinfektion durchführen; 3. Materialien bereitstellen und auf Unversehrtheit überprüfen; 4. Hygienische Händedesinfektion; 5. Einmalhandschuhe anziehen, alten Verband entfernen, verwerfen; 6. Erneute hygienische Händedesinfektion; 7. Durchführen von Reinigungs-/Desinfektionsmaßnahmen der Wunde mit Hilfe der Non-Touch-Technik (mit Verbandsset oder sterilen Handschuhen); 8. Einbringen von Salben, Tinkturen oder Ähnlichem; 9. Sterilen Verband anlegen und fixieren; 10. Dokumentation und Nachsorge
22. Die Gefahr einer Wundinfektion.
23. – Persönlichkeitsstruktur, Ernährungs- und Lebensgewohnheiten
    – Darmstenosen, Ileus und Verwachsungen
    – Kamillentee wirkt krampflösend, zur Entlastung der Bauchdecke kann eine Knierolle hilfreich sein, behutsame Baucheinreibungen mit Anis- oder Kümmelöl wirken entblähend und beugen Geruchsbildung vor.
24. *Pflegeproblem*: Patientin erleidet einen akuten Schub des Morbus Crohn, hat Schmerzen, Blähungen und Durchfälle. *Ressource*: Patientin kennt die Beschwerden und kann damit umgehen. *Pflegeziel*: Lindern der Beschwerden, Wohlbefinden der Patientin fördern. *Pflegemaßnahmen*: wenn möglich, Patientin eigene Toilette zuweisen, Toiletten im gesamten Umfeld zeigen, nach Absprache mit der Patientin 5 × tgl. kleine Mahlzeiten (leichte Kost), 2 × tgl. und bei Bedarf Bauchdecke mit Kümmelöl einreiben und sanft massieren, Knierolle anbieten und den Umgang damit erklären (macht Patientin anschließend selbständig), Kamillentee bei Bedarf anbieten.
25. In den ersten Wochen sollte beim Schlafen die Seitenlage und ein erhöhtes Kopfteil vermieden werden. Sie sollte möglichst über mehrere Wochen strikt und dann wann immer möglich langes Sitzen und Stehen vermeiden. Heben und Tragen von über 5–10 kg (je nach ärztlicher Vorgabe) sollten bis zu drei Monaten vermieden werden. Rückenschule sollte besucht werden, um den Alltag rückenschonend gestalten zu können. Wenn sie Sport betreiben möchte, sollte sie auf rückenfreundliche Sportarten ausweichen, wie z. B. Walking, Kraul- und Rückenschwimmen.
26. Patienten werden mit Namen genannt, Begriffe und Worte aus der Pflegefachsprache werden verwendet, es wird über Pflegemaßnahmen berichtet und über die Reaktion auf Pflegemaßnahmen, Variationen von pflegerischen Interventionen werden benannt, Eindrücke werden als Ich-Aussagen charakterisiert.

3.21 Fallbeispiel 21 „Torin Karan"

1. Mehrfragmentfrakturen weisen 3–6 Bruchstücke auf, bei Trümmerfrakturen sind mehr als 6 Bruchstücke vorhanden.
2. Dislozierte/nicht dislozierte Fraktur, direkte/indirekte Fraktur
3. Osteosynthese
4. Ein Fixateur externe wird zur Ruhigstellung der Extremität eingesetzt und gehört zu den übungsstabilen Osteosynthesen – er stabilisiert die Fragmente der Fraktur von außen.
5. Reposition, Retention, Rehabilitation
6. Ben-u-ron® gehört zu den Analgetika.
7. Ja, Ben-u-ron® gibt es auch als Tabletten oder als Saft – dies würde die Einnahme des Medikamentes für Torin angenehmer machen und die Verabreichung für das Personal erleichtern.
8. Torin versucht immer wieder, den Fixateur externe zu berühren – dies könnte ein erhöhtes Risiko einer Pintrack-Infektion bedeuten.
9. Sudeck-Syndrom, Fettembolie, Kompartmentsyndrom, Pseudarthrose.
10. ATL „sich beschäftigen": Torin kann sich kaum alleine beschäftigen, da sie vorerst Bettruhe einhalten muss. ATL „sich bewegen": Torin muss beim Bewegen unterstützt werden, hat Schmer-

zen beim Bewegen. ATL „für Sicherheit sorgen": Infektionen sollen vermieden werden
11. Dem Mädchen Zuwendung schenken, z. B. durch Vorlesen oder Geschichtenerzählen; die Hilfe eines Spitalclowns in Anspruch nehmen (humortherapeutischer Ansatz).
12. *Pflegeproblem*: Infektionsgefahr ist als Problemformulierung zu ungenau, es muss auch beschrieben werden, wo die Infektionsgefahr besteht: „Gefahr einer Wundinfektion der OP-Wunde". *Ressource*: Ressourcen sind meistens vorhanden, z. B.: „Torin zeigt eine gewisse Neugierigkeit die Wunde betreffend". *Pflegeziel*: das Pflegeziel ist negativ formuliert, besser: „Keimarme Wundumgebung fördern". *Pflegemaßnahmen*: Pflegemaßnahmen reichen nicht aus und sind zu ungenau formuliert: „1 × tgl. Verbandwechsel nach aseptischen Kautelen: Wunde wird mit Ringerlösung gereinigt, Durchführen einer Wundbeobachtung mit Hilfe eines Beobachtungsbogens, Wunddokumentation nach dem Verbandwechsel durchführen, Torin darauf aufmerksam machen, die Wunde bzw. den Verband möglichst nicht zu berühren."
13. Grünholzfraktur
14. – Krankheiten entstehen durch den bösen Blick.
    – Schweinefleisch
    – In der Türkei ist es üblich, Autoritätspersonen nicht in die Augen zu sehen.
    – Schwangere und Kranke
    – Schmerz wird meist heftig und laut zum Ausdruck gebracht – es dient dazu, Leid mitzuteilen und sich Unterstützung zu sichern.
15. Der Knochen wird eingeteilt in den Knochenschaft (Diaphyse), die beiden Enden (Epiphyse) und den Abschnitt zwischen Epi- und Diaphyse (Metaphyse). Die Epiphysen sind mit einer dünnen Schicht Knorpelgewebe bedeckt. Der Knochen an sich ist von einer dicken, gelblichen Faserschicht umgeben, dem Periost (Knochenhaut). Das Periost setzt sich aus zwei Schichten zusammen: die äußere besteht aus Kollagen und elastischen Fasern, die innere enthält die Nerven und die Gefäße. Die Außenschicht des Knochens besteht aus dichtem Knochengewebe und wird Kortikalis genannt. Der größere Anteil im Inneren des Knochens besteht aus Knochenbälkchen, der Spongiosa. In den Hohlräumen zwischen den Knochenbälkchen ist die sogenannte Knochenmarkhöhle mit blutbildendem Knochenmark ausgefüllt.
16. Pintrack-Infektion
17. Postoperative Überwachung: Durchblutungs-, Sensibilitäts- und Beweglichkeitskontrollen zum Ausschluss von Nervenverletzungen. Hochlagerung der betroffenen Extremität. Gelkühlkissen zur Schmerzlinderung (nicht länger als 15 min). Wundversorgung nach aseptischen Kautelen.
18. Eigene Spielsachen oder Kuscheltiere durch Angehörige mitbringen lassen; Poster und Bilder von Torin an ihrem Bett aufhängen lassen; alle Pflegemaßnahmen erklären und Torin wenn möglich mithelfen lassen.
19. Aseptische Wunden sollten immer vor septischen Wunden versorgt werden. Der Verbandswagen sollte nur zum Transport, zur Lagerung und Vorbereitung des Verbandwechsels dienen, nicht als Arbeitsfläche. Das Prinzip der „Non-Touch-Technik" sollte beachtet werden. Während des Verbandwechsels sollte nicht über der Wunde gesprochen werden.
20. Emotionen (ugs. Gefühle) sind eine Art Bewertung des Wahrgenommenen und Erlebten und motivieren den Menschen zu einem bestimmten Verhalten. Die Gefühle sind seelische und körperliche Reaktionen, mit deren Hilfe Ereignisse verarbeitet werden.
21. *Regulierungsfunktion*: Emotionen regulieren das psychische Gleichgewicht und Wohlbefinden. *Wertungsfunktion*: Durch emotionales Erleben können wir Lebenssituationen einschätzen, bewerten und angepasst reagieren. *Motivationsfunktion*: Angenehme und unangenehme Gefühle motivieren uns dazu, ein bestimmtes Verhalten an den Tag zu legen.
22. *Subjektive Komponente*: drückt aus, wie Emotionen individuell erlebt und bewertet werden. *Physiologische Komponente*: drückt sich in den ausgelösten körperlichen Veränderungen aus. *Verhaltenskomponente*: zeigt, wie sich das Verhalten aufgrund der Emotionen verändert.
23. Protest, Resignation, Anpassung, Regression.
24. Welche Schlafgewohnheiten Torin hat (wie lange sie aufbleibt, ob sie ein bestimmtes Ritual vor dem Schlafengehen abhalten will usw.); welche Nahrungsmittel und Getränke Torin am liebsten mag; womit sie sich am liebsten beschäftigt; wie sie ihre Körperpflege bisher gestaltet hat bzw. was die Mutter übernommen hat
25. Mögliche Wundinfektion (evtl. Pintrack-Infektion)
26. Regelmäßige Vitalzeichen-, Bewusstseins- und Temperaturkontrolle, um Veränderungen und Komplikationen rechtzeitig zu erkennen; Regelmäßiger Wäschewechsel, um das Wohlbefinden zu steigern und regelmäßige Hautbeobachtung durchzuführen; bei Temperaturen über 39,0°C

Wadenwickel anwenden zur Fiebersenkung und zur Verbesserung des Wohlbefindens; auf ausreichende Flüssigkeitszufuhr achten, um Elektrolytverlusten vorzubeugen; Umgebung angenehm gestalten, für frische Luft und gedämpftes Licht sorgen, um die Fieberbeschwerden zu lindern.

3.22 Fallbeispiel 22 „Edith Dersow"

1. Beschriftung der Abbildung „Hirnarterien":

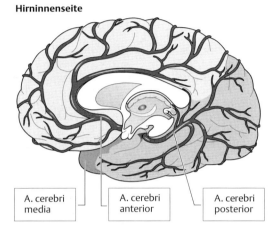

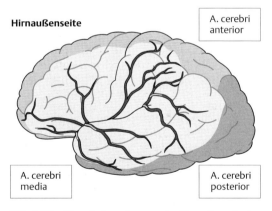

Abb. 3.15 • Hirnarterien, oben von der Hirnaußenseite betrachtet, unten von der Innenseite.

2. Ischämischer Insult: Mangeldurchblutung des Gehirns, die mit akuter Lokalsymptomatik einhergeht.
3. Eine Hemiplegie ist eine vollständige Lähmung des betroffenen Körperteils, bei einer Hemiparese hingegen ist noch eine Restbeweglichkeit vorhanden, die Lähmung ist unvollständig.
4. Zerebrovaskuläre Ursachen, kardiogene Embolien, seltene oder ungeklärte Ursachen wie z. B. Koagulopathien, Luft- oder Fettembolien.
5. Arterielle Hypertonie, Herzkrankheiten, Diabetes mellitus, Übergewicht, Nikotinabusus, medikamentöse Ovulationshemmer.
6. Diabetes mellitus ist eine chronisch endokrine Stoffwechselkrankheit, bei der die Bauchspeicheldrüse nicht mehr in der Lage ist, (genügend) Insulin zu produzieren. Dadurch entsteht eine Erhöhung der Blutzuckerwerte.
7. Retinopathie, Herzinfarkt, Polyneurapathie, Nephropathie, diabetischer Fuß, ischämischer Insult.
8. *Pflegeproblem*: Patientin kann nur verwaschen und undeutlich sprechen, ist resigniert und bleibt deshalb manchmal stumm. *Ressourcen*: Patientin ist ansprechbar und kann verbale Äußerungen verstehen. *Pflegeziel*: Patientin kann ja und nein klar und deutlich aussprechen, fühlt sich verstanden und akzeptiert den momentanen Zustand. *Pflegemaßnahmen*: Bei jeder Pflegemaßnahme mit der Patientin die Wörter Ja und Nein aussprechen üben, jederzeit Gesprächsbereitschaft zeigen, Verständigung über eine Kommunikationstafel sichern, Patientin über die Aphasie aufklären, logopädische Therapie organisieren.
9. – Verbale und nonverbale Kommunikation
   – *Eindeutigkeit*: sprachliche Mitteilungen können durch nonverbale Signale falsch verstanden werden; wichtig ist, sich so eindeutig wie möglich auszudrücken und gegebenenfalls auch nonverbale Signale zu erklären. *Rückmeldung*: zum gegenseitigen Verständnis ist eine Rückmeldung wichtig; sie kann positive wie auch negative Aspekte enthalten. *Sachlichkeit*: vor allem bei der Äußerung von Kritik ist Sachlichkeit besonders wichtig; kritisiert werden sollte die Sache an sich und nicht die Persönlichkeit des Gegenübers. *Metakommunikation*: durch Metakommunikation (Kommunikation über die Kommunikation) kann Distanz zur laufenden Kommunikation entstehen und Kommunikationsstörungen

können gemeinsam von einer anderen Ebene betrachtet und ausgeräumt werden.
10. – 1. Patientin informieren; 2. Hygienische Händedesinfektion; 3. Ohrläppchen inspizieren; 4. Einstichstelle mit Alkohol desinfizieren; 5. Gerät einschalten; 6. Zügig die Lanzette einstechen; 7. Den ersten Blutstropfen verwerfen; 8. Zweiten Tropfen auf den Teststreifen aufnehmen; 9. Mit einem Tupfer die Einstichstelle komprimieren; 10. Ergebnis mitteilen und dokumentieren.
– Insulin wird im Kühlschrank gelagert; Ausnahme sind die Insulinpens, die nicht im Kühlschrank gelagert werden dürfen, da sich sonst der Gummistopfen verzieht und eine korrekte Dosierung gefährdet ist.
– Haltbarkeitsdatum kontrollieren, gefrorenes Insulin nicht mehr verwenden, Insulinflasche wird vorher in der Hand gerollt, Pen leicht geschwenkt.
– Richtiger Patient, richtiger Zeitpunkt, richtige Applikationsart, richtige Dosierung, richtiges Medikament.
11. *Pflegeproblem*: Problem ist verallgemeinert worden, die Defizite von Frau Dersow werden nicht klar, besser: „Patientin kann sich nicht allein das Essen zubereiten: Brot schmieren, Fleisch schneiden". *Ressource*: Ressource passt nicht zum Problem, besser: „Patientin kann selbständig Nahrung aufnehmen". *Pflegeziel*: das formulierte Ziel ist ein Fernziel, besser: „Patientin kann sich das Brot selbständig schmieren". *Pflegemaßnahmen*: Maßnahmen sind zu ungenau, besser: „5 × tgl. Mahlzeiten anreichen, rutschfestes Brettchen bereitstellen und den Sinn/Zweck der Patientin erläutern, Patientin anleiten, das Brettchen zu benutzen, Fleisch für die Patientin vorbereiten und schneiden".
12. Frau Dersow hat einen ausgeprägten Bewegungsdrang, sie legt besonderen Wert auf die Körperpflege, war in ihrem Leben selbständig und will dies auch wieder sein.
13. Die Benutzung der eigenen Cremes und Lotionen der Patientin, die Pflege nach dem Bobath-Konzept: z. B. Ansprechen von der betroffenen Seite, Raumgestaltung über die betroffene Seite, Körperpflege von der betroffenen Seite aus initiieren, größtmögliche Selbständigkeit der Patientin ermöglichen, Wünsche und Bedürfnisse der Patientin berücksichtigen.
14. – Führen eines Miktionsprotokolls kann Aufschluss über die Ausscheidungsgewohnheiten geben. Toilettentraining: die Patientin legt Miktionszeiten fest, zu denen dann auch ohne Harndrang die Toilette aufgesucht wird (oder das Becken gereicht). Blasenklopftraining: das sogenannte „Triggern" eignet sich bei neurologischen Blasenfunktionsstörungen, um Reflexe auszulösen, die eine Entleerung der Blase nach sich ziehen.

– *Dranginkontinenz*: Koordinationsstörung der Blasenfunktion. *Überlaufinkontinenz*: Entleerung geringer Urinmengen aufgrund einer Abflussbehinderung unterhalb der Blase. *Latrogene Inkontinenz*: Ursache sind Nebenwirkungen von Medikamenten. *Neurogene Inkontinenz*: Störung der nervalen Miktionskontrolle.

– Neurogene Inkontinenz durch den ischämischen Insult.

15. – Bestimmung des nach der Miktion in der Blase verbliebenen Restharns; Bestimmung der stündlichen Urinausscheidung; Blasenspülungen bei Blasenblutungen; Sondierung der Harnröhre; Blasenentleerungsstörungen.

– Es ist keine eindeutige Indikation erkennbar.

– Streng aseptische Arbeitsweise bei der Einlage des Katheters: vor jeder Manipulation am Katheter ist eine hygienische Händedesinfektion vorzunehmen; ausreichende Flüssigkeitszufuhr, um eine gute Durchspülung zu erreichen und so die Vermehrung von Keimen zu vermindern; regelmäßige Katheterpflege und Säuberung der Harnröhrenöffnung.

– Nosokomial kommt von Nosokomeion (griech.: Krankenhaus). Eine nosokomiale Infektion ist eine im Krankenhaus erworbene Infektion.

– Atemwegsinfektionen, Wundinfektionen

– Hände des Pflegepersonals, unsterile Instrumente, Mitpatienten und Besucher.

16. – Patienten und ihren Angehörigen bei der Suche nach Lösungen für ihre Gesundheitsprobleme helfen; Patienten sollen in angemessenem Ausmaß betreut werden; Patienten sollen so kurz wie möglich im Krankenhaus bleiben; Patienten sollen die bestmögliche Betreuung erhalten; Erstellen eines Betreuungsprogramms für die Zeit nach dem Krankenhausaufenthalt.

– Funktionelle Gesundheit: Aktivitäten des täglichen Lebens; Typischer Tagesablauf und Gewohnheiten des Patienten; Medikamentenanamnese; Selbstversorgungspraktiken; Familienbeziehungen; Ernährungsanamnese

– Ihre Selbstversorgungspraktiken, da sie sehr viel Wert auf Selbständigkeit legt und ihre Gewohnheiten in Bezug auf die Körperpflege.

3.23 Klausur 1: „Harald Walder", Schwerpunkt Themenbereich 1

1. Beschriftung der Abbildung „Herz":

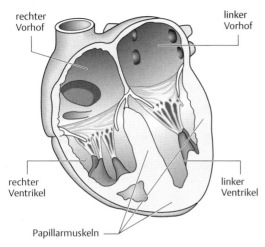

Abb. 3.16 ▪ Das Herz ist ein starker Hohlmuskel, der als Saug- und Druckpumpe den gesamten Organismus mit Blut versorgt.

2. Übergewicht, Arteriosklerose, familiäre Disposition, Zigarettenkonsum.
3. Vorderwand-, Seitenwand- und Hinterwandinfarkt.
4. Als Herzinfarkt wird der Verschluss einer oder mehrerer Koronararterien bezeichnet, was zur Minderdurchblutung oder kompletten Abtrennung der Blutversorgung für das dahinterliegende Muskelgewebe bedeutet. Es kommt zum Gewebeuntergang (Nekrose).
5. Herr Walder hat einen BMI von 40,8. Er sollte dringend abnehmen, um das Risiko eines Reinfarktes oder anderer Krankheiten zu reduzieren.
6. Schweißausbrüche, Übelkeit/Erbrechen, Herzrhythmusstörungen, Blutdruckveränderungen.
7. Der Herzinfarkt bleibt „stumm", das bedeutet, es werden vom Patienten keine Symptome wahrgenommen.
8. CKMB – ein Wert, mit dessen Hilfe der Zerfall bzw. Abbau von Muskelgewebe festgestellt werden kann.
9. Nitrolingual®-Spray gehört zur Gruppe der Koronarmittel, bewirkt eine Erweiterung der Blutgefäße und kann folgende Nebenwirkungen verursachen: Übelkeit, Erbrechen, Schwindelgefühl, Blutdruckabfall usw.
10. Herzrhythmusstörungen, Herzinsuffizienz, Herzklappenfehler, plötzlicher Herztod.
11. Die stabile Angina pectoris tritt während einer Belastungssituation auf und reagiert auf Gegenmaßnahmen, wie z. B. Ruhe, Verabreichen der Bedarfsmedikation. Die instabile Angina pectoris tritt auch spontan in Ruhe auf und ist mit Gegenmaßnahmen kaum in den Griff zu bekommen – es droht der Herzinfarkt.
12. Beobachtung des Bewusstseins, Erkennen von Überempfindlichkeitsreaktionen (z. B. Schüttelfrost, Hautrötungen usw.), Beobachtung der Haut auf Hämatombildung oder Einblutungen.
13. Morphin Merck gehört zur Gruppe der Analgetika und wirkt gegen starke und stärkste Schmerzen. Zu den Nebenwirkungen gehören u. a. Hemmung des Hustenzentrums, Mundtrockenheit, Atemdepression, Schwindel, Kopfschmerzen, Sedierung.
14. – Abbau von Ängsten des Patienten, Schaffen eines Sicherheitsgefühls, gegenseitiges Kennenlernen ermöglichen, Einschätzung von Problemen und Ressourcen, Klären von offenen Fragen, Vermeiden von Missverständnissen.
    – Einen ruhigen Raum wählen, Patienten und Besucher hinausbitten, Patienten über den Sinn des Gespräches informieren, offene Fragen stellen, Zeitpunkt des Gespräches planen (keine Untersuchungen, keine Essenszeit), Patienten fragen, ob noch Informationsbedarf besteht, Aussagen des Patienten zusammenfassen.
    – Lebensgewohnheiten in den Bereichen Körperpflege, Ernährung, Ruhen und Schlafen. Informationen über seine physische und psychische Verfassung in Bezug auf das Krankheitsgeschehen.
15. *Pflegeproblem*: Patient leidet unter Stress, ist unruhig, möchte am liebsten arbeiten. *Ressource*: die ersten kritischen Stunden nach dem Infarkt sind vorüber. *Pflegeziel*: Patient kann sich entspannen und Stress abbauen. *Pflegemaßnahmen*: 3 × tgl. Einplanen von kurzen Ruhepausen (ca. 30 min), Mittagsschlaf von 60 min, den Patienten zum Autogenen Training anleiten (bzw. anleiten lassen), Patient soll in Stress- oder Unruhesituationen die Entspannungstechnik des Autogenen Trainings durchführen und 2 × tgl. morgens und abends einsetzen.
16. *Pflegeproblem*: Grund und Ort der Infektionsgefahr wird nicht deutlich, besser: „Infektionsgefahr durch liegenden zentralen Venenkatheter".

Ressource: meistens ist eine Ressource vorhanden, z. B.: „Patient ist kooperativ". *Pflegeziel*: Ziel ist negativ formuliert und könnte konkreter sein, z. B.: „Rechtzeitiges Erkennen von Entzündungen, keimarme Wundumgebung fördern, reizlose Einstichstelle". *Pflegemaßnahmen*: Maßnahmen reichen nicht aus und sind zu ungenau formuliert, besser: „1 × tgl. Wechseln des Pflasterverbandes des ZVK unter aseptischen Kautelen, Reinigung und Desinfektion der Einstichstelle mit Cutasept®-Spray, Wischtechnik von innen nach außen, Anlegen eines neuen Pflasterverbandes, Fixierung des Katheters, Wundbeobachtung durchführen und dokumentieren".

17. *Pneumonieprophylaxe*: aufgrund der Bettruhe ist der Patient pneumoniegefährdet. *Thromboseprophylaxe*: aufgrund der Bettruhe besteht Thrombosegefahr. *Obstipationsprophylaxe*: der Patient darf nicht pressen (erhöht den Druck im Brustraum). *Dekubitusprophylaxe*: Patient darf sich nicht frei im Bett bewegen und hat Bettruhe.

18. *Thromboseprophylaxe*: 24 h Tragen von Anti-Thrombosestrümpfen, 2 × tgl. 10 Durchgänge Ausstreichen der Beinvenen beider Beine mit Lotion, 2 × tgl. passive Bewegungsübungen (Gelenke durchbewegen: Knöchel-, Knie-, Hüftgelenk), nach Bettruhe und bei mehr Belastungsmöglichkeiten Maßnahmen erweitern/steigern. *Pneumonieprophylaxe*: 2 × tgl. ASE mit eigener Lotion 15 min durchführen nach der Morgen/Abendpflege als Abschluss, danach Patient ruhen lassen, 5 × tgl. Atemübungen mit Triflow; jeweils 10 Durchgänge, den Patienten einmalig informieren und anleiten, 2 × tgl. 20 min und nach Bedarf atemvertiefende A-Lagerung. *Dekubitusprophylaxe*: 2 × tgl. Hautpflege der gefährdeten Areale: Steißbein, Fersen, Hüften, Schultern, bei jedem Lagerungswechsel gefährdete Areale auf Veränderungen beobachten und dokumentieren, 3-stdl. Lagerung 30°, rechte Seite, Mitte und linke Seite, ggf. Lagerungszeitraum nach Beobachtung der Areale anpassen. *Obstipationsprophylaxe*: 2,5 l Flüssigkeitszufuhr täglich (Ein- und Ausfuhrkontrolle), 3 × 10ml Lactulose-Sirup verabreichen (nach Arztanordnung).

19. Interesse am Tagesgeschehen (regelmäßiges Zeitunglesen); Sozialer Rückhalt durch seine Ehefrau.

20. Die erste Zeit nach dem Herzinfarkt ist oft kritisch – die Schmerzen sind vorüber und die Patienten können den Ernst ihrer Lage meist nicht einschätzen. Es passiert nicht selten, dass sich Patienten nach einem überstandenen Herzinfarkt überschätzen. Ich erkläre Herrn Walder, dass er nichts überstürzen soll und kläre ihn nochmals über den Sinn der Mobilisationsstufen auf. Ich sage ihm, dass es, wenn es ihm gut geht, sicherlich bald eine Stufe weiter geht und er dann auch mehr machen darf.

21. Wiederherstellen der körperlichen Leistungsfähigkeit, Stabilisieren der seelischen Verfassung, Thrombose, Dekubitus, Pneumonie und Muskelabbau vermeiden, Wahrnehmung der individuellen Belastungsgrenze schulen, Verkürzung des Krankenhausaufenthalts

22. Stufe 0 – Bettruhe; Stufe I – Zimmermobilität (eingegrenzt); Stufe II – Zimmermobilität (erweitert); Stufe III – Flurmobilität; Stufe IV – Flurmobilität (selbständig); Stufe V – Treppenmobilität (unter Kontrolle).

23. Die Mobilisationsmaßnahme wird sofort abgebrochen, der Patient soll sich hinlegen und ausruhen und bekommt evtl. seine Bedarfsmedikation (auf Arztanordnung). Außerdem wird eine Vitalzeichenkontrolle durchgeführt. Im Mobilisationsstufenplan wird für einige Zeit eine Stufe zurückgegangen.

24. Informationssammlung, Erkennen von Problemen und Ressourcen, Festlegen von Pflegezielen, Auswählen von Pflegemaßnahmen, Durchführung der Pflege, Beurteilung der Wirkung der Pflege.

25. Empirische Pflegeforschung, die Praxiserprobung und -umsetzung des gewonnenen Wissens, die Methoden- und Theorieentwicklung, die Wissensvermittlung.

26. Qualitätsmanagement dient zur Qualitätsverbesserung auf der Grundlage von Qualitätsbeurteilung und umfasst systematische Verfahren, mit deren Hilfe Mängel festgestellt und behoben werden können. Außerdem müssen solche Verfahren in der Lage sein, Effizienz zu überprüfen.

27. Pflegequalität sichern durch Zertifizierung, Verbraucherrechte stärken durch Pflegevertrag.

28. – Initialphase: Benennen; Aktionsphase: Erleben; Integrationsphase: Reflektieren; Neuorientierungsphase: Erproben.
    – „Rehabilitation sind Maßnahmen, die als Ziel haben, eine Funktionsstörung wie Ihre Erkrankung nicht zu einer dauerhaften Beeinträchtigung Ihres Lebens werden zu lassen und die Auswirkungen der Krankheit auf ein Minimum zu reduzieren. Während der rund drei Wochen in der geplanten Einrichtung werden Sie medikamentös eingestellt, be-

kommen Informationen über gesundheitsfördernde Maßnahmen, werden diagnostisch untersucht und es werden verschiedene therapeutische Maßnahmen durchgeführt, z. B. Krankengymnastik."
- Raucherentwöhnung, evtl. mit Unterstützungsmaßnahmen (z. B. Akupunktur); Überdenken des Berufslebens: Arbeitszeitreduzierung, Jobwechsel oder Postenwechsel möglich? Gewichtsreduktion; Erlernen von Entspannungstechniken (z. B. Autogenes Training, progressive Muskelentspannung nach Jacobsen).
29. Patienten werden mit Namen genannt, Begriffe und Worte aus der Pflegefachsprache werden verwendet, es wird über Pflegemaßnahmen berichtet und über die Reaktion auf Pflegemaßnahmen. Variationen von pflegerischen Interventionen werden benannt, Eindrücke werden als Ich-Aussagen charakterisiert.

3.24 Klausur 2: „Eva Hoffmann", Schwerpunkt Themenbereich 2

1. Beschriftung der Abbildung „Lunge".

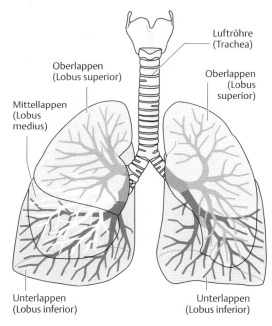

rechte Lunge   **linke Lunge**

Abb. 3.17 • Lunge und Atemwege bilden eine verästelte Struktur, wie ein umgekehrter Baum.

2. Unter einer Lungenembolie versteht man die Verlegung einer Lungenarterie durch einen verschleppten Thrombus.
3. Frühere Phlebothrombosen bzw. Lungenembolien, Übergewicht, Operationen im Hüftbereich, Schwangerschaft und Geburt.
4. Grad III – massiv
5. Halsvenenstau, Tachypnoe, Kaltschweißigkeit, Husten mit blutigem Auswurf.
6. Patientin nimmt halbsitzende Position ein, vorsichtig fahren, Erschütterungen des Bettes vermeiden, Patientin insgesamt „wie ein rohes Ei" behandeln.
7. *Pneumonieprophylaxe*: Patientin ist durch die Erkrankung und die Bülau-Drainage in der Atmung eingeschränkt. *Dekubitusprophylaxe*: Patientin hat Bettruhe, soll sich wenig bewegen und bestimmte Lagerungen sind nicht gut möglich. *Thromboseprophylaxe*: Patientin hat bereits Probleme mit der Gerinnung und sie hat Bettruhe. *Obstipationsprophylaxe*: Patientin sollte möglichst nicht pressen, da sich weitere Thromben lösen können und sich der Druck im Brustraum schmerzhaft erhöhen kann.
8. Verbände äußerst vorsichtig wechseln, Beobachtung auf Blutungen an den Einstichstellen/Zugängen, Mundpflege mit einer weichen oder mit Mullbinden umwickelten Zahnbürste.
9. Bei einem Pneumothorax dringt Luft in den Raum zwischen Lungen- und Rippenfell ein. Im Pleuraraum herrscht aber ein Unterdruck, der dazu dient, die Lunge in Form zu halten. Mit dem Einströmen der Luft hebt sich der Unterdruck auf und die Lunge fällt wie ein Luftballon in sich zusammen.
10. Blutgasanalyse, Röntgen des Thorax, Computertomographie, körperliche Untersuchung (typischer Auskultations- und Perkussionsbefund).
11. I = leichte Atemnot bei starker Anstrengung: Treppen, Bergsteigen; II = mäßige Atemnot beim Gehen auf gerader Strecke; III = stärkere Atemnot bei leichter Anstrengung: An- und Ausziehen; IV = Atemnot in Ruhe (Ruhedyspnoe).
12. Tachypnoe; 14–20 Atemzüge pro Minute
13. Sauerstoffbrille, Sauerstoffmaske, Sauerstoffsonde, Sauerstoffzelt.
14. 10 l × 80 bar/10 l min × bar = 10 × 80/10 = 80 : 60 = 1,333 Stunden

15. Schonatmung durch Schmerzen; mangelnde Lungenbelüftung.
16. Patientin kann schmerzfrei atmen,
Patientin hat eine physiologische Lungenbelüftung.
17. Entspannende Lagerung, atemstimulierende Einreibung;
Atemgymnastik, z. B. Flankenatmung, Triflow®
18. Ruhig und bewusst atmen, nicht husten und nicht pressen.
19. Vertrauensbildende Arbeit; Haltungserhaltende Arbeit; Biographische Arbeit; Identitätsarbeit; Wiedergutmachungsarbeit.
20. In Frage kommt die vertrauensbildende Arbeit, da Frau Hoffmann noch nie in einem Krankenhaus war und ihr mehrere unangenehme und erschütternde Dinge passiert sind, die ihr Vertrauen beeinflussen könnten. Die Pflegeperson soll sich folgenderweise verhalten: Bei Pflegehandlungen die Vorgehensweise erklären; auf mögliche unangenehme Empfindungen oder Schmerzen hinweisen; die Patientin auffordern, Fragen zu stellen; die Patientin ermuntern, Gefühle zu äußern.
21. Ich gebe dem Trainer keine Auskunft über den Zustand von Frau Hoffmann, sondern weise ihn auf meine Schweigepflicht hin. Der Trainer kann, wenn es Frau Hoffmann besser geht und sie einem Besuch zustimmt, selbst mit ihr sprechen.
22. *Pflegeproblem*: Infektionsgefahr durch liegenden zentralen Venenkatheter. *Ressource*: Patientin ist kooperativ. *Pflegeziel*: rechtzeitiges Erkennen von Entzündungen, keimarme Wundumgebung fördern, reizlose Einstichstelle. *Pflegemaßnahmen*: 1 × tgl. Wechseln des Pflasterverbandes des ZVK unter aseptischen Kautelen, Reinigung und Desinfektion der Einstichstelle mit Cutasept®-Spray, Wischtechnik von innen nach außen, Anlegen eines neuen Pflasterverbandes, Fixierung des Katheters, Wundbeobachtung durchführen und dokumentieren.
23. – Emotionen (ugs. Gefühle) sind eine Art Bewertung des Wahrgenommenen und Erlebten und motivieren den Menschen zu einem bestimmten Verhalten. Die Gefühle sind seelische und körperliche Reaktionen, mit deren Hilfe Ereignisse verarbeitet werden.
    – *Regulierungsfunktion*: Emotionen regulieren das psychische Gleichgewicht und Wohlbefinden. *Wertungsfunktion*: Durch emotionales Erleben können wir Lebenssituationen einschätzen, bewerten und angepasst reagieren. *Motivationsfunktion*: Angenehme und unangenehme Gefühle motivieren uns dazu, ein bestimmtes Verhalten an den Tag zu legen.
    – *Subjektive Komponente*: drückt aus, wie Emotionen individuell erlebt und bewertet werden. *Physiologische Komponente*: drückt sich in den körperlichen Veränderungen aus. *Verhaltenskomponente*: zeigt, wie sich das Verhalten aufgrund der Emotionen verändert.
    – Angst gehört zu den Emotionen und wird meist sehr vielschichtig erlebt. Das Wort „Angst" kommt aus dem Lateinischen und bedeutet „eng" – bezeichnet also eine Emotion, bei der man sich beengt, beunruhigt und angespannt fühlt. Die Ursache der Angst ist ein befürchtetes Unheil oder eine drohende Gefahr (die nicht immer real sein muss).
    – Die Angst löst im Körper einen biochemischen Vorgang aus, der vor allem durch die Wirkung von Hormonen dominiert wird: Im Zentralen Nervensystem (ZNS) werden durch die psychische Belastung zwei parallel verlaufende Reaktionsketten in Gang gesetzt. Dies wird auch als Stressreaktion bezeichnet. In der ersten Reaktionskette wird der Hypothalamus aktiviert, der CRH (Corticotropin-Releasinghormon) ausschüttet, das in der Hypophyse zur Freisetzung eines weiteren Hormons führt. Dies wiederum stimuliert die Ausschüttung von Glukokortikoiden in der Nebenniere. Die zweite Reaktionskette bewirkt in Sekundenschnelle eine Ausschüttung von Adrenalin und Noradrenalin über den Sympathikus. Diese Reaktionskette bewirkt Veränderungen von Organfunktionen, die für das Überleben wichtig sind, wie die Erhöhung der Schlagfrequenz und Kontraktionskraft des Herzens, die Erweiterung der Bronchien, die höhere Durchblutung der Skelettmuskulatur und die Freisetzung von Glukose in der Leber zur Energieversorgung. Denkvorgänge werden zugunsten vorprogrammierter Reflexhandlungen blockiert: dies erklärt auch das Phänomen der Gedankenblockade in einer Prüfung. In einer realen Gefahrensituation sind diese körperlichen Vorgänge notwendig und lebenswichtig (vgl. Schäffler/Schmidt 1995, S. 186).
    – Informationen und ehrliche Antworten auf alle Fragen geben, ein Gespräch über die Zeit nach dem Krankenhausaufenthalt führen, den Patienten ermuntern, sich Ziele zu formulieren, Entspannungstraining (Autogenes Training, Muskelentspannung nach Jacobsen) zur Unterstützung anbieten.

24. *Pflegeproblem*: Gefühle der Hoffnungslosigkeit und Angst aufgrund der aktuellen Lebenssituation. *Ressource*: Patientin ist jung genug, um mit einer veränderten Situation zurechtkommen zu können (z. B. berufliche Veränderung), Patientin ist in der Lage, Gefühl auszudrücken. *Pflegeziel*: Patientin akzeptiert ihre Situation und lernt mit ihr umzugehen. *Pflegemaßnahmen*: Gesprächsbereitschaft vermitteln, Kontakt zu Selbsthilfegruppen vermitteln, Seelsorge anbieten, psychotherapeutische Beratung anbieten.
25. ATL „sich bewegen": Thrombosegefahr (potentielles Pflegeproblem); ATL „atmen": Pneumoniegefahr (potentielles Pflegeproblem); ATL „Sinn finden": Gefühle der Hoffnungslosigkeit und Angst aufgrund der aktuellen Lebenssituation (individuelles Pflegeproblem); ATL „sich waschen und kleiden": Selbständigkeit ist eingeschränkt, Patientin muss Bettruhe einhalten (aktuelles Pflegeproblem); ATL „für Sicherheit sorgen": Infektionsgefahr durch liegenden ZVK (potentielles Pflegeproblem).
26. 1. 6-12 Monate Marcumar einnehmen; 2. Sport vermeiden, der ein hohes Verletzungsrisiko birgt; 3. Blutungszeichen beachten; 4. Regelmäßige Hausarztbesuche alle 1–3 Wochen; 5. Pünktliche Medikamenteneinnahme; 6. Marcumarausweis immer bei sich führen; 7. Antidot dabei haben: Konakion zur Gegenregulation.

3.25 Klausur 3: „Heidi Elsbach", Schwerpunkt Themenbereich 3

1. Beschriftung der Abbildung „Hüftgelenk":

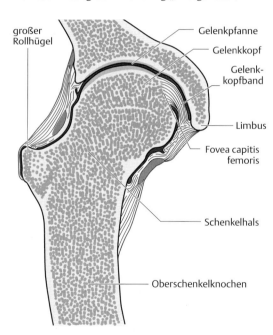

Abb. 3.18 • Das Kugelgelenk der Hüfte.

2. Körperliche, geistige, räumliche, soziale, ökonomische, spirituelle Ressourcen
3. Frau Elsbach strickt und geht gerne spazieren: soziale Ressource; Frau Elsbach ist eine offene und freundliche Frau: geistige Ressource; Frau Elsbach hat einen Mann, der sie liebevoll umsorgt: soziale Ressource; Frau Elsbach ist sehr kommunikativ – sie hält gerne einen ausgiebigen Plausch: soziale Ressource
4. Generelle, potentielle, individuelle, aktuelle, verdeckte Pflegeprobleme
5. ATL „sich bewegen": Thrombosegefahr (potentielles Pflegeproblem); ATL „für Sicherheit sorgen": durch die liegenden Drainagen besteht Infektionsgefahr (potentielles Pflegeproblem); ATL „Sinn finden": Patientin leidet unter Schmerzen (aktuelles Pflegeproblem); ATL „für Sicherheit sorgen": es besteht die Gefahr einer Luxation des Hüftgelenkes (generelles Pflegeproblem); ATL „sich waschen und kleiden": Patientin ist in der Körperpflege eingeschränkt, kann sich Rücken, Beine, Gesäß und Intimbereich nicht selbständig waschen und kleiden (aktuelles Pflegeproblem).
6. *Pflegeproblem*: Durch die Bettruhe ist die Patientin thrombosegefährdet. *Ressourcen*: meistens lassen sich Ressourcen finden, z. B. „Patientin akzeptiert Pflegemaßnahmen". *Pflegeziel*: Ziel ist negativ formuliert, besser: „Venöser Rückfluss ist gewährleistet". *Pflegemaßnahmen*: Eine Maßnahme reicht nicht aus, um die Entstehung einer Thrombose zu verhindern, besser: „24 h Tragen von Anti-Thrombosestrümpfen, 2 × tgl. morgens und abends Ausstreichen der Beinvenen, je 10 Durchgänge pro Bein, dabei auf vorsichtiges Hochlagern der Beine achten, da Patientin luxationsgefährdet ist (Hüfte), 2,5 l Flüssigkeitszufuhr".
7. – Aussehen der Wundränder, Wundumgebung, Entzündungszeichen: Rötung, Schwellung,

Schmerzen, lokale Überwärmung; Größe der Wunde, Aussehen der Wundsekrete, Geruch.
- Wundart, genaue Größe der Wunde in cm, Wundfoto, Wundheilungsphase, Wundbehandlung: bestimmte Salben und Verbandsstoffe.

8. – Das Ziehen von Drainagen ist eine ärztliche Tätigkeit, kann jedoch delegiert werden. Im eigenen Ermessen entscheide ich, ob ich genügend Erfahrung und Fachkompetenz im Ziehen von Drainagen habe.
- Das Ziehen der Drainage kann sehr schmerzhaft sein, daher sollten evtl. vorher Analgetika verabreicht werden (nach Arztanordnung). Die Annaht der Drainage muss steril durchtrennt werden und das Nahtmaterial sollte nicht in der Wunde verbleiben (bei normalem Material, das sich nicht in der Wunde auflöst)
- Die Fördermenge der Drainage bleibt unter 50 ml/24 h.

9. *Pflegeproblem*: Patientin kann sich nicht Rücken, Gesäß und Beine selbständig waschen, da eine Luxationsgefahr der Hüfte besteht. *Ressource*: Patientin kann sich Gesicht, Oberkörper, Arme und Intimbereich selbst waschen. *Pflegeziel*: Erhalten der Selbständigkeit, selbständiges Waschen der Füße mit Hilfe eines Stuhls, Patientin fühlt sich sauber und wohl. *Pflegemaßnahmen*: 1 × tgl. Ganzkörperpflege am Waschbecken (Patientin wäscht Gesicht, Oberkörper, Arme und Intimbereich selbständig, Pflegekraft übernimmt den Rücken, Beine und Gesäß). Anleitung zum hüftschonenden Waschen der Füße (Stuhl mit Lehne nach vorne stellen, Knie auf der Sitzfläche abstützen und sich an der Lehne festhalten. Jetzt kann der Fuß erreicht werden, ohne dass die Hüfte abknickt oder die Patientin sich verdrehen muss).

10. – Wohlbefinden des Patienten, Entspannung der Muskeln, Aktivierung der Selbstheilungskräfte, Prävention, Behandlung akuter und chronischer Erkrankungen, Wiederherstellung von Fähigkeiten.
- Unter Kältetherapie versteht man die allgemeine oder lokale Anwendung von Kälte – auch Kryotherapie genannt. Formen der Anwendung: Kühlelemente, Eiskrawatte, Zitronenwickel, Eisblase. Indikationen: Verletzungen (abschwellende Wirkung), Wärmeentzug bei Fieberzuständen, Blutstillung bei Hämatomen, Entzündungshemmung bei entzündlichen Prozessen, Schmerzlinderung.

Kontraindikationen: Sensibilitätsstörungen, Bewusstseinsstörungen, Durchblutungsstörungen und Gefäßspasmen, schwere Herz-Kreislauf-Erkrankungen.
- Unter Wärmetherapie versteht man die allgemeine oder lokale Anwendung von Wärme beim Menschen. Formen der Anwendung: Körnerkissen, Wickel- und Auflagen, Wärmflaschen, Rotlicht. Indikationen: Beruhigung und Entspannung, Schmerzlinderung, Verbesserung der Durchblutung. Kontraindikationen: akute Entzündungen, Blutungen, Fieber, Infektionen.
- Die Kältetherapie wäre eher angebracht, da nach der Operation eine abschwellende Wirkung gewünscht wird.

11. Zum einen ist der Pflegeprozess ein Regelkreis, der zu den rationalen Problemlösungsansätzen zu zählen ist, zum anderen entsteht zwischen der Pflegefachkraft und dem zu pflegenden Patienten eine Beziehung, die den weiteren Verlauf der Pflege beeinflussen kann. Der Pflegeprozess vereint also beide Ansätze miteinander.

12. Ein Pflegemodell ist eine vereinfachte Darstellung der Funktion eines Gegenstands oder des Ablaufs eines Sachverhaltes.

13. Selbstpflegemodell von Dorothea Orem

14. Beide Modelle sind korrekt, wenn es der Schüler entsprechend begründet.

15. Erhalten des Hautzustands
Erhalten des venösen Rückflusses

16. Durch das Unterlassen der erforderlichen Prophylaxen zur Erhaltung des Ist-Zustands macht man sich strafbar.

17. Anschaffung einer Toilettensitzerhöhung; Rutschfeste Unterlagen im Bad und in der Dusche; Geeignetes Schuhwerk tragen (keine hohen Absätze, fest sitzende Schuhe); Wenn möglich bei jeder Aktivität im Haushalt (z. B. Bügeln) einen höhenverstellbaren Stuhl benutzen; Ausziehen der Schuhe mit Hilfe eines Stiefelknechtes; Schaufel und Handfeger sollten einen langen Stiel haben; Bei Putzarbeiten auf dem Boden in die Knie gehen und nicht auf dem Boden zusammenkauern; Günstig für die idealen Sitzpositionen sind hohe und angepasste Sitzgelegenheiten und Stühle, die einen rechten Winkel der Beine zum Körper ermöglichen; Möglichst nichts Schweres tragen; Abrupte Drehungen vermeiden (immer Beine und Becken gleichzeitig langsam drehen).

Literaturverzeichnis

Alban, S.; Leininger, M. M.; Reynolds, C. I. (1999): Multikulturelle Pflege. München, Urban & Fischer Verlag.
Alexander, K. et. al (1999): Thiemes Innere Medizin. Stuttgart: Georg Thieme Verlag.
Arns, W.; Jochheim, K.-A.; Remschmidt, H. (1989): Neurologie und Psychiatrie für Krankenpflegeberufe. 6., überarbeitete Auflage. Stuttgart: Thieme Verlag.
Bischofberger, I. (2001): Das kann ja heiter werden. Humor und Lachen in der Pflege. Bern: Hans Huber Verlag.
BPI: Rote Liste 1994. Aulendorf: Editio Cantor Verlag.
Burmester, G.-R.; Riemekasten, G. (1999): Der rheumatologische Patient. Nürnberg: Novartis Pharma Verlag.
Dash, K.; Zarle, N. C.; O'Donell, L.; Vince-Whitman, C. (2000): Entlassungsplanung und Überleitungspflege. München: Urban & Fischer Verlag.
Dielmann, G. (2004): Krankenpflegegesetz und Ausbildungs- und Prüfungsverordnung für die Berufe in der Krankenpflege. Frankfurt am Main: Mabuse-Verlag.
Egri, L. (2002): Literarisches Schreiben. Starke Charaktere, Originelle Ideen, Überzeugende Handlung. Berlin: Autorenhaus Verlag.
Falk, J.; Kerres, A. (2003): Didaktik und Methodik der Pflegepädagogik. Handbuch für innovatives Lehren im Gesundheits- und Sozialbereich. Weinheim & München: Juventa Verlag.
Finzen, A. (1993): Schizophrenie. Die Krankheit verstehen. Bonn: Psychiatrie-Verlag.
Kellnhauser, E. et. al (2004): Thiemes Pflege. Professionalität erleben. 10., völlig neu bearbeitete Auflage. Stuttgart: Georg Thieme Verlag.
Klie, T.; Stascheit, U. (1995): Gesetze für Pflegeberufe. Gesetze, Verordnungen, Richtlinien. Frankfurt am Main: Fachhochschulverlag.
Kriesten, U.; Wolf, H.-P. (1997): 100 Unterrichtsideen – Krankenpflege. 100 Fallbeispiele für den Unterricht in der Krankenpflegeausbildung. 2., überarbeitete Auflage. Hagen: Brigitte Kunz Verlag.
Koch-Straube, U. (1999): Beratung in der Pflege. Bern: Hans Huber Verlag.
Lauber, A.; Schmalstieg, P. (2001): Grundlagen beruflicher Pflege. Stuttgart: Georg Thieme Verlag.
Lauber, A.; Schmalstieg, P. (2001): Wahrnehmen und Beobachten. Stuttgart: Georg Thieme Verlag.
Lauber, A.; Schmalstieg, P. (2003): Pflegerische Interventionen. Stuttgart: Georg Thieme Verlag.
Lauber, A.; Schmalstieg, P. (2003): Prävention und Rehabilitation. Stuttgart: Georg Thieme Verlag.
Menche et al. (2001): Pflege Heute. Lehrbuch und Atlas für Pflegeberufe. 2., vollständig überarb. Auflage. München: Urban & Fischer Verlag.
Muster-Wäbs, H.; Schneider, K. (1999): Vom Lernfeld zur Lernsituation. Strukturierungshilfe zur Analyse, Planung und Evaluation von Unterricht. Bad Homburg vor der Höhe: Verlag Gehlen.
Mühlherr, L. (2003): Transferunterstützung in der Pflegeausbildung. in: Printernet 4/03, S. 137-150. Mönchaltorf: hpsmedia Verlag.
Möllenhoff, H. (2002): Hygiene für Pflegeberufe. 3. Auflage. München: Urban & Fischer Verlag.
Netter, F. H. (2001): Netters Orthopädie. Stuttgart: Georg Thieme Verlag.
Norddeutsches Zentrum zur Weiterentwicklung der Pflege. Zug um Zug! Norddeutsche Handreichung zum Gesetz über die Berufe in der Krankenpflege (KrPflG) und der Ausbildungs- und Prüfungsverordnung.
Norddeutsches Zentrum zur Weiterentwicklung der Pflege. Zug um Zug! Norddeutsche Handreichung, Teil 2: Schriftliche Prüfungen gemäß der Ausbildungs- und Prüfungsverordnung des neuen Krankenpflegegesetzes für die Berufe der Gesundheits- und Krankenpflege und der Gesundheits- und Kinderkrankenpflege.
Norwood, S. L. (1998): Pflege-Consulting. Handbuch zur Organisations- und Gruppenberatung in der Pflege. Bern: Hans Huber Verlag.
Olbrich, C. (2004): Modulentwicklung auf Grundlage der Kompetenztheorie. in: Printernet 12/04, S. 670-676. Mönchaltorf: hpsmedia Verlag.
Paetz, B. (1990): Chirurgie für Krankenpflegeberufe. 17., überarbeitete Auflage. Stuttgart: Georg Thieme Verlag.
Price, B. (2005): Problem- und forschungsorientiertes Lernen. Praxishandbuch für Lernende und Lernbegleiter in der Pflege. Bern: Hans Huber Verlag.
Reichert, N. (1996): Krankheitslehre Chirurgie. Prüfungswissen für Pflegeberufe. Stuttgart: Gustav Fischer Verlag.
Rief, W. (1999): Psychologie in der Klinik. Leitfaden für die berufliche Praxis. Stuttgart: Verlag F. K. Schattauer.
Schäffler, A.; Schmidt, S. (Hrsg.) (1995): Biologie Anatomie, Physiologie. Kompaktes Lehrbuch für die Pflegeberufe. Ulm: Gustav Fischer Verlag.
Schewior-Popp, S.; Lauber, A. (2003): Gemeinsam lernen – vernetzt handeln. Curriculum für die integrierte Pflegeausbildung. Stuttgart: Georg Thieme Verlag.
Schewior-Popp, S. (1998): Handlungsorientiertes Lehren und Lernen in Pflege- und Rehabilitationsberufen. Stuttgart: Georg Thieme Verlag.
Schwarzer, R. (1997): Stress, Angst und Handlungsregulation. 4., erweiterte Auflage. Stuttgart: W. Kohlhammer Verlag.
Stanjek, K. (Hrsg.) (1998): Altenpflege konkret. Sozialwissenschaften. München: Urban & Fischer Verlag.
Täschner, K.-L.; Frießem, D. H. (1986): Psychiatrische Krankheitsbilder. Eine Übersicht für medizinische,

Literaturverzeichnis

pflegerische und soziale Berufe. Freiburg im Breisgau: AGJ Verlag.

Wermke, Dr. M.; Kunkel- Razum, Dr. K.; Scholze- Stubenrecht, Dr. W. (2004): Duden Band 8 – Das Synonymwörterbuch. 3., völlig neu erarbeitete Auflage. Mannheim: Dudenverlag.

Willig, W.; Kommerell, T. (2005): Geistes- und Sozialwissenschaften pflegerelevant. Lehrbuch für die Ausbildung in der Gesundheits- und Krankenpflege. Balingen: Selbstverlag Willig.

Pschyrembel – Klinisches Wörterbuch. 257. Auflage (1993). Berlin: Walter de Gruyter Verlag.

Zimbardo, Philip G. (1995): Psychologie. 6. Auflage. Berlin: Springer Verlag.

Register

A

Abszess 34, 75
– perityphlitischer 67
Agnosie 84
Akinese 78
Alkoholabusus 29
Alkoholentzugssyndrom 70
Alkoholkrankheit 30
Amnesie, retrograde 84
Angina pectoris 55, 94
Angst 71, 97
Antiasthmatika 88
Antihistaminika 68
Anus praeter 40
Aortenaneurysma 84
Apathie 51
Aphasie 52, 84
Appendektomie 67
Appendix 25
Appendizitis, akute 25 f
Apraxie 84
Arthritis 45
Arthrose 45, 58, 85
Atemfrequenz 57
Atemwege 47, 57
Autogenes Training 94

B

Bandscheibenvorfall 48 f, 89
BAXTER-Formel 35, 77
Beckenfraktur 38
Berufsentwicklung 4
Bewegungsstörung 37
Blasenklopftraining 93
Blasentraining 72
Blinddarm 67
Blutgasanalyse 96
Blutzucker 53
– Normwerte 45
Bowman-Kapsel 63
Bronchitis, chronische 47
Brust, weibliche 24, 65

C

Charakterzüge 9
Chemotherapie 66, 81
Chordektomie 69
Chronic obstructive lung disease 46 f, 87
COLD s. Chronic obstructive lung disease
Colitis ulcerosa 80
Commotio cerebri 43, 84
Computertomographie 89, 96

D

Darmkrebs 39
Deduktion 8
Dekubitus 44, 80
Dekubitusprophylaxe 39, 83, 95
Delirium tremens 30, 70
Demenz 43 f, 84
– Leitsymptome 44
Denkstörung 64
Desinfektion 73
Diabetes mellitus 45 f, 52, 85, 92
Dialysepflicht 64
Diaphyse 91
Diarrhoe 32, 68
Dickdarm 25, 40, 80
Dickdarmkarzinom, kolorektales 39
Differenzierungsbereich, Einschätzung 16
Differenzierungsphase 2
Drainage 42, 58
– Ziehen 59, 67
Dranginkontinenz 93
Druck, osmotischer 82
Dünndarm 32, 42, 73, 82
Durchwanderungsperitonitis 42
Dyspnoe 41, 57

E

Echokardiographie 62
Einreibung, atemstimulierende 81
Elektroenzephalogramm 64
Elektrokardiogramm 62
Emotion 8
Epiphyse 91
Exsikkose 77

F

Fachkompetenz 6
Fallbeispiel
– fachliche Inhalte 9 f
– Tabelle 14 f
Fettembolie 79, 90
Fixateur externe 50, 90
Fraktur 38 f, 50, 79
– kindliche 51
Fünf Stufen der Berufsentwicklung nach Benner 4

G

Gehirn 52, 92
Glomerulonephritis 21
Grünholzfraktur 91

H

Hämoccult-Test 80
Händedesinfektion, hygienische 66 f
Handlungskompetenz, berufliche 6
Harninkontinenz 31
Harnwegsinfektion 53
Haut 77
Heiserkeit 27
Hemiparese 53
Hemiplegie 53, 92
Hepatitis 68
– C 26 f
Herz 20, 54, 94
Herzinfarkt 54 f, 94
Herzinsuffizienz 20, 94
Herzkrankheit, koronare 54 f
Herzrhythmusstörung 94
Hirnarterien 52, 92
Homosexualität 36
Hüfte 59
Hüftgelenk 98
Hüftgelenkluxation 98
Hüfttotalendoprothese 58
Hygiene 73
Hygienerichtlinien 76

Hyperglykämie 45, 85
Hypertonie 20, 43, 46
Hypoglykämie 85
Hypotonie 56

I

Ileus 41
- mechanischer 82
Induktion 8
Infektion, nosokomiale 34, 75
Infektionskrankheit 33
Informationssammlung 10 f
Infusionstherapie 35
Inkontinenz 53, 93
Insuffizienz, chronisch-venöse 75
Insulin 45, 53, 85 f
Insulinpen 86
Insult, ischämischer 52, 92
Isolierung 27, 68, 74

K

Kältetherapie s. Kryotherapie
Kehlkopf 28, 69
Kehlkopfteilresektion 69
Klausur 16
- Gesamtbewertung 18
- Zeitaufwand 16
Klausurfragen
- Checkliste zur Überprüfung 17
- Themenbereiche 11 ff
Kompartement-Syndrom 90
Konflikt, Fallbeispiel 9
Kopfschmerzen 84
Koxarthrose 58 f
Kryotherapie 59, 99

L

Lähmung, spastische 30
Laryngektomie 69
Laryngoskopie 28, 69
Larynxkarzinom 27 f, 69
Leberzirrhose 26
Lernebenen nach Olbrich 4
Lernen, problemorientiertes 8
Lernfeldorientierung 6
Lernkontrolle 2
Lernziele nach Bloom 3
Leukozyturie 63
Linksherzkatheterisierung 62
Linksherzversagen, akutes 63
Luftnot, akute 47
Lunge 57, 96
Lungenbelüftung, physiologische 97
Lungenembolie 56 f, 96
Lungenemphysem 46 f, 87
Lungenödem 62
Lungenödemprophylaxe 65
Luxation, Hüftgelenk 98
Lysetherapie 55, 57

M

Mammakarzinom 23 f
McGill-Schmerzfragebogen 71
Mehrfragmentfraktur 50, 90
Metaphyse 91
Meteorismus 82
Methodenkompetenz 6
Miktionsprotokoll 72, 93
Mobilisation 38
Mobilisationsstufen 95
Morbus Crohn 48 f, 89
Motivation 9
Multiple Sklerose 30 f, 72
Myelographie 89

N

Nekrose 84, 94
Nervenzellen 31, 72
Neuner-Regel 35, 77
Neuropathie 86
Nierenkörperchen 21, 63
Nierenversagen 63
Nikotinabusus 87
Nykturie 62

O

Oberbauchbeschwerden 68
Oberflächentherapie 36
Oberschenkelfraktur 50
Obstipationsprophylaxe 87, 95
Ödem, peripheres 63
Ösophagusersatzstimme 69
Osteomyelitis 79
Osteosynthese 90
Ostitis 79
Otitis media 21

P

Pankreas 29, 70
Pankreatitis 29, 70
- hämorrhagisch-nekrotisierende 70
- ödematöse 70
Parkinson-Syndrom 37 f, 78
Periost 91
Peritonitis 67, 82
Personalkompetenz 6
Pflegeprozess, praktische
    Umsetzung 2
Phlebothrombose 96
Pintrack-Infektion 90 f
Pneumonie 88
Pneumonieprophylaxe 62, 66, 83
Pneumothorax 56 f, 96
Postthrombotisches Syndrom 58 ff
Praxisbeispiele 10
Proteinurie 63
Prozentzahlen, Errechnung 17
Prüfungsfragen, Bewertung 16 ff
Pseudarthrose 79, 90

Q

Quarkauflage 83

R

Rechtsherzkatheterisierung 62
Reflexion 5 ff, 16
Rigor 78
Röntgen-Thorax 62, 96
Rückenschule 90

S

Salmonellose 32, 73
Schizophrenie 22 f
Schmerz, retrosternaler 55
Schmerzintensität 71
Schmerztagebuch 71
Schmerztherapie 31, 59
Schnellschnittoperation 24, 65
Schock 25, 35
- anaphylaktischer 81
Schweigepflicht 97
Schwerbehinderung 66
Septikämie 77
Sonographie 62
Sozialkompetenz 6
Spirometrie 62
Spontanpneumothorax 57
Sprechhilfe, elektroakustische 69
Starthemmung 78
Sterbender 69
Sterbeprozess nach Kübler-Ross 28
Sterilisation 73 f
Stimmrehabilitation 28
Stoma 40, 80 f
Stomaprolaps 81
Stress 50, 97
- Parkinson-Syndrom 79
Stressabbau 94
Stressreaktion 71
Sudeck-Syndrom 79, 90

T

Tachykardie 55
Tachypnoe 96
Taxonomie der Lernziele nach
    Bloom 3
Thrombophlebitis 75, 81
Thrombosegefahr 64
Thromboseprophylaxe 62, 65, 83
Toilettentraining 93
Tonsilitis 21
Transaktionsanalyse 32
Transfer 5 ff, 16
Tremor 78
Trigeminusneuralgie 30 f
Trümmerfraktur 50
Tumor, Medikamente 66

U

Übergewicht 94
Überlaufinkontinenz 93
Übungsklausuren 19
Unterbringungsrecht 64, 70
Unterricht, Themenbereiche 11 ff
Unterschenkelfraktur 38, 50
Urostoma 81

V

Validation, integrative 85
Varikosis 33 f, 75
Vene 34, 75
Verbrennungskrankheit 35 f, 77
Verschlusskrankheit, periphere arterielle 43
Verstimmung, depressiv 64
Vitalzeichen 42

W

Wärmetherapie 49, 59, 89
Wasserhaushalt 64
Wissen 5 ff, 16
Wunddokumentation 59
Wunde, aseptische 76
Wundheilung 36